主　　编　蒋惠岭　国家法官学院副院长
最高人民法院司法案例研究院负责人
副 主 编　关　毅　国家法官学院科研部主任
刘　畅　最高人民法院司法案例研究院规划部主任
主编助理　边疆戈　国家法官学院科研部编辑
朱建伟　国家法官学院科研部编辑
赵文轩　最高人民法院司法案例研究院规划部编辑

《中国法院年度案例》编辑人员（按姓氏笔画）
边疆戈　朱建伟　刘　畅　关　毅　杨小利
罗胜华　赵文轩　胡　岩　袁登明　唐世银
曹海荣　梁　欣　蒋惠岭　程　瑛　谭　红

本书编审人员　胡　岩

中国法院

2020年度案例

国家法官学院
最高人民法院司法案例研究院◎编

侵权赔偿纠纷

中国法制出版社
CHINA LEGAL PUBLISHING HOUSE

《中国法院年度案例》通讯编辑名单

序

坚持和完善中国特色社会主义法治体系，是党的十九届四中全会作出的一项重要部署。作为其核心组成部分，高效的法治实施体系所要实现的就是让静态的法律制度在实践中得到良好实施。《中国法院年度案例》丛书的价值追求，即公开精品案例，研究案例所体现的裁判方法和价值理念，提炼裁判规则，助推司法标准统一。

《中国法院年度案例》丛书，是国家法官学院于2012年开始编辑出版的一套大型年度案例丛书。丛书由国家法官学院案例开发研究中心具体承担编辑工作，每年年初定期出版。此前，该中心坚持20余年连续不辍编辑出版了《中国审判案例要览》丛书近90卷，分中文版和英文版在海内外发行，颇有口碑，享有赞誉。作为一种全新的案例研究产品，《中国法院年度案例》丛书旨在加强完善中国特色案例指导制度，探索编辑案例的新方法、新模式，以弥补当前各种案例出版物的不足。该丛书2012～2019年已连续出版8套，一直受到读者的广泛好评，并迅速售罄。为更加全面地反映我国司法审判执行工作的发展进程，顺应审判执行实践的需要，响应读者需求，2014年度新增3个分册即金融纠纷、行政纠纷、刑事案例，2015年度将刑事案例调整为刑法总则案例、刑法分则案例2册，2016年度新增知识产权纠纷分册，2017年度新增执行案例分册，2018年度、2019年度将刑事案例扩充为4个分册。现国家法官学院及时编撰推出《中国法院2020年度案例》系列丛书，共23册。

当前市面上的案例丛书百花齐放，又有裁判文书网，可以查询各级法院、各类的裁判文书，还有各种专门领域的案例汇编书籍，以及各种案例指导、案例参考等读物，各具特色。而《中国法院年度案例》丛书则以开放务实的态度、简洁明快的风格，试图把案例书籍变得“好读有用”，故在编辑中坚持以下方法：一是高度提炼案例内容，控制案例篇幅，每个案例基本在3000字以内；二是突出争议焦点，剔除无效信息，尽可能在有限的篇幅内为读者提供有效、有益的信息；三是注重对案件裁判文书的再加工，大多数案例由案件的主审法官撰写“法官后语”，高度提炼、总结案例的指导价值。

同时，《中国法院年度案例》丛书还有以下特色：一是信息量大。国家法官学院案例开发研究中心每年从全国各地法院收集到的上一年度审结的典型案例近万件，使该丛书有广泛的选编基础，可提供给读者新近发生的全国各地多种类型的代表性案例。二是方便检索。为体现以读者为本，丛书分卷细化，每卷下还将案例主要根据案由分类编排，每个案例用一句话概括裁判规则、裁判思路或焦点问题作为主标题，让读者一目了然，迅速找到目标案例。

中国法制出版社始终全力支持《中国法院年度案例》丛书的出版，给了作者和编辑们巨大的鼓励。2018年、2019年连续推出数据库增值服务，2020年继续提供数据库增值服务并充实完善数据内容。购买本书，扫描前勒口二维码，即可在本年度免费查阅往年同类案例数据库。我们在此谨表谢忱，并希望通过共同努力，逐步完善，做得更好，真正探索出一条编辑案例书籍、挖掘案例价值的新路，更好地服务于学习、研究法律的读者，服务于社会，服务于国家的法治建设。

本丛书既可作为法官、检察官、律师等司法实务工作人员的办案参考和司法人员培训推荐教程，也是社会大众学法用法的极佳指导，亦是教学科研机构案例研究的精品素材。当然，案例作者和编辑在编写过程中也难以一步到位实现最初的编写愿望，可能会存在各种不足，甚至错误，欢迎读者批评指正，我们愿听取建议，并不断改进，不断扩大案例研究领域，实现中国特色案例研究事业新发展。

从今年起，《中国法院年度案例》改由国家法官学院与最高人民法院司法案例研究院共同编辑。最高人民法院司法案例研究院是中编办批准设置的最高人民法院的司法案例专门研究机构，与国家法官学院合署办公，在最高人民法院领导下，秉持服务司法审判实践、经济社会发展、法学教育研究、中外法学交流、法治中国建设的办院宗旨，坚持“服务、创新、合作、开放、共享”工作原则，依托国家法官学院开展司法案例的收集、生成、研究、发布和国际交流工作。司法案例研究院的加入，必将使本套丛书的编辑力量更加壮大，案例质量将进一步提升。

国家法官学院副院长

最高人民法院司法案例研究院负责人

蒋惠岭

目　录

Contents

一、产品责任

二、医疗损害责任

三、教育机构责任

四、违反安全保障义务责任

五、环境污染责任

六、触电人身损害责任

七、饲养动物损害责任

八、物件损害责任

九、承揽定作损害责任

十、其　他

一、产品责任

1

产品销售者“欺诈”含义的再解析

——王某、罗某诉沈阳维亚斯橱柜贸易有限公司产品销售者责任案

【案件基本信息】

1. 裁判书字号

辽宁省沈阳市中级人民法院（2018）辽01民终4330号民事判决书

2. 案由：产品销售者责任纠纷

3. 当事人

原告（被上诉人）：王某、罗某

被告（上诉人）：沈阳维亚斯橱柜贸易有限公司（以下简称维亚斯橱柜公司）

【基本案情】

王某与罗某系夫妻关系。2016年7月10日，二人在维亚斯橱柜公司处定制家具一组（橱柜1套，榻榻米1套，书柜4个，电脑桌1套，五斗柜1套，飘窗柜1套，电视背景墙柜1套，鱼缸柜1套，大衣柜门1套，浴室柜1套），用于其所居住房屋的布置。王某、罗某共给付家具款30000元，维亚斯橱柜公司亦向该二人交付全部家具。家具投入使用后，王某、罗某发现家具味道很大，且入住后孩子出现呕吐情况。王某、罗某遂提出鉴定申请，经沈阳产品质量司法鉴定中心依法抽样鉴定，鉴定意见为：按《室内装饰装修材料木家具中有害物质限量》标准检验，电视组合柜、鱼缸柜、橱柜、冰箱上柜、主卧阳台柜、榻榻米的甲醛释放量不符合标

准；按GB/T 15102－2006《浸渍胶膜纸饰面人造板》标准检验，电视组合柜、鱼缸柜、冰箱上柜、主卧阳台柜的吸水厚度膨胀率不符合标准。为此，王某、罗某支付鉴定费10000元。

另查明，涉案家具所用板材系维亚斯橱柜公司从其他厂家进的货，后将板材发送给不同的加工厂进行切割、封边、烤漆，再由维亚斯橱柜公司送至王某、罗某家中进行拼装。庭审中维亚斯橱柜公司提供的检验合格报告系针对原始板材，与其销售至王某家中的板材并非同一批次。

【案件焦点】

维亚斯橱柜公司在产品销售中是否具有欺诈行为。

【法院裁判要旨】

辽宁省沈阳市沈河区人民法院经审理认为：维亚斯橱柜公司向王某、罗某出售的家具甲醛释放量不符合国家标准，系质量有问题产品，应当按照消费者的要求增加赔偿其受到的损失，增加赔偿的金额为消费者购买商品的价款或者接受服务费用的三倍。

辽宁省沈阳市沈河区人民法院依照《中华人民共和国合同法》第六十二条、第一百三十条，《中华人民共和国消费者权益保护法》第五十五条规定，作出如下判决：

一、维亚斯橱柜公司赔偿王某、罗某90000元及鉴定费10000元；

二、维亚斯橱柜公司负责将案涉未达标家具拆除。

维亚斯橱柜公司认为其销售的家具板材有质检合格报告，并未构成欺诈，因此提起上诉。辽宁省沈阳市中级人民法院经审理认为：消费欺诈是指欺诈一方明知自己告知对方的情况是虚假的且会使对方陷入错误认识，而希望或者放任这种结果的发生。涉案家具的原材料（柜门、柜体所需板材）系上诉人从厂商进货，并由上诉人委托其他厂家进行下一步加工（切割、剪裁、封边、烤漆等），之后由维亚斯橱柜公司安排人员上门拼装。一审中维亚斯橱柜公司提供了两份检验合格报告，均是针对柜门及柜体的原材料，与案涉家具所用板材并非同一批次，且上述板材经上诉人委托其他厂家加工后甲醛释放量是否依然达标，上诉人并未提供证据证明。双方之间签订的是家具定制合同，维亚斯橱柜公司应保证其向被上诉人出售的家具甲醛释放量符合国家标准。维亚斯橱柜公司虽提供两份检验合格报告欲证明涉案家具的柜门及柜体的原材料合格，但该检验报告针对的板材与本案涉案家具所用板材并非为同一批次，并不能直接证明所用板材达标，且即使与本案涉案家具所用板材为同一批次，因维亚斯橱柜公司存在对购进的原材料板材委托其他厂家进一步加工的事实行为，故维亚斯橱柜公司仍对其进一步加工后的成品负有保证该成品甲醛释放量依然达标的义务。维亚斯橱柜公司并未能提供证据证明其在原材料板材进一步加工过程中对甲醛释放量是否达标进行了相应的监控，更未提供证据证明其出售的成品的甲醛释放量达标。现案涉成品经依法鉴定甲醛释放量未达标，上诉人对其疏于履行监控义务及查验义务的行为应为明知，在不能确保成品合格的情况下仍向消费者作出环保许诺，即构成消费欺诈。故一审法院认定上诉人存在欺诈行为，并认定维亚斯橱柜公司按照购买价款三倍予以赔偿，并无不当。

辽宁省沈阳市中级人民法院依照《中华人民共和国民事诉讼法》第一百七十条第一款第一项规定，作出如下判决：

驳回上诉，维持原判。

【法官后语】

产品的销售者对产品质量负有建立并认真执行进货检查验收制度，采取措施保证产品的质量，不得伪造，不得掺杂、掺假，不得以不合格产品冒充合格产品等义务。根据我国产品质量法和侵权责任法的规定，产品责任属于特殊的侵权责任。对于产品生产者而言，适用无过错责任，即受害人无需证明生产者主观上存在过错，只需要证明产品存在缺陷，生产者就应该承担侵权责任。而对于产品销售者，要适用过错推定原则。

本案中，维亚斯橱柜公司作为销售者，虽提供了两份关于所进板材的检验合格报告，但并非与涉案家具所用板材为同批次产品，不能完全证明涉案原始板材甲醛含量符合国家标准。更为重要的是，本案销售者在进得相应原始板材后，委托其他厂商对该板材进行加工。具体流程为：维亚斯橱柜公司将所进原始板材分包给不同的加工厂进行切割、封边、烤漆，再送至被上诉人家中进行拼装，此进一步加工行为，属于其销售环节中的流程，其作为销售者应全程对涉案产品进行监督、管控，加工过程中的烤漆、封边，会使用涂料及胶，有可能产生甲醛，故保证加工后的板材甲醛含量依旧达标，属于维亚斯橱柜公司的进货查验义务范围。维亚斯橱柜公司并未对后续的委托加工行为进行监督、管控，没有履行相应的查验义务，在其明知无法保证涉案家具甲醛含量符合国家标准的情况下，向消费者作出虚假许诺，使消费者陷入错误认识，致使消费者在购买橱柜后无法使用，无法入住房屋，遭受经济损失，其主观上存在过错，且构成欺诈，应承担侵权赔偿责任。根据《中华人民共和国消费者权益保护法》第五十五条规定，除退货返款外，还应当按照消费者的要求增加赔偿其受到的损失，增加赔偿金额为消费者购买商品的价款的三倍。

本案进一步厘清了销售者“欺诈”的含义：欺诈是指欺诈一方明知自己告知对方的情况是虚假的且会使对方陷入错误认识，而希望或者放任这种结果的发生。即该行为不仅包括销售明知为不合格或有缺陷的产品，还应包括隐瞒事实真相、向消费者作出虚假许诺、误导消费者的情形。特别是在家装经营活动中，家具质量是否达标与百姓身体健康紧密相连，销售者更应对所销售产品质量予以严格把关，即严格履行进货查验、监督管控义务。消费者权益保护法中已有关于欺诈的惩罚性赔偿规定，怠于履行上述义务的销售者应视其为警钟，其他销售者也应引以为戒。

编写人：辽宁省沈阳市中级人民法院　刘小丹　任玲

2

驾驶人驾驶超标电动车发生交通事故的责任承担

——张甲、张乙诉杭州安琪儿电动车业有限公司等产品责任案

【案件基本信息】

1. 裁判书字号

浙江省嵊州市人民法院（2018）浙0683民初1315号民事判决书

2. 案由：产品责任纠纷

3. 当事人

原告：张甲、张乙

被告：杭州安琪儿电动车业有限公司、台州安琪儿车业有限公司、嵊州市费良摩托车修理部

【基本案情】

2015年2月1日，张某在嵊州市费良摩托车修理部购买涉案安琪儿牌电动车一辆，该安琪儿牌电动车的生产企业为台州安琪儿车业有限公司。随车携带的使用维护说明书关于“警告”部分标注：电动车属非机动车辆；整车主要技术参数中注明：整车质量（不含电池）≤55kg。

2017年5月1日6时9分，张某驾驶该电动车与于某驾驶的小型轿车在交叉路口相撞，造成车辆损坏和张某受伤的交通事故，后张某经医院抢救无效死亡。嵊州市公安局交通警察大队出具的道路交通事故认定书认定，于某驾驶小型轿车，在道路上超速行驶，负事故同等责任；张某未取得机动车驾驶证，驾驶电动两轮轻便摩托车，通过设有“停”车让行交通标志控制的交叉路口时，未停车让行，负事故同等责任。此外，事故认定书关于道路交通事故形成原因分析第2点载明：张某在事故中有未取得机动车驾驶证驾驶电动两轮轻便摩托车上道路行驶的交通违法行为，与事故发生有因果关系。

事故发生后，经浙江腾欣机动车检测技术有限公司对涉案的安琪儿牌两轮电动车的车辆属性和质量状况进行鉴定，涉案电动车不属于电动自行车，而属于电动两轮轻便摩托车的范畴，在道路上行驶，归机动车类。

台州安琪儿车业有限公司于2014年11月15日开始，在其企业内部实施两轮电动车的企业标准，该标准中第4.1.2整车质量（重量）规定，电动车的质量（重量）应不大于80kg。

原告张甲系死者张某之女，张乙系死者张某之子。2017年7月24日，原告张甲、张乙向浙江省嵊州市人民法院依法起诉，要求于某、绍兴岩兰纺织有限公司、中国平安财产保险股份有限公司绍兴中心支公司赔偿各项损失1002596.17元，浙江省嵊州市人民法院依法作出（2017）浙0683民初6061号民事判决，确定原告张甲、张乙可获得赔偿的损失为944502.67元，现该判决已发生法律效力。

【案件焦点】

1. 涉案的安琪儿牌电动车的产品质量是否存在缺陷。如有缺陷，缺陷的存在

与张某的死亡结果之间是否有因果关系；2. 如涉案电动车存在产品缺陷，各被告对原告方因本次交通事故的损失是否应承担责任，责任比例应如何确定。

【法院裁判要旨】

浙江省嵊州市人民法院经审理认为：

1. 关于涉案的安琪儿牌电动车是否存在产品缺陷的问题。涉案电动车整车质量为85kg，远超电动自行车应不大于40kg的标准，应属于电动两轮轻便摩托车范畴。但台州安琪儿车业有限公司在产品的质量合格证中明确该产品为电动车，在产品使用维护说明书中亦明确为非机动车，其整车质量≤55kg，这与实际涉案电动车的重量严重不符。因此，台州安琪儿车业有限公司在产品的警示和使用说明上有缺陷，由此加大了消费者使用车辆的危险性，足以构成产品缺陷。张某在不知该车辆为机动车的情况下，无证上路行驶，发生交通事故导致其死亡。根据事故认定书，张某在事故中有未取得机动车驾驶证驾驶电动两轮轻便摩托车上道路行驶的交通违法行为，与事故发生有因果关系。因此，可以认为涉案电动车存在的产品缺陷与张某发生的交通事故死亡的结果之间存在一定因果关系。

2. 各被告对原告方因本次交通事故的损失是否应承担责任。张某虽不知晓其所驾驶的事实上为两轮轻便摩托车，但其驾驶涉案电动车已两年多，应已对涉案电动车的重量、性能和速度有较为全面的认知，其违反交通规则行驶，在通过设有“停”车让行交通标志控制的交叉路口时，未停车让行，与本次事故有因果关系。本案的产品缺陷在台州安琪儿车业有限公司时即已产生，嵊州市费良摩托车修理部根据生产商的告知将车辆销售为电动车，其销售行为本身在本案中并无过错，故被告嵊州市费良摩托车修理部对原告方的损失不承担赔偿责任。

浙江省嵊州市人民法院依照《中华人民共和国侵权责任法》第十六条、第四十一条、第四十三条，《最高人民法院关于适用〈中华人民共和国民事诉讼法〉的解释》第九十条规定，作出如下判决：

一、台州安琪儿车业有限公司赔偿张甲、张乙因张某死亡造成的医疗费、误工费、护理费、交通费、营养费、住院伙食补助费、死亡赔偿金等各项损失合计944502.67元的5%即47225.13元，款限本判决发生法律效力后十日内付清；

二、驳回张甲、张乙的其余诉讼请求。

【法官后语】

对于本案被告是否需要赔偿原告方损失，笔者认为，可以从三个方面来考虑：第一，涉案车辆是否存在产品缺陷；第二，涉案车辆对张某驾驶该车辆发生本次交通事故是否存在因果关系；第三，本案原告是否可以向涉案车辆生产者要求赔偿。

针对第一个方面，产品缺陷是指产品中存在不合理的危险，且这种危险危及人身和他人财产的安全。根据《机动车运行安全技术条件》《摩托车和轻便摩托车术语第 1 部分：车辆类型》关于轻便摩托车和电动两轮轻便摩托车的定义，涉案车辆亦属于电动两轮轻便摩托车范畴，在道路上行驶，应归机动车类。这无疑是置车辆使用者和他人于危险境地。因为整车质量、最高车速等变大后，电动车的危险性就会随之变大，对驾驶人的要求就越高，因而会危及人身和他人财产的安全。显然，本案涉案车辆在制造上就已存在产品缺陷。同时，被告台州安琪儿车业有限公司自行制定的企业标准中即有关于整车质量不大于 80kg 的标准。其明知其生产出来的车辆性能超标，普通无驾驶证的人员驾驶时可能存在危险，本应当采用合理方式对产品在使用过程中存在的危险进行提示。但被告台州安琪儿车业有限公司不仅没有做到这一点，反而在产品的质量防伪合格证中明确产品为电动车，在产品使用维护说明书中明确为非机动车，其整车质量≤55kg，而这与实际涉案车辆的重量严重不符，误导了消费者，使得涉案车辆具有了不合理的危险。因此，被告台州安琪儿车业有限公司生产的涉案车辆足以构成产品缺陷。

针对第二个方面，由于被告将其产品标为电动车，不知情的人员绝无可能联想到该车属于机动车，只会认为该车属于轻量级的电动车。张某作为车辆的购买者，并不具有这方面的专业知识，当然也会将该车理解成非机动车，误以为无需取得驾驶证就可以直接上路行驶。如果台州安琪儿车业有限公司进行了足够的警示，本案的损害后果就不一定会发生。因此，可以认为台州安琪儿车业有限公司生产的涉案车辆构成与本案事故之间具有一定的因果关系。

针对第三个方面，《中华人民共和国侵权责任法》第四十一条规定：“因产品存在缺陷造成他人损害的，生产者应当承担侵权责任。”这里的他人是指生产者以外的人。按照该条的规定，只要是生产者以外的人因为产品缺陷受到了损害，生产者就应当承担侵权责任。嵊州市公安局交通警察大队出具的道路交通事故认定书认定，张某未取得机动车驾驶证驾驶电动两轮轻便摩托车上道路行驶的交通违法行为，与事故发生有因果关系，在事故中起作用。因此，张某在事故中有未取得机动车驾驶证驾驶电动两轮轻便摩托车上道路行驶的交通违法行为，作为张某在事故发生的过错情况，致使本案原告在机动车交通事故责任纠纷一案赔偿部分被相应酌减。当然，张某的死亡结果也对原告造成了无法挽回的伤痛，显然给原告造成了损害。所以，原告的产品责任诉讼完全可以成立。

近年来，电动自行车以其经济、便捷的特点成为群众出行的重要交通工具。生产企业为了利益一味迎合消费者的需求，追求功率大、速度快、车身重，不按规定生产，这类车辆各项技术指标不符合国家强制性标准，安全性能差，上路行驶极易发生道路交通事故，严重侵害了群众利益。笔者认为，法院在审理涉及超标电动车交通事故的民事诉讼中，依法判决车辆生产企业承担相应赔偿责任，在一定程度上可以遏制违规生产销售电动车的行为。

编写人：浙江省嵊州市人民法院　杜杭莉　全周爽

3

进口食品不符合食品安全标准消费者可向进口商索赔

——姚某诉重庆华润万家生活超市有限公司、广州市吉葡园商贸有限公司产品责任案

【案件基本信息】

1. 裁判书字号

重庆市第一中级人民法院（2017）渝01民终8314号民事判决书

2. 案由：产品责任纠纷

3. 当事人

原告（上诉人）：姚某

被告（被上诉人）：重庆华润万家生活超市有限公司（以下简称华润万家超市）、广州市吉葡园商贸有限公司（以下简称吉葡园公司）

【基本案情】

2017年6月8日，姚某在华润万家超市观音桥店购买了192盒“活力家园姜黄面”，单价26.80元，生产日期分别为2017年4月5日、2017年2月3日。该食品系进口普通食品，配料表中成分标识为“高筋面粉、姜黄、食盐”。其中姜黄被列入《中华人民共和国药典》，系药品。原卫生部2002年发布《关于进一步规范保健食品原料管理的通知》，将姜黄列入《可用于保健食品的物品名单》，但未将其列入《既是食品又是药品的物品名单》。原卫生部2007年发布《关于“黄芪”等物品不得作为普通食品原料使用的批复》中，载明姜黄不能作为普通食品原料。《食品安全国家标准食品添加剂使用标准》（GB 2760－2014）的附录明确，食品添加剂的使用应符合附录中允许使用品种、使用范围以及最大使用量或残留量等规定，附录明确了食品添加剂姜黄的使用范围，但并不包括涉案产品涉及的干面制品。另查明，涉案产品生产商为台湾佑鋆绿色生技有限公司，进口商为吉葡园公司。涉案产品均通过中华人民共和国海关进口，也经过中华人民共和国出入境检验检疫监督管理，被准予入境。

姚某认为其购买的“活力家园姜黄面”系不可以添加姜黄的食品，也不属于香辛料和调味品，该产品不符合食品安全，遂诉至法院，请求判令华润万家超市退还购货款5145.60元，并请求华润万家超市、吉葡园公司共同承担不符合食品安全标准食品的十倍赔偿51456元。华润万家超市认为“活力家园姜黄面”有合法进货来源，且在进货时已审查供应商资质、检验检疫证明等资料，已尽到销售者的合理审查义务，主观并无销售不符合食品安全食品的“明知”。吉葡园公司认为涉案产品通过中华人民共和国海关检验检疫准予入境，符合中华人民共和国食品安全标准，且作为进口商在涉案产品进口时已履行合理注意义务，因此不应承担十倍赔偿责任。

【案件焦点】

1. 经检验检疫合格但违反我国食品添加剂国家标准的进口食品，是否为不合格产品；2. 姚某就其购买的不符合食品安全标准的进口食品，可否向食品进口商吉葡园公司与销售商华润万家超市主张十倍赔偿，进口商与销售商之间的责任比例如何划分。

【法院裁判要旨】

重庆市沙坪坝区人民法院经审理认为：根据《中华人民共和国国家标准》的规定，“姜黄”可作为食品添加剂添加至食品以及可作为香辛料和调味品的原料，“姜黄”是可被食用的。在审理中，华润万家超市向法院提交了涉案产品的相关检验检疫证明及海关报关单，证明涉案产品是经过相关部门许可予以入境的，华润万家超市作为销售商尽到了相应的审查义务。

重庆市沙坪坝区人民法院依照《中华人民共和国食品安全法》第四条、第九十一条、第九十二条，《中华人民共和国民事诉讼法》第六十四条，《最高人民法院关于适用〈中华人民共和国民事诉讼法〉的解释》第九十条规定，作出如下判决：

驳回姚某在本案的全部诉讼请求。

姚某不服一审判决，提起上诉。重庆市第一中级人民法院经审理认为：进口食品应当经出入境检验检疫机构依照进出口商品检验相关法律、行政法规的规定检验合格，且应当符合食品安全法规定的食品安全国家标准，包括食品添加剂的品种、使用范围和用量。涉案产品虽有合格的报关手续及经过检验检疫，但其添加成分姜黄不属于《食品安全国家标准食品添加剂使用标准》（GB 2760－2014）附录表A.1规定的“着色剂（姜黄）”的范围，系涉嫌超范围使用食品添加剂，不符合国家安全标准。

华润万家超市销售的涉案产品违规添加姜黄，姚某购货支付的货款系其损失，其要求退还货款并要求支付价款的十倍赔偿符合《中华人民共和国食品安全法》第一百四十八条规定。进口商吉葡园公司与销售商华润万家超市作为专业销售经营商，对其销售的进口食品，不仅应关注进关报批的行政手续，还应审查其是否符合我国食品安全标准，但二者未尽合理审查义务，对涉嫌超范围使用食品添加剂姜黄的食品进行销售，应当依法退还货款并十倍赔偿。因华润万家超市、吉葡园公司均为涉案产品经营者，在进货及销售的环节均有过错，但难以确定各自责任大小，根据《中华人民共和国侵权法》第十二条规定，由华润万家超市、吉葡园公司平均承担赔偿责任。

重庆市第一中级人民法院依照《中华人民共和国食品安全法》第二十六条、第三十四条、第三十八条、第九十二条第一款、第一百四十八条，《最高人民法院关于审理食品药品纠纷案件适用法律若干问题的规定》第三条，《中华人民共和国侵权法》第十二条，《中华人民共和国民事诉讼法》第一百七十条第一款第二项规定，判决如下：

一、撤销重庆市沙坪坝区人民法院（2017）渝 0106 民初 10375 号民事判决；

二、由华润万家超市在本判决生效后十日内退还姚某货款 5145.60 元，姚某同时向华润万家超市退还“活力家园姜黄面”192 盒，如未能退回上诉产品，则以价款 26.80 元/盒折抵华润万家超市应退还货款；

三、由华润万家超市在本判决生效后十日内赔偿姚某 25728 元；

四、由吉葡园公司在本判决生效后十日内赔偿姚某 25728 元。

【法官后语】

随着经济发展和人民生活水平的提升，进口食品已成为我国食品市场的重要组成部分，涉及进口食品安全问题的相关纠纷逐步增加，也出现了法律适用的新问题，本案即是如此。

一、经检验许可入境的进口食品不符合食品安全标准，仍应认定为不合格产品

消费者要求判令食品经营者承担“退一赔十”的惩罚性赔偿责任，需以食品违反安全标准为前提。我国食品安全法规定，进口的食品、食品添加剂、食品相关产品应当符合我国食品安全国家标准；进口的食品应当经出入境检验检疫机构依照进出口商品检验检疫相关法律、行政法规检验合格。由此可见，按照食品安全法规对进出口食品检验检疫，是防止不符合我国食品安全标准甚至危害人体健康的食品流入国内的重要环节，检验检疫机构虽然出具了合格证书，但是食品进口商和销售商在各自的进货与销售环节，仍应按照相关食品安全标准履行自身的审查义务。本案涉案进口商品经审查，发现其添加剂姜黄已超出我国食品添加剂使用标准确定的范围，对于经检验检疫合格形式上符合但实质上不符合食品安全标准的进口食品，仍应认定为不合格食品。

二、消费者可就不合格进口食品向进口商索赔

根据我国食品安全法第一百四十八条规定，生产不符合食品安全标准的食品或者经营明知是不符合食品安全标准的食品，消费者除要求赔偿损失外，还可以向生产者或者经营者要求支付价款十倍或者损失三倍的赔偿金。在审理进口食品的案件中，该条文规定的“经营者”能否扩及进口商，是此类案件确定责任承担主体的关

键所在。涉进口食品案件中，进口商虽不处于销售环节的末端，也不属于传统意义上与消费者直接建立合同关系的销售者，但进口商进口、销售进口食品的行为旨在营利，其行为受食品安全法调整，因此可推定进口商亦属于食品安全法规定的“经营者”范畴。理由如下：首先，符合食品安全法立法精神。食品安全法旨在保护食品安全以及食品使用人的人身安全。食品进口属于食品销售过程中的一个环节，进口商审查义务履行情况与进口食品质量密切相关，这从食品安全法对进口商相应行为的规制可见一斑，将进口商归入“经营者”范畴并承担相应责任，能够促成司法责任与行政监管和行政处罚措施的互补，以督促其履行审查义务、提升保障食品安全意识。其次，将进口商与销售商共同列为责任主体有利于保障消费者权益和符合诉讼经济原则，处于末端的销售商与消费者之间存在合同关系，是责任主体之一。将进口商列为责任主体，能够为消费者提供更充分的救济保障，且在进口商存在过错的情况下，销售商向消费者承担责任后可向进口商追偿，在同一案件中审理确定进口商与销售商责任，能够实现诉讼经济。

三、食品进口商与销售商的责任承担方式

在确定食品进口商与销售商的侵权责任类型时，若无证据证明其在合同的签订与履行中存在购销不合格进口食品的意思联络，应认定进口商与销售商构成无意思联络的数人侵权。根据我国侵权责任法第十二条规定，二人以上分别实施侵权行为造成同一损害，能够确定责任大小的，各自承担的相应责任；难以确定责任大小的，平均承担赔偿责任。在进口食品的进口与销售过程中，进口商与销售商各自负有法定的经营义务，一般而言，进口商应承担实质审查义务，包括应当保证进口食品通过法定渠道进口、符合我国食品安全标准；销售商在进货过程中应注意查验进货食品是否符合食品安全标准。本案中，吉葡园公司与华润万家超市作为专业的食品经营主体，在进口、购销、出售食品的各个环节，负有记录和查验义务，不仅应关注食品的进口来源、进口渠道是否符合检验检疫要求，还应审查食品是否符合我国食品安全标准。对姚某请求的十倍赔偿，因吉葡园公司与华润万家超市均有过错，但其各自责任大小难以划分，故判令二被告平均承担赔偿责任。

编写人：重庆市第一中级人民法院　李立新　黄琦　黄晨

4

汽车销售者依据行业惯例未告知售前维修情况不构成欺诈，但侵犯知情权的，仍应赔偿消费者损失

——张某诉重庆星顺汽车有限公司产品销售者责任案

【案件基本信息】

1. 裁判书字号

重庆市第一中级人民法院（2018）渝01民终5154号民事判决书

2. 案由：产品销售者责任纠纷

3. 当事人

原告（被上诉人）：张某

被告（上诉人）：重庆星顺汽车有限公司（以下简称星顺公司）

【基本案情】

2015年8月24日，星顺公司在对新车进行销售前检查时，发现涉案梅赛德斯－奔驰E260L轿车的点火开关存在电气故障，故对该车进行维修，更换了原厂点火开关配件，并对车辆钥匙进行了重新编程。2015年8月29日，星顺公司据此向车辆生产厂家进行了索赔。

2015年9月19日，张某与星顺公司签订《汽车销售协议》，约定张某向星顺公司购买上述梅赛德斯－奔驰E260L轿车，购车价款为383000元。协议签订后，张某付款并提车。同日，张某为该车购买了商业险、交强险，并支付了车船税、车辆购置税、主城区路桥通行年费。

购车后，张某得知了车辆售前维修情况。2018年3月12日，张某申请重庆市公证处进行证据保全，并支付了公证费。

2018年3月14日，张某以星顺公司故意隐瞒车辆维修事实，将该车以新车出

售给原告，实施欺诈行为为由起诉至法院，要求星顺公司返还购车款、赔偿张某支付的保险费、税费、路桥费、公证费，并三倍赔偿购车款。

【案件焦点】

1. 星顺公司的行为是否构成欺诈；2. 如是，其应承担何种法律责任。

【法院裁判要旨】

重庆市渝北区人民法院经审理认为：星顺公司对涉案车辆在销售前经检查发现的故障以原厂配件进行修复，系保证其出售商品品质的行为。星顺公司对涉案车辆点火开关电气故障的处理并非对车辆关键部位的维修，其虽未将此情况告知张某，但不构成欺诈，对张某请求三倍赔偿不予支持。星顺公司的行为侵犯了张某的知情权，对张某请求退车予以支持。张某请求星顺公司赔偿的保险费、路桥费，因保险费对应保单的保险期间已过、路桥费已过使用期间，对该请求不予支持。张某请求赔偿车辆购置税、公证费，予以支持。

重庆市渝北区人民法院依据《中华人民共和国民法总则》第三条，《中华人民共和国产品质量法》第四十条，《中华人民共和国消费者权益保护法》第八条第一款、第二十条第一款、第二十四条、第五十五条第一款规定，判决如下：

一、被告星顺公司在本判决生效后十日内退还原告张某购车款383000元；

二、被告星顺公司在本判决生效后十日内赔偿原告张某车辆购置税36800元及公证费2000元，共计38800元；

三、驳回原告张某其他诉讼请求。

星顺公司不服，提起上诉。重庆市第一中级人民法院经审理认为：关于对车辆售前检查维修的相关信息是否应主动告知消费者的问题，法律、法规并无明确规定，也无成文的国家标准或行业标准予以规范，星顺公司受行业认知影响未主动告知该信息并无主观恶意，不符合民事欺诈的构成要件，不构成欺诈，同时，星顺公司以原厂配件更换涉案车辆点火开关的行为并未影响车辆使用性能或导致车辆不符合质量要求，故不满足合同解除或撤销的法定及约定条件，也不符合《中华人民共和国产品质量法》及《中华人民共和国消费者权益保护法》所规定的退货条件，一审法院判令退车及返还购车款并无充分法律依据。但星顺公司的行为损害了张某在购车时应有的知情权，综合考量涉案车辆的车价、星顺公司侵犯张某知情权的内容，以及对张某作为消费者权益受损程度进行合理填补等因素，酌定由星顺公司赔偿张某30000元。如张某有证据证明涉案车辆存在质量问题，可以另行依法向星顺公司主张权利。

重庆市第一中级人民法院依照《中华人民共和国消费者权益保护法》第八条第一款、第四十条第一款，《中华人民共和国民事诉讼法》第一百七十条第一款第二项规定，判决如下：

一、撤销重庆市渝北区人民法院（2018）渝0112民初6741号民事判决；

二、星顺公司于本判决生效后十日内赔偿张某30000元；

三、驳回张某的其他诉讼请求。

【法官后语】

《中华人民共和国消费者权益保护法》中对消费欺诈的含义并未作特别规定，因此，对于消费欺诈的判断仍应以《最高人民法院关于贯彻执行〈中华人民共和国民法通则〉若干问题的意见（试行）》第六十八条规定关于民法上欺诈的一般定义为基础，即一方当事人故意告知对方虚假情况，或者故意隐瞒真实情况，诱使对方当事人做出错误意思表示的，可以认定为欺诈行为。据此，构成欺诈的四项要件为：第一，行为人有虚构事实或隐瞒真相的行为；第二，行为人有欺诈的故意；第三，相对人因行为人的欺诈而陷入认识错误；第四，相对人因认识错误而为意思表示，即错误与意思表示之间存在因果关系。汽车销售行业在向消费者交付新车前进行检查校正流程是行业惯例，其目的是给消费者提供更好的服务，其结果是使交付的车辆达到原厂出厂检验标准。对于售前检查过程中发现的问题如何操作处理、是否应主动告知消费者，本案争议事实发生时法律没有明确规定，也没有成文的国家标准或行业标准予以规范。星顺公司按照奔驰厂家售前检查规范要求更换涉案车辆点火开关并无不当，其也已将售前维修情况如实登记于厂家系统，故星顺公司的未主动告知行为并无隐瞒的主观故意，不符合欺诈构成要件，其行为不构成欺诈。

根据《中华人民共和国消费者权益保护法》第八条第一款规定，消费者享有知悉其购买、使用的商品或者接受的服务的真实情况的权利。相关法律法规并未对消费者知情权的范围作出明确界定，笔者认为，一方面，与商品或服务真实情况相关的信息难以穷尽，并非只要销售者未予告知相关信息即构成侵犯消费者知情权；另一方面，由于消费者在消费活动中处于相对弱势地位，有必要对其权利加强保护，销售者亦不能仅以行业认知及行业惯例为凭对是否侵犯消费者知情权形成有效抗辩。认定销售者未告知相关信息行为是否侵犯消费者知情权时，应从一般消费者的认知能力和消费心理出发，以相关信息是否足以影响到一般消费者的消费选择为判断依据。本案中星顺公司在对涉案车辆进行新车售前检测过程中更换了点火开关，该行为虽无证据证明对车辆质量及使用性能造成了不良影响，且张某亦正常使用至今，但该部件并非如雨刷、轮胎等易损的常规可替换部件，基于一般消费者购买产品的心理，如知晓购买的“新车”系在售前进行过拆卸、更换过零部件的车辆，仍在一定程度上会影响其购买选择，故该相关信息对消费者而言，应当属于左右其购买选择的重要信息，星顺公司应在销售时予以告知消费者，星顺公司未主动告知的行为已对消费者张某的知情权构成侵犯。

因消费者张某的损失性质及金额难以认定，法院综合考量涉案车辆的车价、星顺公司侵犯张某知情权的内容以及对张某作为消费者权益受损程度进行合理填补等因素，依据法官自由裁量权酌定由星顺公司赔偿张某30000元，系平衡汽车销售公司及消费者利益的创新性裁判思路，可供类案借鉴。

编写人：重庆市第一中级人民法院　张力　李俊冰

重庆两江新区人民法院　李云梦

5

二手车车主的权利认定及二手车质量问题的责任承担

——渠某诉北京汽车制造厂有限公司、包头市泓程贸易有限公司产品责任案

【案件基本信息】

1. 裁判书字号

内蒙古自治区包头市中级人民法院（2018）内02民终2924号民事判决书

2. 案由：产品责任纠纷

3. 当事人

原告（被上诉人）：渠某

被告（上诉人）：包头市泓程贸易有限公司（以下简称泓程公司）、北京汽车制造厂有限公司（以下简称北京汽车制造厂）

【基本案情】

2017年3月14日，案外人胡某从北京伟利达汽车销售有限公司购买本案涉案车辆，并开具机动车销售统一发票，本案被告北京汽车制造厂系该车辆的生产制造商。后该车由胡某通过大同市南郊区平凡二手车交易有限公司出卖给本案原告渠某，并于2017年10月18日开具二手车销售统一发票。该车的保修手册中质量保修注意事项中写明，您的车辆出现故障时，请及时与我公司特约维修服务站联系。在后附的汽车服务站中，内蒙古自治区包头地区的服务站名称为包头市仁武汽修有限责任公司及本案被告泓程公司。在车辆使用过程中，原告发现该车的分动箱有开裂的情况，故向该车指定的特约维修服务站即本案的被告泓程公司联系要求质保，但遭到拒绝。后原告通过包头市交通广播电视台进行维权，北汽全国客服以二手车手续不全（无保养手册）无法质保为由拒绝质保，同时表示二手车该手册不予补办，被告泓程公司则表示不能给原告补办保养手册及提供质保，同时，北京经销商也表示无法为原告补办保养手册。原告维权无果，遂诉至法院，要求二被告免费为其更换故障零部件并赔偿损失。被告北京汽车制造厂提出管辖异议，法院裁定驳回了其管辖异议的申请，被告北京汽车制造厂不服裁定，上诉至包头中院，包头中院裁定驳回上诉，维持原裁定。在案件的管辖异议上诉期间，为了避免损失的进一步扩大，原告对该车进行了修理，并由包头市方正公证处对该车辆分动箱的拆卸过程进行了公证，公证书中载明分动箱上面带有裂痕，并有红色液体渗出，该分动箱被拆卸后，由该公证处进行封箱保管。包头市方正公证处据此出具了（2018）包方正内民字第6414号公证书及（2018）包方正内民字第6415保管证书。原告共花费公证费1400元。一审法院开庭前，原告将诉讼请求进行了变更，被告北京汽车制造厂在接到原告的变更诉讼请求的申请书后，再次提出管辖异议的申请，一审法院未对其第二次提出的申请予以处理。该车辆的行驶里程为19632.4千米。

【案件焦点】

1. 本案中原告作为二手车车主是否有权享受三包服务；2. 本案被告泓程公司是否是本案的适格主体、是否应当承担责任。

【法院裁判要旨】

内蒙古自治区包头市九原区人民法院经审理认为：对于原告渠某购买的诉争车辆在使用过程中出现分动箱开裂，有原告提供的公证书在案佐证，且二被告未提出相应的证据证明该产品无质量瑕疵，故对于该事实足以认定。虽然该车所有权发生过变更，但根据车辆的购买年限和行驶里程，诉争车辆在三包规定的范围内，可以享受保修服务。对于原告的三包凭证丢失的问题，原告提供的录音材料证实，原告积极希望进行补办，但遭到了北汽全国客服、被告泓程公司和汽车销售商的拒绝，无法进行补办，故被告辩称的原告无法提供三包凭证的辩解理由法院不予采信。对于责任的承担，被告北京汽车制造厂作为产品的生产者，应当对产品质量的瑕疵承担责任，被告泓程公司作为被指定的汽车服务站，即修理者，应当承担修理责任。对于承担的具体数额，原告在遭到修理者拒绝保修的情况下，自己进行了维修，并公证记录了拆卸故障零部件的过程，同时有包头市麻池镇宏腾专业机修钣金喷漆美容装饰店开具的4900元的发票在案佐证，法院对该笔费用予以认定。对于原告主张的公证费，是本案证据保全的必要费用，被告应当予以承担。原告主张的律师费6000元，不是本案必须发生的费用，法院不予支持。

内蒙古自治区包头市九原区人民法院依照《中华人民共和国产品质量法》第二十六条，《家用汽车产品修理、更换、退货责任规定》第十八条、第二十七条，《中华人民共和国民事诉讼法》第一百四十四条规定，判决如下：

一、被告泓程公司、北京汽车制造厂给付原告渠某汽车修理费4900元；

二、被告泓程公司、北京汽车制造厂给付原告渠某汽车公证费1400元；

三、驳回原告渠某的其他诉讼请求。

二审法院同意一审法院裁判意见。

【法官后语】

近年来，汽车的更新换代越来越快，二手车交易市场规模逐年扩大，很多开了没多久的汽车都出现在了市场上，有些还是未过保修期的汽车。但二手车车主享有哪些权利、二手车出现质量问题责任由谁承担等问题在实践中颇有争议。本案例对相关问题进行了探讨，以期对相关案件的裁判有所启发。

1. 二手车车主的权利认定

本案中的汽车系原车主胡某出卖给本案原告渠某，并于2017年10月18日开具二手车销售统一发票。本案汽车的销售地为正规的二手车交易市场，买卖行为合法有效，且手续完备，符合二手车交易的相关法律规定。故一审、二审法院均确认了二手车车主即原告享有车辆转移后作为车辆所有权人应当享有的合法权利。

根据《家用汽车产品修理、更换、退货责任规定》第十七条规定，家用汽车产品包修期限不低于3年或者行驶里程60000公里，以先到者为准；家用汽车产品三包有效期限不低于2年或者行驶里程50000公里，以先到者为准。家用汽车产品包修期和三包有效期自销售者开具购车发票之日起计算。因此，只要在此规定内，即便是转手的二手车也享有三包权利。本案车辆的购买年限和行驶里程均在三包期内，原告渠某已取得车辆所有权，其有权享受三包服务。

2. 二手车质量问题的责任承担

汽车三包明确了车辆产品责任问题所划归的责任，对于制造误差、运输损坏、展示损坏、维修不当等问题引起的汽车质量问题划归到汽车制造商、经销商、汽车维修厂等。

产品责任诉讼的当事人包括赔偿权利人和赔偿义务人。赔偿权利人即原告，是指因产品质量不合格而遭受人身、财产损害的受害人，包括自然人和法人。赔偿义务人即被告，主要指缺陷产品的生产者或销售者。本案中被告北京汽车制造厂作为产品的生产者，应当对产品质量的瑕疵承担责任。

根据《家用汽车产品修理、更换、退货责任规定》第十八条规定，在家用汽车产品包修期内，家用汽车产品出现产品质量问题，消费者凭三包凭证由修理者免费修理。本案中车辆的保修手册中内蒙古自治区包头地区的服务站为本案被告泓程公司，即修理者，应当承担修理责任。

随着汽车保有量不断增加，二手车市场也越来越具有吸引力，这需要一个公平、公正、开放、有序的市场环境，也需要完善二手车流通法律保障，更加需要明确各方的相应责任，从而维护二手车交易各方的合法权益，推动二手车流通市场的繁荣发展。

编写人：内蒙古自治区包头市九原区人民法院　乌仁斯琴

6

消费者维权案件证明标准、产品缺陷认定及利益衡平

——王某诉北京西红门宜家家居有限公司产品责任案

【案件基本信息】

1. 裁判书字号

北京市第二中级人民法院(2018)京02民终8253号民事判决书

2. 案由:产品责任纠纷

3. 当事人

原告(上诉人):王某

被告(上诉人):北京西红门宜家家居有限公司(以下简称宜家公司)

【基本案情】

王某作为消费者于2016年先后从宜家公司购买斯黛纳(STELNA)透明玻璃杯6只。2017年5月20日凌晨,王某在使用玻璃杯喝水时,玻璃杯发生爆裂,致其下唇裂伤、门牙断裂。王某以宜家公司所售玻璃杯存在质量缺陷、宜家公司存在消费欺诈为由,诉至法院要求双倍赔偿各项损失100余万元。

【案件焦点】

1. 宜家公司应否承担赔偿责任;2. 王某所提要求宜家公司双倍赔偿的请求是否成立;3. 一审判决确定的赔偿金额是否适当。

【法院裁判要旨】

北京市大兴区人民法院经审理认为:根据王某在庭审中提供的证据,法院对于王某主张宜家公司承担赔偿义务的诉讼请求不持异议,但从双方提交的证据来看,无充分证据显示宜家公司存在明知商品存在缺陷,仍向消费者提供的情形,王某要求宜家公司双倍赔偿其损失的主张,无事实依据,法院不予支持。对于王某的经济

损失，其合理部分法院予以确认。

依照《中华人民共和国侵权责任法》第四十三条，《最高人民法院关于审理人身损害赔偿案件适用法律若干问题的解释》第十七条、第十八条、第十九条、第二十条、第二十一条、第二十二条、第二十四条，《最高人民法院关于确定民事侵权精神损害赔偿责任若干问题的解释》第十条规定，判决如下：

一、被告宜家公司于本判决生效后十日内给付原告王某玻璃杯购物款3.9元、医疗费7115.16元、营养费1000元、护理费1200元、误工费20000元、交通费1000元、精神损害抚慰金10000元，以上共计40319.06元；

二、驳回原告王某的其他诉讼请求。

一审判决后，双方均不服，提起上诉。北京市第二中级人民法院经审理认为：第一，王某在使用玻璃杯过程中发生杯体爆裂引致本案损害，因此涉案玻璃杯在使用过程中存在不合理危险，王某主张宜家公司承担赔偿责任依据充分。第二，关于王某上诉所提要求宜家公司双倍赔偿一节，综合现有在案证据，尚无充分证据证明宜家公司在销售本案所涉斯黛纳（STELNA）玻璃杯时具有明知、欺诈或者恶意的主观状态，故王某上诉要求宜家公司双倍赔偿的请求，法院难以支持。第三，关于赔偿项目金额一节，一审法院依据相关医疗费票据核算医疗费金额，并结合本案情况酌予确定的营养费、护理费、误工费、交通费、精神损害抚慰金数额并无明显不当。

综上所述，王某、宜家公司的上诉请求均不能成立，均应予驳回；一审判决认定事实清楚，适用法律正确，应予维持。北京市第二中级人民法院依照《中华人民共和国民事诉讼法》第一百七十条第一款第一项规定，判决如下：

驳回上诉，维持原判。

【法官后语】

本案是涉及全球知名企业的消费者维权案件，损害发生后，各类媒体持续关注案件进展。因消费者无法提供直接证据证明爆裂玻璃杯系自宜家公司购买，故社会公众对此案形成两种完全不同的印象：部分人认为钢化玻璃杯不可能造成如此严重的伤害，消费者属于“碰瓷”；部分人认为钢化玻璃杯爆裂并非个案，商家应当双倍赔偿。在本案二审中，合议庭主动邀请媒体旁听，在查明案件事实的基础上，在终审判决中主动回应社会关注。该案裁判既强调突出保护消费者权益，又对企业合理注意义务予以科学界定，很好地平衡了消费者与商家权利保护需求。

第一，在消费者维权案件中引入“高度盖然性”证明标准，在证明标准上向消费者适当倾斜。在消费者维权案件中，商家多以致害商品并非购自己方为由进行抗辩，由于产品损害属于偶发事件，消费者无法第一时间固定直接证据，往往造成举证上的被动局面。本案二审判决综合了消费者事前、事中和事后所形成的证据，认为消费者主张损害系因宜家公司销售玻璃杯爆裂造成具有高度盖然性，据此认定消费者要求赔偿的诉讼主张。这在回应案件争议焦点的同时，也回应了社会中有关消费者“碰瓷”的舆论。

第二，产品缺陷的认定标准是指确认缺陷是否存在的依据，是认定工作的关键。通说认为，我国产品质量法的上述规定在产品缺陷认定标准上采用了折中标准，即结合采用了技术标准和不合理危险标准。根据上述法律规定，产品在耐用期限内正常合理的使用过程中，如果存在危及人身及财产安全的不合理危险，也可视为存在缺陷，本案裁判即采用了不合理风险认定标准。消费者在使用合格食饮用玻璃器具时，对其安全性能一般有合理期待，即在使用该器具时，器具本身不会发生突然爆裂、伤人的情况，本案中，王某在使用涉案玻璃杯饮水时，玻璃杯发生爆裂导致面部、牙齿等多处受伤，此种情况的出现，明显与消费者对于食饮用玻璃器具安全期待不符，涉案玻璃杯突然爆裂本身对于消费者而言即可认定为潜在的不合理危险，基于此，合议庭认为涉案玻璃杯在使用过程中存在不合理危险，根据前述法律规定，应当认定存在产品缺陷，现消费者主张商家予以赔偿具有法律依据。

第三，消费维权案件往往涉及消费者与商家利益衡平，两者均不可偏废。作为司法机关，既要依法保护消费者合法权益，也要避免对商家课以不合理的注意义务，因为如果对商家课以不合理注意义务，会给企业带来不合理的经营风险负担，影响企业生存和发展，也可能导致社会交易成本不合理提高，出现最终由全体消费者“埋单”的情况。本案中，消费者王某主张宜家公司明知商品存在缺陷仍然向消费者提供并做不实宣传，要求宜家公司双倍赔偿各项损失。对此合议庭认为，惩罚性赔偿的适用，应当满足三个条件：一是明知产品存在缺陷，二是仍然生产或者销售，三是造成他人生命健康损害。明知产品存在缺陷，是指生产者或者销售者已经确定地知道生产的或者销售的产品存在缺陷，具有损害他人生命或者健康的危险。在本案审理过程中，王某主张宜家公司明知玻璃杯存在缺陷仍然向消费者提供、未尽相应警示提示义务，故要求双倍赔偿。但宜家公司提供了涉案产品的合格证书以及事后自行委托相关机构鉴定的意见，且玻璃制品客观上存在一定自爆的概率，故综合现有在案证据，消费者主张商家明知玻璃杯存在缺陷仍然向消费者提供不能成立，故驳回其要求商家双倍赔偿的请求。

编写人：北京市第二中级人民法院　施忆

7

消费者未保留消费凭证的情况下，如何认定产品销售者责任

——田某诉云南中发石化有限公司产品销售者责任案

【案件基本信息】

1. 裁判书字号

云南省昆明市中级人民法院（2018）云01民终第4890号民事判决书

2. 案由：产品销售者责任纠纷

3. 当事人

原告（上诉人）：田某

被告（被上诉人）：云南中发石化有限公司

【基本案情】

2017年11月3日，原告驾驶车牌照为云A×××××的奥迪轿车至被告经营的云南中发石化加油站加了95号汽油。原告于2017年11月22日将该车辆送至云南联迪汽车服务有限公司检测，该公司出具《诊断分析》，载明“根据电脑检测结果，查看三元催化器、氧传感器、火花塞表面有不明白色物质。据此判断白色物质与发动机工作时的燃烧相关，建议用户更换三元催化器、火花塞、氧传感器、喷油嘴和清洗油箱后试车正常”。原告因此支付车辆维修费28743元。2017年11月23日原告向消费者协会投诉被告。昆明市五华区市场监督管理局于2017年12月1日到被告处提取2桶（2L/桶）95号车用汽油样品送至云南省产品质量监督检验研究

院进行检验。2017年12月7日，云南省产品质量监督检验研究院出具《检验报告》，认定所检样品不合格。2017年11月27日，被告的法定代表人在《消费者协会受理投诉登记表》签署意见称："待检验结果出来后，会给几位客户满意答复。"昆明市五华区市场监督管理局在该表的处理结果一栏写明："经现场调解，双方同意协商解决。"2017年12月4日，被告的法定代表人在《消费者协会受理投诉登记表》上签字确认"待加油站正常经营后，属我站油质问题，我站负责油路修理赔偿"。2017年12月7日，原告为调取其于2017年11月3日到被告经营的加油站加油的监控录像而与被告发生争议，后其报警。在《接处警登记表》中，处警情况一栏载明："民警告知报警人，调看录像一事到质监局反映。报警人表示同意。"后原告向法院提起诉讼，要求被告赔偿原告42773元（汽油费430元+车辆维修费28743元+车辆维修期间承租替代车辆支出的租金13600元）。

【案件焦点】

1. 原告主张其于2017年11月3日驾驶云A×××××奥迪轿车至被告经营的云南中发石化加油站加油的事实是否成立；2. 原告的车辆受损与被告向其出售的汽油油品之间是否有因果关系；3. 被告应否返还原告加油费430元，并赔偿车辆维修费28743元；4. 被告应否向原告赔偿租车费13600元。

【法院裁判要旨】

云南省昆明市五华区人民法院经审理认为：本案系买卖合同引起的诉讼纠纷。原告主张其与被告存在95号汽油的买卖合同关系，其应对产生该法律关系的基本事实承担举证证明责任。原告未举证证明该基本事实，其应承担举证不能的不利后果。故一审法院依照《中华人民共和国合同法》第一百三十条及《中华人民共和国民事诉讼法》第六十四条、第一百一十八条规定，判决如下：

驳回原告田某的诉讼请求。

田某不服一审判决，提起上诉。云南省昆明市中级人民法院经审理认为：首先，上诉人田某虽未能提供加油凭证，但根据其提交的《消费者协会受理投诉登记表》，可以证实在同一时段有多名消费者（含上诉人）针对油品问题投诉被上诉人，被上诉人在消费者协会与上诉人协商处理时亦未对上诉人的消费者身份提出异议。被上诉人明确其经营的加油站的监控录像有效保存期限是90天，但在上诉人于2017年12月7日主张调取监控录像后仍未及时保存并提供相关的监控录像，视为被上诉人持有该证据无正当理由拒不提供，故推定上诉人主张的其于2017年11月3日到被上诉人经营的云南中发石化加油站加油的事实成立。其次，根据上诉人提交的车辆维修《诊断分析》，可以确认上诉人车辆受损部位与汽油的质量高度关联。另云南省产品质量监督检验研究院出具的《检验报告》可证实：昆明市五华区市场监督管理局从被上诉人处提取并送检的95号汽油样品经检验不合格，结合同一时段有多名消费者（含上诉人）针对油品问题投诉被上诉人，依据民事诉讼高度盖然性的证明标准，认定上诉人车辆受损与被上诉人向其出售的不合格油品之间存在因果关系。再次，根据庭审查明的事实，上诉人因车辆受损支出维修费28743元；关于加油费，虽然上诉人未能提供加油凭证，但结合上诉人的车辆型号，可认定被上诉人应向上诉人返还加油费430元，并赔偿车辆维修费28743元。最后，上诉人主张的租车费13600元，并非因车辆受损必然造成的损失，故对其主张的该笔费用不予支持。

综上，二审法院依照《中华人民共和国侵权责任法》第四十三条，《中华人民共和国产品质量法》第四十三条、第四十四条，《中华人民共和国民事诉讼法》第一百七十条第一款第二项，《最高人民法院关于民事诉讼证据的若干规定》第七十五条规定，判决如下：

一、撤销昆明市五华区人民法院（2018）云0102民初1777号民事判决；

二、由云南中发石化有限公司自本判决生效之日起五日内返还田某加油费430元，并赔偿田某车辆修理费28743元；

三、驳回田某的其他诉讼请求。

【法官后语】

实践中，因产品存在缺陷造成他人人身、财产损害，经常会发生违约责任与侵权责任的竞合。《中华人民共和国合同法》第一百二十二条规定："因当事人一方的违约行为，侵害对方人身、财产权益的，受损害方有权选择依照本法要求其承担违约责任或者依照其他法律要求其承担侵权责任。"产品的第一买受人有权选择请求销售者承担违约责任或侵权责任。本案系一起较为典型的产品销售者责任纠纷，本案中产品第一买受人即以产品销售者责任纠纷对销售者提起侵权之诉。审理的难点在于：原告（消费者）未保留加油凭证的情况下，如何认定被告（销售者）出售了汽油油品给原告；原告的车辆受损与被告出售的汽油油品之间是否存在因果关系。

（一）关于被告是否出售汽油油品给原告。本案中，原告虽未能提供加油凭证，但根据其提交的《消费者协会受理投诉登记表》2 份，可以证实在同一时段有多名消费者（含原告）针对油品问题投诉被告，被告在消费者协会与原告协商处理时亦未对原告的消费者身份提出异议。《最高人民法院关于民事诉讼证据的若干规定》第七十五条规定："有证据证明一方当事人持有证据无正当理由拒不提供，如果对方当事人主张该证据的内容不利于证据持有人，可以推定该主张成立。"在原告于 2017 年 12 月 7 日因调取其到被告经营的加油站加油的监控录像未果而报警后，被告仍未及时保存并提供相关的监控录像，视为被告持有该证据无正当理由拒不提供，依据民事诉讼高度盖然性的证明标准，推定原告主张的其于 2017 年 11 月 3 日到被告经营的云南中发石化加油站加油的事实成立。

（二）关于产品责任的因果关系，学界多采用"两分法"：一是事实上的原因，最有影响的是必然因果关系说；二是法律上的原因，即法律所认可的用以追究责任的原因，最有说服力的是相当因果关系说。

必然因果关系说认为，只有当侵权行为与损害后果之间有内在的、本质的、必然的联系时，才具有法律上的因果关系。如果侵权行为与损害结果之间是外在的、偶然的联系，则不能认为二者有因果关系。对于受害方来说，在产品责任诉讼中，必须同时充分证明产品存在缺陷，损害事实已经发生，且产品缺陷与损害事实之间存在内在的、本质的、必然的联系，才能获得赔偿。实践中，由于造成损害的因素往往具有多样性，消费者处于相对弱势地位，一味地要求消费者证明损害事实和产品缺陷之间存在必然因果关系是非常困难的。

相当因果关系说认为，如果某项事实仅于现实情形发生该结果，还不足以判断因果关系，必须在通常情形，依社会一般见解亦认为有发生该结果之可能性，始得认为有因果关系。相当因果关系说不要求行为与结果之间具有内在的、本质的、必然的联系，只要求判明原因事实与损害结果之间在通常情形下存在可能性，即要求法官依社会一般见解，按照当时社会所达到的知识和经验，只要一般人认为在同样情形下有发生同样结果的可能性即可。

本案即采用了相当因果关系说，认定原告的车辆受损与被告出售的汽油油品之间具有因果关系。依据社会一般见解，因被告出售的汽油有缺陷造成原告车辆受损是存在很大可能性的，由此二审法院最终确认原告的车辆受损与被告出售的汽油油品之间具有因果关系，充分考虑到了处于相对弱势地位的消费者举证能力的局限性，依法维护了消费者的合法权益。

编写人：云南省高级人民法院　吴洁

云南省昆明市中级人民法院　侯佳

8

纯粹经济损失不属于侵权责任法的救济范畴

——池州冠华黄金冶炼有限公司诉诸暨链条总厂产品责任案

【案件基本信息】

1. 裁判书字号

浙江省绍兴市中级人民法院（2018）浙06民终240号民事判决书

2. 案由：产品责任纠纷

3. 当事人

原告（上诉人）：池州冠华黄金冶炼有限公司

被告（被上诉人）：诸暨链条总厂

【基本案情】

2013年4月11日，原告池州冠华黄金冶炼有限公司因投资建设复杂金精矿冶炼工程项目需要，与被告诸暨链条总厂签订《埋管式铜水套制作安装合同》《侧吹炉水套技术协议》《补充协议》。上述合同约定被告诸暨链条总厂应根据约定要求制作铜水套、风眼水套产品，并根据复杂金精矿冶炼工程项目进度要求，在2013年11月15日前在原告住所地交付产品。但经原告催要，被告仍逾期交货，严重影响了原告工程进度。后被告向原告承诺供货铜水套、风眼水套产品质量合格后，原告即组织安装调试验收。2014年4月8日，原告组织第一次开炉调试验收，发现被告供货的铜水套、风眼水套散热性差、循环水温不高但水套本体温度过高、表面灼红，如继续生产，会引发熔体穿透的重大安全事故，原告不得不停产，进行为期一个多月的检测、更换工作。后经检测，被告提供的铜水套、风眼水套未按照技术要求制作，预埋铜管与本体结合率、导电率均不符合技术协议要求，产品本体铜含量也不达标，产品不符合合同约定的要求，存在缺陷。因被告生产销售的铜水套、风眼水套产品缺陷，给原告造成了巨大经济损失，原告要求被告到场处理，但被告一直拖延。原告为避免损失进一步扩大，不得不从其他厂商采购一层34块铜水套进行更换。原告诉至法院，要求被告承担产品侵权导致的经济损失共计17142514.09元。

审理中，被告诸暨链条总厂答辩认为，原告池州冠华黄金冶炼有限公司以产品责任纠纷为案由起诉不成立。

【案件焦点】

池州冠华黄金冶炼有限公司起诉主张的损失范围是否属于侵权责任法的救济范畴。

【法院裁判要旨】

浙江省诸暨市人民法院经审理认为：原告池州冠华黄金冶炼有限公司基于双方签订的《埋管式铜水套制作安装合同》，以买卖标的物即涉案铜水套质量不符合约定、存在缺陷为由，明确选择按照侵权责任法及产品质量法为法律依据的产品侵权责任为请求权基础。对此，法院认为，第一，《中华人民共和国侵权责任法》第四十一条规定，因产品存在缺陷造成他人损害的，生产者应当承担侵权责任。《中华人民共和国产品质量法》第四十一条规定，因产品存在缺陷造成人身、缺陷产品以外的其他财产（以下简称他人财产）损害的，生产者应当承担赔偿责任。产品侵权责任需具备以下要件：1. 须产品存在缺陷；2. 须有损害事故发生，即有人身、财产的损害事实；3. 须有因果关系，即损害事实的发生与产品的缺陷存在因果关系。综合本案，从原告的诉讼请求内容分析（根据原告提供的损失清单），其诉请赔偿17142514.09元的组成为产品拆除成本费、重新安装费、产品质量纠纷准备诉讼过程中发生的费用（主要指公证费、检测费）、诉讼费、更换产品造成的各类费用。但该部分损失实际是原告购买的工业产品本身不符合合同约定的要求，不能产生相关收益与产品自身价值的损害及因此带来的间接损失，并不是因其所购买的铜水套产品存在缺陷而造成他人的人身、财产损害，故不属于产品侵权责任构成要件中人身、财产损害的赔偿范围。第二，从原告提交的证据及法院查明的事实看，原告之诉请应基于涉案铜水套产品不符合合同约定的事实，但即使涉案产品存在缺陷，也并没有发生涉案铜水套产品侵权事故而造成他人财产损害的事实。本案并不存在因产品缺陷而发生的侵权事实，故原告要求被告承担赔偿责任，缺乏事实基础。综上，原告起诉属于产品本身不符合约定而引起的直接损失及相关的间接损失，并不属于侵权责任法或者产品质量法规定的因产品存在缺陷引起的侵权行为所造成的他人人身伤害或财产损失，故对原告之诉请不予支持。

依照《中华人民共和国合同法》第六十条、第一百一十一条、第一百二十二条、第一百五十五条，《中华人民共和国侵权责任法》第四十一条，《中华人民共和国产品质量法》第四十一条，《中华人民共和国民事诉讼法》第五十一条规定，判决如下：

驳回原告池州冠华黄金冶炼有限公司的诉讼请求。

原告池州冠华黄金冶炼有限公司不服一审判决，提起上诉。浙江省绍兴市中级人民法院经审理认为：根据《中华人民共和国产品质量法》第四十一条规定，构成产品责任，必须有人身或缺陷产品以外的其他财产损害的事实。但本案中涉及的损失实际上是“缺陷产品”自身损失及衍生损失，该损失属于合同法上瑕疵担保责任范围，不属于侵权责任法所保护的受害人固有利益的范畴。且本案上诉人坚持选择侵权之诉要求被上诉人承担侵权责任，法院予以遵循。原审判决认定事实清楚，适用法律正确，判决如下：

驳回上诉，维持原判。

【法官后语】

本案处理的重点在于产品责任中的纯粹经济损失是否属于受害人可获得侵权法上救济的民事权益范畴，是否是产品责任上的“财产损害”。《中华人民共和国侵权责任法》第四十一条规定，“因产品存在缺陷造成他人损害的，生产者应当承担侵权责任”。本案审判过程中主要探讨的问题有两个：第一，何为纯粹经济损失以及“缺陷产品”自身的损害是否属于纯粹经济损失？第二，纯粹经济损失是否包含在《中华人民共和国侵权责任法》第四十一条所称的“损害”之中？

一、关于纯粹经济损失的概念一直未有明确的定论，立法上只有瑞典1972年的《侵权责任法》第一章第二条清楚地界定了这一概念：“本法的纯粹经济损失应被理解为不与任何人遭受人身伤害或者财产损害相关的经济损失。”笔者认为，纯粹经济损失应是指不依赖于人身权和物权受侵害而发生的经济损失。在产品责任中主要包含以下三个方面：一是缺陷产品本身的损失和可预见的利润损失；二是缺陷产品引起的经营性损失；三是产品缺陷造成受害人额外支付的各种费用。“缺陷产品”自身损害不属于对人身的侵害，又因为“缺陷产品”的“缺陷”是在产品流通中就存在的，买受人购买该“缺陷产品”时，该产品就已经具有了“缺陷”，所以买受人从开始就获得了一个“有缺陷”的产品，谈不上侵犯财产。因此，笔者认为“缺陷产品”自身损害属于纯粹经济损失的范畴。

具体到本案中，原告池州冠华黄金冶炼有限公司所提出的诉讼请求中的赔偿金额主要包含：1. 铜水管套的拆除成本、铜水管套的重新安装费用；2. 诉讼准备过程中产生的费用、诉讼费；3. 铜水管套更换期间承担的固定费用损失。结合对纯粹经济损失及“缺陷产品”自身损害概念的理解，原告起诉要求被告承担的该部分损失应被认定为“缺陷产品”自身损害所引起的纯粹经济损失。

二、关于纯粹经济损失是否应包含在《中华人民共和国侵权责任法》第四十一条所称的“损害”之中的问题，笔者认为：第一，从法条本身的理解来看，该法第四十一条的使用应结合《中华人民共和国产品质量法》而从宏观上把控，即该法条应被理解为保护消费者的权益，而非商业主体，故笔者认为，该法条应仅适用于消费者购买产品的情形。本案原告作为商业主体，具有一定的专业性，与被告处于平等的可协商的地位，双方的交易是建立在平等的协商基础之上的，最后形成的合同条款也是双方磋商的产物。故就本案而言，双方的争议应当纳入合同管辖的范畴。第二，《中华人民共和国产品质量法》第四十一条规定：“因产品存在缺陷造成人身、缺陷产品以外的其他财产（以下简称他人财产）损害的，生产者应当承担赔偿责任。”这和侵权责任法规定的“他人损害”并不完全一致，但笔者认为，法条的适用应更多地考虑其背后的社会客观目的，故应对该法条进行目的性限缩，在解释上使其与《中华人民共和国产品质量法》第四十一条的规定相一致，即对产品自身损害（纯粹经济损失）不予以在侵权法上的救济。第三，从合同的角度来看，“缺陷产品”自身损害更应该作为履行利益放在违约责任中进行救济，如果允许“缺陷产品”自身损害的侵权救济，将会掏空物的瑕疵担保规定，使契约法湮没于侵权行为法的汪洋大海。我国对合同与侵权做了体系上的划分，分别体现在合同法和侵权责任法之中。两类法律对违约责任和侵权责任的损害赔偿规定有相当大的差异，主要表现为整体构成要件差异、损害赔偿范围差异、归责原则差异、责任分配及限制差异。单从损害范围来看，合同法主要规范合同当事人之间的履行利益和信赖利益，关注点在于交易标的物本身价值利益上。侵权法则主要规范非合同当事人间的权利义务，着眼于保护个人的人身和财产权利，即固有利益。按照此区分，产品作为合同的标的物，缺陷产品自身损害当属于合同的履行利益损害，应当纳入合同法的调整范畴。

编写人：浙江省诸暨市人民法院　李冠军　宋倩宇

9

职业打假人主张十倍价款索赔依法不应予以支持

——付某诉昆明金皇商贸有限公司产品责任案

【案件基本信息】

1. 裁判书字号

浙江省温州市中级人民法院（2018）浙03民终723号民事判决书

2. 案由：产品责任纠纷

3. 当事人

原告（上诉人）：付某

被告（被上诉人）：昆明金皇商贸有限公司（以下简称金皇公司）

【基本案情】

付某于2017年4月22日通过阿里巴巴1688网购平台向金皇公司购买了45包鳄鱼肉干，共计3060元。付某通过支付宝支付了货款，金皇公司通过邮寄交付了货物。该商品在网购平台的名称为“泰国代购鳄鱼肉100克，即食”，价格68元/包。商品外包装中文标注：“1. 鳄鱼肉的营养价值：补气养颜、补肾固精，壮筋骨、驱湿邪，可用于煲汤，对哮喘、咳嗽、风湿、糖尿病、贫血有很好的辅助效果。鳄鱼肉含丰富的胶原蛋白，属低脂肪、低胆固醇的肉类。2. 鳄鱼骨的营养价值：鳄鱼骨中含有大量的活性钙和磷等人体需要的矿物质，有改善风湿骨痛、强筋健骨、填精益髓、补钙、预防骨质疏松等功效。”

付某认为涉案鳄鱼肉产品为预包装食品，外包装有不明外国文字和中文，违反预包装食品标签通则，金皇公司不能提供相关的进口食品文件，且上述外包装中文描述对消费者存在严重误导和欺骗，存在食品安全隐患，属于有重大缺陷的产品，不能够保证食品安全性，侵害原告的合法权益，故诉至法院要求金皇公司退货退款3060元并十倍赔偿30600元。

另查明，付某于2017年5月先后就15起网购食品纠纷向法院提起诉讼，请求均为退货退款并十倍赔偿。

【案件焦点】

1. 职业打假人是否为消费者而受《中华人民共和国消费者权益保护法》《中华人民共和国食品安全法》保护；2. 如何适用《最高人民法院关于审理食品药品纠纷案件适用法律若干问题的规定》第三条规定。

【法院裁判要旨】

浙江省瑞安市人民法院经审理认为：付某通过网络交易平台向金皇公司购买鳄鱼肉干，双方支付货款并交付货物，形成买卖合同关系。《中华人民共和国食品安全法》第一百四十八条第二款规定的请求十倍赔偿主体为消费者，《中华人民共和国消费者权益保护法》第二条将消费者的范围界定为生活消费需要购买、使用商品或者接受服务者。付某一次性大量购买鳄鱼肉，明显超出正常生活消费需要，结合其在短期内又大量网购其他外包装存在瑕疵食品然后提起索赔诉讼的事实，法院认定付某购买涉案商品并非出于生活消费需要，不属于《中华人民共和国食品安全法》第一百四十八条所指消费者，因此，原告请求十倍赔偿，不符合法律规定，不予支持。关于退款退货的问题，食品进口的审批属于行政管理范畴，金皇公司不提供进口文件，不影响双方买卖合同的效力。涉案商品外包装上描述鳄鱼肉对哮喘、咳嗽、风湿、糖尿病、贫血具有很好的辅助功效，确实不符合《中华人民共和国食品安全法》第七十三条规定，但是该描述不构成欺骗，也不足以对本案原告产生误导，更不会如原告所诉因此导致食品安全问题。因此，原告请求退款退货并十倍赔偿，无法律依据，法院不予支持。

浙江省瑞安市人民法院依照《中华人民共和国食品安全法》第一百四十八条、《中华人民共和国消费者权益保护法》第二条、《中华人民共和国民事诉讼法》第一百四十四条规定，作出如下判决：

驳回原告付某的诉讼请求。

付某不服一审判决，提起上诉。浙江省温州市中级人民法院经审理认为：《中华人民共和国食品安全法》第一百四十八条规定，消费者因不符合食品安全标准的食品受到损害的，可以向经营者要求赔偿损失，也可以向生产者要求赔偿损失。接到消费者赔偿要求的生产经营者，应当实行首负责任制，先行赔付，不得推诿；属于生产者责任的，经营者赔偿后有权向生产者追偿；属于经营者责任的，生产者赔偿后有权向经营者追偿。生产不符合食品安全标准的食品或者经营明知是不符合食品安全标准的食品，消费者除要求赔偿损失外，还可以向生产者或者经营者要求支付价款十倍或者损失三倍的赔偿金；增加赔偿的金额不足一千元的，为一千元。但是，食品的标签、说明书存在不影响食品安全且不会对消费者造成误导的瑕疵的除外。本案中，付某的丈夫吴某承认其系职业打假人且其之前从事的是销售野生动物及其制品的工作，故涉案商品外包装上关于鳄鱼肉对哮喘、咳嗽、风湿、糖尿病、贫血具有很好的辅助功效的描述并不会诱使其陷入错误的认识，且付某大量购买涉案鳄鱼肉的行为是希望通过诉讼获得惩罚性赔偿，并非消费者为生活消费需要而购买涉案商品。另，根据法律规定，消费者因不符合食品安全标准的食品受到损害，是要求赔偿的前提。本案中付某没有提供证据证明自己因涉案食品受到损害，故不符合《中华人民共和国食品安全法》第一百四十八条规定的赔偿条件。一审判决驳回付某要求退款退货的诉讼请求并无不当，法院予以维持。付某的上诉请求没有事实和法律依据，法院不予支持。

浙江省温州市中级人民法院依照《中华人民共和国民事诉讼法》第一百七十条第一款第一项规定，作出如下判决：

驳回上诉，维持原判。

【法官后语】

本案系典型的职业打假人系列诉讼案件之一，付某及其丈夫作为专业从事销售野生动物及其制品工作的人士，对于辨别该类商品具有丰富的知识及经验储备，其在网络交易平台上分批向不同商家大量购买相似类型商品，并随即起诉至各地法院以商品不符合食品安全标准为由主张十倍赔偿，足以证明其系职业打假人并希望通过诉讼获得盈利。

现阶段，随着网络的飞速发展，依托网络购物的便利性以及网络商家应诉不便、应诉成本高昂等特点，职业打假人从传统的实体店知假买假“转战”到网络交易平台，其以获得惩罚性赔偿或者以惩罚性赔偿为要挟迫使商家为息事宁人而和解赔偿为动机，在网络上大规模进行知假买假行为从而获得盈利。

职业打假行为是否应予以支持，在理论界和实务界一直都存在争议。最高人民法院办公厅对十二届全国人大五次会议第5990号建议的答复意见中陈述：“……就现阶段情况看，职业打假人群体及其引发的诉讼出现了许多新的发展和变化，其负面影响日益凸显……从目前消费维权司法实践中，知假买假行为有形成商业化的趋势，出现了越来越多的职业打假人、打假公司（集团），其动机并非为了净化市场，而是利用惩罚性赔偿为自身牟利或借机对商家进行敲诈勒索。更有甚者针对某产品已经胜诉并获得赔偿，又购买该产品以图再次获利。上述行为严重违背诚信原则，无视司法权威，浪费司法资源，我们不支持这种以恶惩恶，饮鸩止渴的治理模式。”

职业打假者请求依据消费者权益保护法、食品安全法主张惩罚性赔偿，没有法律依据，不应予以支持。

一、先看职业打假行为的公共价值

职业打假的社会认同之争关键在于支持者认为职业打假起到了净化市场秩序的效果，职业打假人在不违反法律的禁止性规定的前提下积极行动而获得的“打假”收益乃“假冒伪劣”经营者所应该承担的代价，不管其主观为何，但客观上打击了经营者，这是在政府对违法生产经营者打击力度不足下的有力补充。

然而，企图依靠职业打假人净化市场秩序是一种以恶制恶、饮鸩止渴的行为，且不论其是否有起到打假的实际效果，从长远看不仅未起到净化市场秩序的作用，反而适得其反更是引发其他社会问题。

1. 职业打假人以营利为目的知假买假，违背了法律的诚实信用基本原则。法律若助长不诚信行为，则是违反了诚实信用这一普适性伦理规范，破坏社会公德良俗。以恶制恶，未能促使后者转恶为善，反而产生新的社会不公的感受。

2. 职业打假人作为“生意人”，在利益驱动下，为实现盈利最大化，选择低成本高收益路径。例如，为了降低打假成本，他们往往选择成本较小、取证相对容易，主要集中在产品标识、说明等方面，而对于真正对市场危害较大的假冒伪劣产品打击效果不明显。又如，职业打假人在经营者给予一定妥协或者赔偿后，就会选择撤诉，对经营者是否继续销售该产品没有任何影响，使得净化市场目的无法达成。

3. 职业打假人利用公共资源获取自身利益，挤占司法资源，损害司法权威。在网络购物日益便捷以及立案登记制的背景下，大量打假诉讼案件涌入各地法院，职业打假人以营利为目的在法院大量起诉，通过法院向经营者施压，利用经营者异地应诉不便、应诉成本高等特点迫使经营者“花钱买平安”，不仅挤占有限的司法资源，更损害司法权威。

二、职业打假不应予以支持，符合法律规定

1. 职业打假者不属于“消费者”范畴

支持职业打假者认为，职业打假人应属于消费者的范畴。其观点为“消费者”是一个相对概念，其对应的概念为“经营者”，消费者购买或者接受某种商品或者服务时，只要不是以营利为目的用于交易，都应被看作一种消费。而职业打假人的购买行为并非为了将商品用于销售或者再次投入市场进行交易活动，即非“经营者”，故应认定为“消费者”范畴。

对于该观点，笔者不予认同。第一，消费者权益保护法已明确“消费者”购买商品的主观意图为“为生活消费需要”，显然职业打假者购买商品并非为生活消费需要，上述解释实为对“消费者”的含义进行扩大解释，违背了消费者权益保护法为保护交易弱者方的立法初衷。将经营者和消费者的概念进行排他性的对立没有事实与法律依据，在现实生活中，确实存在除消费者和经营者外，因其他主观意图而购买商品的主体，如职业打假人。第二，该解释违背了“谁主张谁举证”的民事诉讼规则。假若认定非经营者即消费者，那么在诉讼程序中，购买者无需证明自己是消费者，而商家则需要举证证明购买者购买商品系用于经营才得以抗辩，对于商家来说对自己难以掌握的对方信息是难以举证的。

2. 应区分知假买假者与职业打假者

知假买假是指，对明知是有质量问题的商品仍然进行购买的行为，不涉及主观动机的判断。职业打假是以获得惩罚性赔偿或者其他营利结果为目的而知假买假的行为。也就是说，知假买假者不必然是职业打假者，也有可能是基于各种原因此如侥幸心理、贪小便宜心理，明知商品可能存在质量问题而出于生活消费需要仍予以购买的消费者。对于知假买假，《最高人民法院关于审理食品药品纠纷案件适用法律若干问题的规定》第三条规定，因食品、药品质量问题发生纠纷，购买者向生产者、销售者主张权利，生产者、销售者以购买者明知食品、药品存在质量问题而仍然购买为由进行抗辩的，人民法院不予支持。即对直接关系人体健康的食品药品领域，加重对生产经营者的产品责任的追究。但职业打假者据此主张其获得惩罚性赔偿的合法资格，不能成立。尽管职业打假者因其具有知假买假行为看似可以适用该条司法解释，但首先因其非消费者身份问题而排除在消费者权益保护法保护范围之外，因此不具有主张消费者权益保护法及食品安全法规定的惩罚性赔偿的合法主体资格。

关于支持者关心的打击违法经营维持市场秩序问题，应溯本正源，不应寄托于本质不合法且风险重重的职业打假者，而应依靠国家法律完善、制度建设，依靠强有力的国家公权力对不法经营者进行实质性的打击。

编写人：浙江省瑞安市人民法院　曾怀苹

10

销售不符合预包装食品标签规则的食品是否适用“十倍赔偿”

——王小明诉成都酒乐宝酒业有限公司、上海玖酝国际贸易有限公司网络购物合同案

【案件基本信息】

1. 裁判书字号

河南省平顶山市湛河区人民法院（2018）豫0411民初3324号民事判决书

2. 案由：网络购物合同纠纷

3. 当事人

原告：王小明（化名）

被告：成都酒乐宝酒业有限公司（以下简称成都酒乐宝公司）、上海玖酝国际贸易有限公司（以下简称上海玖酝公司）

【基本案情】

2018年4月25日，王小明在京东商城酒乐宝旗舰店花费1194元购买6瓶帝菲堡750mL干红葡萄酒，在天猫商城玖酝酒类专营店花费1467元购买3瓶帝菲堡750mL干红葡萄酒。2018年5月3日，王小明又在天猫商城玖酝酒类专营店花费2934元购买6瓶帝菲堡750mL干红葡萄酒。酒乐宝旗舰店经营者为成都酒乐宝公司，玖酝酒类专营店经营者为上海玖酝公司。王小明所购买的瓶装帝菲堡750mL干红葡萄酒瓶身贴的中文标签标明了产品原产国、原料及辅料、生产日期、贮藏方法、生产厂商及总经销商等内容，其中生产厂商标明为Les Vignerons de la Méditerranée SAS，总经销商标明为上海玖酝公司。

王小明认为，经营者在进口产品包装上必须加贴中文标签，但涉案红酒生产厂商是没有翻译的法文，且涉案红酒生产厂商翻译为葡萄种植者地中海SAS，地中海处于欧亚非之间，根本不是法国酒业生产公司，故成都酒乐宝公司、上海玖酝公司销售的红酒系假冒产品，虚构法国生产公司欺骗消费者，故要求依法判令成都酒乐宝公司、上海玖酝公司返还购物款5595元，赔偿55950元。

【案件焦点】

成都酒乐宝公司、上海玖酝公司销售不符合预包装食品标签规则的食品，是否应向王小明支付十倍赔偿。

【法院裁判要旨】

河南省平顶山市湛河区人民法院经审理认为：本案系网络购物合同纠纷。王小明在成都酒乐宝公司、上海玖酝公司经营的网店购买了涉诉商品，双方之间形成了合法有效的网络购物合同关系。双方都应依法履行合同义务。根据《中华人民共和国食品安全法》第四条规定，食品生产经营者对其生产经营食品的安全负责，应当依照法律、法规和食品安全标准从事生产经营活动，保证食品安全。《中华人民共和国食品安全法》第九十七条规定：进口的预包装食品、食品添加剂应当有中文标签；依法应当有说明书的，还应当有中文说明书。标签、说明书应当符合本法以及我国其他有关法律、行政法规的规定和食品安全国家标准的要求，并载明食品的原产地以及境内代理商的名称、地址、联系方式。预包装食品没有中文标签、中文说明书或者标签、说明书不符合本条规定的，不得进口。根据《食品安全国家标准预包装食品标签通则》（GB 7718－2011）第三条"基本要求"中第3.8款规定，应使用规范的汉字（商标除外）。本案涉诉商品瓶身虽有中文标签，但是中文标签标注生产厂商为Les Vignerons de la Méditerranée SAS。食品包装存在瑕疵，属于不符合预包装食品标签规则的食品。王小明要求成都酒乐宝公司、上海玖酝公司承担退还货款的诉讼请求，本院予以支持。依照公平原则，王小明在收到上述货款时应一并将涉诉商品如数退还成都酒乐宝公司、上海玖酝公司，如不能退还相应物品应折价赔偿相应的价款。

根据《中华人民共和国食品安全法》第一百四十八条规定，消费者因不符合食品安全标准的食品受到损害的，可以向经营者要求赔偿损失，也可以向生产者要求赔偿损失。接到消费者赔偿要求的生产经营者，应当实行首负责任制，先行赔付，不得推诿；属于生产者责任的，经营者赔偿后有权向生产者追偿；属于经营者责任的，生产者赔偿后有权向经营者追偿。生产不符合食品安全标准的食品或者经营明知是不符合食品安全标准的食品，消费者除要求赔偿损失外，还可以向生产者或者经营者要求支付价款十倍或者损失三倍的赔偿金；增加赔偿的金额不足一千元的，为一千元。但是，食品的标签、说明书存在不影响食品安全且不会对消费者造成误导的瑕疵的除外。本案涉诉商品系食品的标签存在瑕疵，系不影响食品安全且不会对消费者造成误导的瑕疵。故王小明要求成都酒乐宝公司、上海玖酝公司赔偿55950元的诉讼请求，于法无据，本院不予支持。

河南省平顶山市湛河区人民法院依照《中华人民共和国食品安全法》第四条、第九十七条、第一百四十八条，《中华人民共和国民事诉讼法》第六十四条第一款、第一百四十四条规定，判决如下：

成都酒乐宝公司退还王小明货款1194元，王小明返还成都酒乐宝公司6瓶帝菲堡750mL干红葡萄酒；上海玖酝公司退还王小明货款4401元，王小明返还上海玖酝公司9瓶帝菲堡750mL干红葡萄酒。

【法官后语】

网络购物已成为人们生活中越来越常用的购物方式，由此引发的纠纷也不断增加。网络购物合同纠纷属于买卖合同纠纷，但由于网络购物区别于线下购物，导致此类纠纷出现不同于一般买卖合同纠纷的新情况，给法院审理此类案件提出了新问题，形成此类案件新特点。

1. 网络购物合同纠纷的管辖

对于合同纠纷案件的管辖，民事诉讼法及其司法解释均有规定。根据《中华人民共和国民事诉讼法》第二十三条规定，因合同纠纷提起的诉讼，由被告住所地或者合同履行地人民法院管辖。根据《最高人民法院关于适用〈中华人民共和国民事诉讼法〉的解释》（本案以下简称《民诉法解释》）第二十条规定，以信息网络方式订立的买卖合同，通过信息网络交付标的的，以买受人住所地为合同履行地；通过其他方式交付标的的，收货地为合同履行地。合同对履行地有约定的，从其约定。但在网络购物实际操作中，对于管辖法院出现了新的形式，即出卖人在网页上通过技术性设置，采取类似格式合同的形式，由购买者在购物时在网上勾选同意相关纠纷由出卖人即经营者所在地法院管辖的选项，这种做法突破了《民诉法解释》第二十条的规定。

经营者的上述设置，很明显是基于有利于自身的角度考虑的。面对这样的情况，各地法院在如何认定管辖法院时出现了不同判例，主要有以下两种：一种意见认为，许多购物者在网上购买物品时，往往不会审慎阅读经营者关于管辖法院的设置，经营者也没有尽到重点提示义务，故上述管辖权约定属于格式合同不生效；另一种意见认为，经营者关于管辖权的设置，经购买者在网上勾选同意后，形成了双方合意，经营者尽到了重点提示义务，故对双方均有效。

虽然管辖权属于程序问题，对案件事实认定和裁判结果不产生实质影响，但在法律对以信息网络方式订立的买卖合同管辖有特别、明确规定的情况下，不能随意变更为由经营者所在地法院管辖，更有利于消费者维护自身合法权益。

2. 网络购物合同纠纷中“知假买假”职业打假人“十倍赔偿”诉求的处理

网络经营者与消费者的行为同样受消费者权益保护法的约束，自愿、平等、公平、诚实信用等仍是双方应当遵循的基本原则。但由于网络购物的特殊性，对于一般的消费者来讲，网上购物引发的纠纷比线下购物引发的纠纷更难以处理，一方面因为纠纷涉及的金额往往不大，不予追究并不会对消费者产生重大影响；另一方面则因为对被告送达困难、电子化证据固定难和认定难等问题，导致多数消费者不愿通过诉讼维权。但职业打假人提起的网络购物合同相关诉讼经常出现，且尤其“钟情”于对线上电商平台和网店出售的食品、药品的打假，并提出十倍赔偿诉讼请求。

关于十倍赔偿，根据《中华人民共和国食品安全法》第一百四十八条规定，消费者因不符合食品安全标准的食品受到损害的，可以向经营者要求赔偿损失，也可以向生产者要求赔偿损失。生产不符合食品安全标准的食品或者经营明知是不符合食品安全标准的食品，消费者除要求赔偿损失外，还可以向生产者或者经营者要求支付价款十倍或者损失三倍的赔偿金；增加赔偿的金额不足一千元的，为一千元。但是，食品的标签、说明书存在不影响食品安全且不会对消费者造成误导的瑕疵的除外。根据文义解释，要求支付价款十倍赔偿金应具备以下三个条件：生产者或销售者生产不符合食品安全标准的食品或者经营明知是不符合食品安全标准的食品、消费者因不符合食品安全标准的食品受到损害、由消费者提出。对于应否支持职业打假人提出的十倍赔偿诉讼请求，应严格依照上述三个条件审核。

根据实践中职业打假人提起的相关诉讼可发现，其所打的“假”一般集中于产品标识、食品标签、说明书瑕疵等与商品质量关系不大的非实质性瑕疵，此类瑕疵一般不影响产品质量，且不会造成损害后果，故不符合十倍赔偿的前两个条件。而对于第三个条件，职业打假人是否属于消费者，笔者认为，与消费者购买商品用于自身使用的目的不同，职业打假人知假买假、牟利性打假意图明显，其不能被认定为普遍意义上的消费者，其以牟利为目的的购买，不应适用十倍赔偿的惩罚性赔偿规则。否则将使惩罚性赔偿的适用范围被扩大，与立法目的不符，也与公序良俗相悖，可能导致打假乱象和道德风险。

具体到本案，案涉商品系包装标签存在瑕疵，瑕疵内容不影响食品安全，也未对原告造成损害，且原告分批在不同经营者处购买案涉商品，其职业打假表征明显，故其提出的十倍赔偿诉讼请求依法不应得到支持。当然，审判实践中，如何确定职业打假人为了营利目的，要根据个案情况、是否有关联性案件等因素综合认定，遏制职业打假乱象的同时，也要依法保护消费者的合法权益。相关职能部门更要切实发挥职能作用，加大监管力度，从源头上遏制假冒伪劣商品的产生。

编写人：河南省平顶山市湛河区人民法院　王伴伴　马锐红

二、医疗损害责任

11

鉴定机构未作出鉴定意见，法院可以结合病历资料等综合认定医疗机构的责任

——李某等诉广安市人民医院医疗损害责任案

【案件基本信息】

1. 裁判书字号

四川省广安市中级人民法院（2019）川16民终3376号民事判决书

2. 案由：医疗损害责任纠纷

3. 当事人

原告：李某、方甲、方乙

被告：广安市人民医院（又名四川大学华西医院广安医院）

【基本案情】

李某系死者方某之妻，方甲、方乙系死者方某之子。

2016年8月12日，方某因患风湿、痛风、右小腿皮肤溃疡等病症到广安市人民医院就诊，入院诊断为右小腿皮肤破溃伴感染、痛风、痛风性关节炎等症状，收治于普内科住院治疗，病情稳定后于2016年8月22日转入烧伤整形二组继续住院治疗。8月26日，广安市人民医院对方某实施了右小腿溃疡清创术、臀部痛风石部分取出切除术，术后恢复创面良好。8月31日清晨，方某死亡。方某死后，广安区卫生和计划生育局委托了西南政法大学司法鉴定中心对方某实施尸检，鉴定意见为

“死者方某符合肺动脉栓塞致急性呼吸、循环衰竭死亡，其他病症与其死亡后果无关”。李某、方甲、方乙认为，广安市人民医院的诊治存在重大过错，导致了方某死亡的结果。其过错包括但不限于对患者的血栓病情出现漏诊误诊、手术后也未告知患者或家属应注意事项、广安市人民医院在患者住院护理期间不尽责而丧失抢救机会、其住院病历不能客观反映其诊疗过程等，医方应当承担全部责任。李某、方甲、方乙为维护其合法权益，依法提起诉讼。

【案件焦点】

在鉴定机构未作出鉴定意见的情况下，医方如何承担责任。

【法院裁判要旨】

四川省广安市广安区人民法院经审理认为：患者方某在被告广安市人民医院住院治疗的过程中死亡，由于医疗行为具有较强的专业性，对被告广安市人民医院的诊疗行为是否适当，除依照一般常理及当事人提供的证据材料外，还需由相关部门做出专业鉴定后方可判断。经原告申请，法院先后依法委托了四川福森特司法鉴定所、四川求实司法鉴定所就医方的诊疗行为是否存在过错、与本次事故是否具有因果关系及参与度进行鉴定，但该两次鉴定均未得出鉴定意见，后三原告提出不再进行鉴定，至此，医方的诊疗行为是否具有过错、方某的死亡与医方的诊疗行为是否具有因果关系没有有效的鉴定意见予以证实，故三原告对此应承担举证不能的不利后果。但以人的生命健康为服务对象的医疗机构在从事诊疗活动中应严格遵守医疗法律法规和具体的诊疗护理规范、诊疗常规以及诊疗的基本原则，应尽高度谨慎的注意义务。本案病历资料中的医患沟通记录单、病危病重通知书、医患双方不收和不送红包协议书、住院病人离院责任书、患方住院授权委托书兼承诺书上的“方某”均不是本案死者方某本人所签，且医方无其他证据证实其已对患方就上述内容行告知义务。未行告知义务虽与方某的死亡结果无因果关系，但法院认为医方的诊疗行为存在告知缺陷。从病例看，医护人员对方某自诉“关节疼痛有所加重”未引起足够重视，未作鉴别诊断，违反了医护人员应尽到的必要注意义务；且医护人员未按二级护理的要求，每2小时巡视一次方某并观察病情变化，违反了卫生部《综合医院分级护理指导原则（试行）》的规定。且医方的护理记录与监控事实相矛盾，故认定医方存在编造部分护理记录的情况。综上，结合本案实际情况，法院确定由被告广安市人民医院承担20%的赔偿责任。

四川省广安市广安区人民法院依照《中华人民共和国侵权责任法》第十五条第一款第六项、第十六条、第五十五条、第五十八条第三项及《中华人民共和国民事诉讼法》第六十四条规定，作出如下判决：

一、被告广安市人民医院赔偿原告李某、方甲、方乙因方某死亡的损失148902元，扣除被告广安市人民医院垫付的鉴定费及殡仪馆服务费等共计16781元后，由被告广安市人民医院向原告李某、方甲、方乙支付132121元；

二、驳回原告李某、方甲、方乙的其他诉讼请求。

广安市人民医院不服一审判决，提起上诉。四川省广安市中级人民法院经审理认为：关于广安市人民医院对方某的诊疗行为是否符合规范，是否具有诊疗过错，是否应承担民事责任的问题。方某因“1. 右小腿皮肤破溃伴感染；2. 痛风、痛风性关节炎、痛风石；3. 高血压病；4. 高脂血症；5. 肺部感染？6. 脂肪肝；7. 双肾结石”于2016年8月12日到广安市人民医院住院治疗。2016年8月26日，广安市人民医院对方某行右小腿溃疡清创术＋臀部痛风石部分取出切除术后，方某因肺动脉栓塞致急性呼吸、循环衰竭死亡。对于方某的死亡后果，相关的鉴定机构对广安市人民医院诊疗行为是否存在过错、与本次事故是否具有因果关系及参与度等事项，不能作出专业、科学的鉴定意见，故无法推断广安市人民医院是否存在诊疗过错的行为。但因广安市人民医院系专业的医疗机构，一审法院考虑其在医患沟通过程中对保障患者的知情权方面存在告知缺陷、医护人员在方某术后疼痛加重及死亡前举止异常等情形下未做到高度重视及审慎的注意义务、医护人员未按《综合医院分级护理指导原则（试行）》规定的二级护理的要求履行相应护理职责、存在部分护理记录与客观实际情况不符等因素，确定由广安市人民医院承担20%的赔偿责任，并无不当。综上所述，广安市人民医院的上诉请求不能成立，应予驳回；一审判决认定事实清楚，适用法律正确，法院予以维持。

四川省广安市中级人民法院依照《中华人民共和国民事诉讼法》第一百七十条第一款第一项规定，作出如下判决：

驳回上诉，维持原判。

【法官后语】

依照《中华人民共和国侵权责任法》第五十四条规定，在医疗损害责任纠纷中，患者一方应当对医疗机构、医务人员的诊疗过错以及其过错诊疗行为与损害后果之间的因果关系承担举证责任，患者对这两个侵权责任构成要件事实可以通过申请鉴定来解决，医疗机构也要就此专门性问题申请鉴定。本案中，应患方当事人申请，先后两次委托相关司法鉴定机构对医疗机构在对患者实施的诊疗活动中是否存在过错，如存在过错，该过错与损害后果是否具有因果关系及参与度等事项进行鉴定，但均被退回，造成本案鉴定不能。法官不具备医学方面的相关专业知识，无法确定医疗机构在诊疗活动中是否存在过错。根据《中华人民共和国民事诉讼法》的规定，因患方当事人未举证证明医疗机构在诊疗行为中存在过错，应由患方当事人承担举证不能的法律后果。

在双方封存的病历材料及双方在庭审中的陈述可知：1. 部分告知书不是死者本人所签，且医方无其他证据证实其已对患方就上述内容行告知义务，未行告知义务虽与患者死亡结果无因果关系，但医方的诊疗行为存在告知缺陷。2. 患者死亡前一天早上医生查房时，患者自述“关节疼痛有所加重”，医方却未引起足够重视，未作鉴别诊断，违反了医护人员应尽到的必要注意义务。3. 医护人员未按二级护理的要求，对患者每2小时巡视一次并观察病情变化，违反了卫生部《综合医院分级护理指导原则（试行)》的规定。4. 医方无医护人员对患者进行查看，却在护理记录中记载患者相关情况，医方存在编造部分护理记录的情况。虽本案无法确定医疗机构在诊疗活动中存在过错及与患者死亡存在因果关系，但以人的生命健康为服务对象的医疗机构在从事诊疗活动中应严格遵守医疗法律法规和具体的诊疗护理规范、诊疗常规以及诊疗的基本原则，应尽高度谨慎的注意义务。综上，法院结合案件实际情况，确定由广安市人民医院承担20%的赔偿责任。

编写人：四川省广安市广安区人民法院　杨珊

12

未做尸检导致鉴定意见无法确认因果关系的司法认定

——周乙等诉宜兴市人民医院、江苏省人民医院医疗损害责任案

【案件基本信息】

1. 裁判书字号

江苏省无锡市中级人民法院（2018）苏02民终101号民事判决书

2. 案由：医疗损害责任纠纷

3. 当事人

原告（被上诉人）：周乙、周梅、周兰、周菊、周竹

被告（上诉人）：宜兴市人民医院、江苏省人民医院

【基本案情】

周甲与周乙系夫妻关系，二人共生育四名女儿，分别为周梅、周兰、周菊、周竹。2014年8月9日，周甲因“黏液血便一周”至宜兴市人民医院住院治疗，入院诊断为直肠癌，于8月12日行腹腔镜下直肠癌根治术。周甲术后出现高热，诊断为切口感染、肠瘘，宜兴市人民医院予抗感染、引流等治疗。治疗效果不明显，周甲于8月24日转院至江苏省人民医院继续治疗。江苏省人民医院对其进行禁食，抗感染、营养支持，调整腹腔引流管等综合性治疗。后周甲体温、血常规恢复正常，可正常进食半流食，能自主下床活动。9月16日18时30分，周甲发生急性腹痛，血常规、血肌酐升高，江苏省人民医院予以对症治疗后腹痛仍未缓解。9月17日凌晨，周甲家属呼之不应，周甲已无意识，瞳孔散大固定，心跳、呼吸停止，血压为零，四肢发冷，心电图呈直线，宣布临床死亡。

审理中，法院委托无锡市医学会对医院在治疗过程中的医疗行为是否存在过错、医疗过错行为与损害后果有无因果关系及原因力大小进行鉴定。无锡市医学会出具医疗损害鉴定书分析如下：宜兴市人民医院在诊疗过程中存在以下医疗过错：

（1）术前检查不全面、不充分（如心电图、凝血七项检查未做）；（2）术后发生肠瘘治疗不积极（未及时更换引流管、改善冲洗引流）。江苏省人民医院在诊疗过程中存在以下医疗过错：（1）患者入院时未做心电图检查，违反诊疗常规；（2）患者老年、高龄、肿瘤患者，术后卧床，为血栓形成的高风险患者，未做凝血七项检查；（3）9月16日18时30分，患者发生急性腹痛，血常规、血肌酐升高，未做进一步检查及请上级医师会诊。在急性腹痛原因未明确诊断的情况下，仅予以镇痛解痉治疗，违反诊疗规范。专家意见：医方的医疗行为存在医疗过错，因未做尸体病理解剖，根据现有资料，不能明确患者死亡原因，故无法确定医方的医疗过错行为与患者死亡之间的因果关系。另查明，因家属无法承受将周甲的尸体从头到脚剖开，且时间较长，故未同意进行尸检。

【案件焦点】

在鉴定意见无法确认因果关系时，宜兴市人民医院、江苏省人民医院是否需对周甲的死亡后果承担赔偿责任。

【法院裁判要旨】

江苏省宜兴市人民法院经审理认为：患者在诊疗活动中受到损害，医疗机构及其医务人员有过错的，由医疗机构承担赔偿责任。本案中，医疗损害鉴定书已明确两家医院在诊疗过程中均存在过错，但因未做尸体病理解剖，无法明确周甲的死亡原因，对医疗过错行为与患者死亡之间的因果关系无法确定。综合本案的具体情况，法院对各方的责任承担认定如下：1. 未做尸检的原因在于周乙等人，导致医疗过错行为与患者死亡原因之间的因果关系无法确认，由此产生的不利法律后果应由周乙等人自行承担。2. 宜兴市人民医院对周甲在肠癌根治术后出现的肠瘘治疗不积极，应对周甲在江苏省人民医院治疗期间产生的损失承担次要责任。3. 周甲因肠瘘转院至江苏省人民医院，经过治疗有所好转，后周甲的病情突然急转直下，次日凌晨即被宣布临床死亡。根据无锡市医学会的分析，江苏省人民医院在患者入院时未做心电图、凝血七项检查，在抢救过程中也未做进一步检查，在急性腹痛原因未明确诊断的情况下，仅予以镇痛解痉治疗，应对周甲的死亡后果承担次要责任。故周甲在江苏省人民医院治疗期间产生的损失共计24317.27元，由宜兴市人民医院承担30%的赔偿责任，即7295.18元；周甲因死亡产生的损失共计411740

元，由江苏省人民医院承担30%的赔偿责任，即123522元。

江苏省宜兴市人民法院依照《中华人民共和国侵权责任法》第十六条、第十八条、第五十四条规定，作出如下判决：

一、江苏省人民医院于本判决发生法律效力之日起十日内赔偿周乙等人123522元。

二、宜兴市人民医院于本判决发生法律效力之日起十日内赔偿周乙等人7295.18元。

三、驳回周乙等人的其他诉讼请求。

江苏省人民医院不服一审判决，提起上诉。江苏省无锡市中级人民法院经审理认为：江苏省人民医院在诊疗过程中的医疗行为确实存在医疗过错，且未举证证明其存在符合侵权责任法第六十条第一款规定的免责情形。

江苏省无锡市中级人民法院依照《中华人民共和国民事诉讼法》第一百七十条第一款第一项规定，作出如下判决：

驳回上诉，维持原判。

【法官后语】

本案是一起典型的医疗损害责任纠纷。近年来，医疗纠纷案件数量不断增长，审理难度不断加大，法院在判决时合理分配举证责任，科学认定各方责任比例，对于理顺医患关系、化解医患矛盾显得尤为重要。

1. 关于医疗损害因果关系的认定

根据《中华人民共和国侵权责任法》第五十四条规定，医疗纠纷案件适用过错归责原则。医疗损害责任的构成要件包括：(1) 医疗机构和医务人员的诊疗行为；(2) 患者的损害后果；(3) 诊疗行为与损害后果之间存在因果关系；(4) 医务人员的过错。实践中，前两个要件较容易确定，难点在后两个要件。判断过错的要点在于审查医院的诊疗行为是否违反了法律规定或医疗服务合同中约定的义务。判断因果关系则主要在于对司法鉴定意见书的审查。

医疗领域是专业性非常高的一个领域，大多数未经医疗专业知识学习的法官难以从证据材料直接判断医院的诊疗行为与患者的损害后果之间是否存在因果关系，必须参考专业鉴定。也正是由于这一原因，部分法官过于依赖鉴定结论，鉴定机构的鉴定工作甚至取代了法院对案件事实的认定及法律的适用，严重侵害了司法判断。鉴定只是审判过程中的一个辅助手段，司法鉴定意见书的实质是诉讼证据的一种，辅助法官进行事实认定，作为法官需要从整体上对全案证据进行审查、判断，进而认定案件事实。

医疗鉴定是医学专家基于已知的医疗知识作出的一个科学判断，必须达到确实充分、可反复证明的程度。而法院判决是司法裁判者基于现有法律作出的一个社会评价，仅仅因为医疗鉴定无法确认因果关系，就认为原告的举证责任没有到位，判决原告败诉是不妥的。医疗领域的因果关系不同于法律领域的因果关系。法律上因果关系的成立采取的通说是“相当因果关系说”，有此行为，虽不必然产生此种损害，但通常足以产生此种损害，即有因果关系；无此行为，必不产生此种损害，或者有此行为，通常也不产生此种损害，即无因果关系。在具体个案中，按照社会上普通人的判断，只要存在因果关系的可能性达到证据的盖然性优势程度，就应当认定存在因果关系。

2. 关于医疗损害责任比例的确定

对于医院承担赔偿责任的具体比例，需要根据医院的过错程度及在损害后果发生中的原因力大小等其他因素综合分析。医疗损害后果的发生往往与患者自身有直接或间接的关系，患者因为自身疾病前往医院治疗，如果只要确认诊疗行为存在过错，所有损害后果都由医疗机构承担，显然是不合理的。前述案例中，周甲家属拒绝尸检，导致医疗过错行为与患者死亡原因之间的因果关系无法确认，由此产生的不利法律后果应由原告自行承担。这一认定符合民事诉讼中举证责任分配的基本原则。尸检是查明死亡原因的一个重要方法，而尸检一般必须经死者近亲属签字同意，死者近亲属作为证据的持有方，应当积极配合。法院如此认定具有引导当事人积极举证的导向作用。再结合两家医院各自的过错，法院对责任比例进行了科学划分。法院的判决与《最高人民法院关于审理医疗损害责任纠纷案件适用法律若干问题的解释》第四条①的精神也是一致的。

编写人：江苏省宜兴市人民法院　庄妍

---

① 该条规定，患者依据侵权责任法第五十四条规定主张医疗机构承担赔偿责任的，应当提交到该医疗机构就诊、受到损害的证据。患者无法提交医疗机构及其医务人员有过错、诊疗行为与损害之间具有因果关系的证据，依法提出医疗损害鉴定申请的，人民法院应予准许。医疗机构主张不承担责任的，应当就侵权责任法第六十条第一款规定情形等抗辩事由承担举证证明责任。

13

医疗损害鉴定意见的审查核实与运用

——郎某1诉北京市仁和医院、中国人民解放军陆军总医院医疗损害责任案

【案件基本信息】

1. 裁判书字号

北京市第二中级人民法院（2018）京02民终8928号民事判决书

2. 案由：医疗损害责任纠纷

3. 当事人

原告（上诉人）：郎某1

被告（上诉人）：北京市仁和医院（以下简称仁和医院）

被告（被上诉人）：中国人民解放军陆军总医院（以下简称陆军总医院）

【基本案情】

2014年7月16日，郎某1之母常某因先兆性流产入住仁和医院，次日4时40分，因胎窘侧切+胎吸下助娩一男性活婴（即郎某1）。郎某1出生后重度窒息，仁和医院立即采取清理呼吸道等措施。同日郎某1被转入陆军总医院进行治疗，同年8月15日出院，出院诊断为：新生儿窒息（重度），胎粪吸入综合征，新生儿缺氧缺血性脑病等。此后，其又在陆军总医院两次住院治疗。

郎某1及其法定代理人认为两家医院的医疗过错对郎某1的生长发育造成严重损害，请求两家医院赔偿郎某1医疗费、护理费等各项损失共计75.9万余元。仁和医院辩称其诊疗行为符合诊疗常规，不存在任何过错。陆军总医院辩称其诊疗行为符合诊疗规范，充分履行了告知义务和注意义务，不认可其诊疗行为导致郎某1出生后的病情加重。

庭审中，郎某1及其法定代理人提出医疗损害鉴定申请。经法院摇号确定由北

京市红十字会急诊抢救中心司法鉴定中心（以下简称红十字会鉴定中心）进行鉴定。该机构作出鉴定意见，结论为：1. 仁和医院、陆军总医院对郎某1的诊疗行为中存在医疗过失；2. 仁和医院的过失与郎某1的损害后果之间存在一定程度的因果关系，建议为同等因素到主要因素；陆军总医院的过失与郎某1的损害后果之间存在一定程度的因果关系，建议为轻微因素。郎某1及其法定代理人、仁和医院、陆军总医院对鉴定结论均不予认可，并申请鉴定人出庭质询。后经法院通知，鉴定人出庭接受了质询。

【案件焦点】

法院是否只能依据鉴定意见结论认定仁和医院和陆军总医院均对郎某1的损害后果承担相应赔偿责任。

【法院裁判要旨】

北京市东城区人民法院经审理认为：仁和医院存在产程拖延及观察不当的过失，鉴定结论推定陆军总医院的诊疗行为存在过失，对此不予认定。结合鉴定意见、补充说明、鉴定人出庭回答及专家论证情况，依法确定仁和医院的过错比例为70%。关于医疗费，依法确定医疗费为395697.6元。关于交通费，依法酌定为6000元。

北京市东城区人民法院依照《中华人民共和国侵权责任法》第五十四条规定，作出如下判决：

一、仁和医院于本判决生效后十五日内赔偿郎某1医疗费276988.32元、交通费4200元；

二、驳回郎某1的其他诉讼请求。

郎某1及其法定代理人、仁和医院均不服一审判决，提起上诉。北京市第二中级人民法院经审理认为：专家论证意见并非司法鉴定意见，不属于法定证据，一审法院未组织双方当事人对专家论证意见进行质证并无不妥。

根据病历材料记载内容，红十字会鉴定中心认为仁和医院对胎心监护可疑晚期减速等判断欠准确，人工破膜手术指征不充分及仁和医院对患儿的呼吸道清理不彻底，缺乏充分依据。仁和医院未采取更积极有效的助产方式，在更短的时间内让胎儿娩出，对胎儿宫内窘迫的处置存在过失，这是导致新生儿窒息的重要原因，与郎某1的损害后果存在直接因果关系。红十字会鉴定中心认为仁和医院在第二产程的诊疗行为存在过失的鉴定意见，法院予以采纳。综合考虑胎儿在分娩过程中的自身情况及仁和医院在诊疗过程中的过错，一审法院判令仁和医院承担70%的赔偿责任并无不当。

根据病历材料显示，患儿在转院前后的经皮血氧饱和度、心率均无异常，转运中无有关病情变化和相应处理措施的记载，在案亦无证据证明患儿在转运中病情发生变化，医方对患儿采取了相应处理措施，且患儿转运前后呼吸次数无明显差异，红十字会鉴定中心认定陆军总医院的诊疗行为存在过失依据不足。

关于具体损失项目，一审法院确定的医疗费损失总额有误，依法重新认定为427767.45元。一审法院酌定6000元交通费数额过低，依法酌情确定为25000元。郎某1及其法定代理人主张住院伙食补助费于法有据，依法确定为6000元。

北京市第二中级人民法院依照《中华人民共和国侵权责任法》第五十四条、第十六条，《中华人民共和国民事诉讼法》第一百七十条第一款第二项规定，作出如下判决：

一、撤销北京市东城区人民法院（2015）东民初字第18493号民事判决第二项；

二、变更北京市东城区人民法院（2015）东民初字第18493号民事判决第一项为：仁和医院于本判决生效后十五日内赔偿郎某1医疗费299437.22元、交通费17500元、住院伙食补助费4200元；

三、驳回郎某1的其他诉讼请求。

【法官后语】

医院的诊疗行为有无过错，诊疗行为与损害后果之间是否存在因果关系以及原因力大小、患者损伤残疾程度、患者的护理期、休息期、营养期等问题均属于医疗损害责任纠纷中的专门性问题。虽然鉴定机构针对专门性问题作出的相关鉴定意见对人民法院查清该类案件事实、确定赔偿责任主体及赔偿责任比例有着举足轻重的作用，但绝非“唯鉴定意见至上”，人民法院对鉴定意见必须按照法定程序，全面地、客观地审查核实，谨慎运用。本案是对鉴定意见中的部分结论予以采信，并认定相应赔偿责任的典型案例。

一、鉴定意见及专家论证（咨询）意见的属性

鉴定意见是具有相应资质的鉴定人运用专门的知识和技能，以必要的技术手

段，针对案件中发生争议的专门性问题进行检测、分析、鉴别等，出具的专门性意见，属于民事诉讼中的法定证据种类之一，必须查证属实，才能作为认定事实的根据。专家论证（咨询）意见系审判实践中，人民法院就专门性问题咨询具有专门知识的人，由具有专门知识的人作出的分析、判断意见，该意见既不是专家证人证言，也不是专家辅助人陈述，不属于法定证据种类，仅是合议庭在审查涉案证据、认定案件事实过程中的一种辅助性参考。本案中，一审法院在裁判理由部分直接将专家论证作为确定仁和医院过错比例的依据不妥。

二、对鉴定意见客观、全面审查

人民法院对鉴定意见的审查核实应当客观、全面，审查方式也是多样的。鉴定意见应当在法庭上出示，并由当事人互相质证。然而当事人本人由于专业知识的局限，往往难以充分发表质证意见。因此，当事人对鉴定意见有异议，申请鉴定人出庭或者人民法院认为鉴定人有必要出庭的，鉴定人应当出庭作证。鉴定人出庭作证时，除当事人可以向鉴定人发问外，合议庭同样可以向鉴定人发问。针对发问，鉴定人可以当庭回答，也可以在庭后出具书面答复意见。此外，为进一步保障当事人对鉴定意见的质证权利，根据《最高人民法院关于适用〈中华人民共和国民事诉讼法〉的解释》第一百二十二条规定，当事人可以在举证期限届满前申请一至二名具有专门知识的人出庭，代表当事人对鉴定意见进行质证，或者对案件事实所涉及的专业问题提出意见。上述鉴定人针对当事人和合议庭的询问发表的意见、当事人的质证意见以及专家辅助人的意见等均是人民法院审查核实鉴定意见的重要依据。人民法院审查核实鉴定意见，应当重点审查结论的分析、推理逻辑和依据，如果仅有结论性意见，事实依据不足或逻辑不清，当事人提出异议，鉴定人又不能作出合理解释的，人民法院可以通过召开专家论证会的方式或专家咨询等方式，就相关专门性问题进行深入咨询、研讨，为合议庭审查核实鉴定意见，并最终决定是否采纳鉴定结论提供参考。当然，专家论证（咨询）意见不能直接作为定案依据，还应当根据在案病历、当事人陈述等证据对鉴定意见中存在争议的分析、结论进行实质性判断。

本案中，应当事人申请，法院通知鉴定人出庭作证，鉴定人除当庭发表意见外，庭后还出具了书面补充意见，但鉴定意见中的部分分析、结论，如“仁和医院对胎心监护可疑晚期减速等判断欠准确，人工破膜手术指征不充分，对患儿的呼吸道清理不彻底；陆军总医院转运前、转运中未充分评估新生儿情况，未充分观察病情、清理并保持呼吸道的通畅，是导致新生儿病情加重的因素之一”，或未能提供充分判断依据，或与病历记载内容矛盾。法院通过召开专家论证会、专家咨询的方式就争议性结论深入分析、研究。鉴于鉴定意见中认定仁和医院承担主要责任的分析、结论正确，其他部分结论依据明显不足，各方当事人亦均不申请重新鉴定，法院依职权启动重新鉴定亦存在程序障碍，一审、二审法院穷尽方式对鉴定意见进行审查核实，坚持证据裁判原则，对于鉴定意见中部分结论明显依据不足的，不予采信，对部分专门性问题并未完全依赖鉴定意见，从重新鉴定的旋涡中跳出，果断下判，减少各方当事人诉累。判决后，各方当事人对判决结果均表示满意。

编写人：北京市第二中级人民法院　陈光旭

14

医院四维彩超未检查出胎儿心脏畸形是否对胎儿及胎儿父母构成侵权

——余某、祖某诉××医院医疗损害责任案

【案件基本信息】

1. 裁判书字号

安徽省安庆市岳西县人民法院（2018）皖0828民初692号民事判决书

2. 案由：医疗损害责任纠纷

3. 当事人

原告：余某、祖某

被告：××医院

【基本案情】

祖某怀孕后于2016年12月21日在××医院进行四维彩超及胎儿的各项检查，

××医院于当日向祖某出具由检查医师签名的报告单，报告单胎儿超声结构描述“胎儿心脏大致结构：四腔心切面可显示……”。2017年4月24日，祖某顺娩一男婴（即余某某），余某某出生后经医院确诊为单心室、共同心房、肺动脉狭窄、右位心。余某、祖某认为××医院四维彩超诊断失误，造成畸形儿的出生，对余某、祖某以后的婚姻及生活会带来很大的影响，故起诉至法院，请求判令××医院赔偿医疗费等各项损失合计285386.86元。

【案件焦点】

1. ××医院产前检查行为是否存在过错；2. 医院过错与损害结果之间是否存在因果关系及如何承担责任。

【法院裁判要旨】

安徽省安庆市岳西县人民法院经审理认为：祖某到××医院进行四维彩色超声检查，××医院收取相关费用并进行检查，双方形成医疗服务合同法律关系。因胎儿出生缺陷，余某、祖某为治疗余某某心脏畸形，花费医疗费及相关费用。现二人提起侵权诉讼，余某、祖某与××医院之间存在合同法律关系与侵权法律关系的竞合，现余某、祖某选择以侵权法律关系提起诉讼，符合法律规定。

祖某到××医院进行产前四维彩色超声检查是为了优生优育，避免胎儿畸形。××医院明确检查结论为“胎儿四腔心切面可显示”。报告虽提示复查，但在检查结论正常情况下，患者通常无需再到医院进行复查，甚至认为无需进行其他相关检查。且××医院任用不具备相应资质的医师进行检查，在胎儿心脏存在严重畸形的情况下，仍然作出心脏结构正常的错误诊断，故××医院的诊断行为明显存在重大过错。鉴定机构的鉴定意见亦认为××医院在检查过程中未能履行高度注意义务（告知义务和规范检查义务），使患儿父母丧失了优生优育（引产）的选择权（决策权），存在明显过错，系畸形患儿出生的主要原因。畸形儿余某某出生后，余某、祖某为抚养畸形儿必然要付出更多的精力、花费更多的医疗费用，该节与××医院的错误诊断亦具有因果关系。

综上，安徽省安庆市岳西县人民法院判决如下：

一、××医院在本判决生效后十日内赔偿余某、祖某各项损失177406.98元的70%即124185元；

二、××医院在本判决生效后十日内赔偿余某、祖某精神抚慰金20000元；

三、驳回余某、祖某其他诉讼请求。

一审判决后，各方均未提起上诉，××医院已全部履行判决内容。

【法官后语】

《中华人民共和国侵权责任法》虽然未将生育知情权、生育选择权纳入第二条第二款规定中，但依据该法立法理由，之所以作此规定，是考虑到民事权益多种多样，立法中难以穷尽，而且随着社会、经济的发展，还会有新的民事权益纳入保护范围，因此立法作了不完全列举。综合《中华人民共和国母婴保健法》及国务院《母婴保健实施办法》的立法宗旨及相关法条规定，经产前检查发现胎儿患有严重遗传性疾病或者具有严重缺陷的情形，医院负有告知其父母的义务，父母享有对这一情形的知情权，从而决定是否终止妊娠，即生育选择权。该项权利所涉及的不仅是妇女身体完整性的保护，更是一种生育自主决定权，应属于《中华人民共和国侵权责任法》第二条第二款规定下的未列举的民事权益，理应受到保护。

确定该权益受到损害的主体，是解决民事权益争端的前提。实务中，一般存在三种情况：一是将缺陷婴儿作为诉讼主体；二是将缺陷婴儿的父母作为诉讼主体；三是将缺陷婴儿和缺陷婴儿的父母作为诉讼主体。因胎儿在母体中的畸形是客观存在的，与医院的诊疗行为不存在任何关联性，且在医院的诊疗过程中胎儿不具有民事权利能力，其出生后作为诉讼主体无事实上和法律上的依据，故不管是以侵权为由提起诉讼还是以医疗服务合同提起诉讼，缺陷婴儿均不能作为诉讼主体。医院未正确履行告知等合同义务，使孕期夫妻丧失了选择终止妊娠的权利，侵害的是其父母的生育知情权和生育选择权。如以侵权为由提起诉讼，父母可以作为诉讼主体；如以医疗服务合同纠纷提起诉讼，依据合同相对性原则，只有接受医疗服务的孕妇可以作为诉讼主体。但另有观点认为生育权益是父母双方共同享有的，由于生理限制，接受产检的只能是孕妇，父亲属于间接接受服务对象，可以以夫妻双方名义作为诉讼主体，但本文作者不认同此观点。

赔偿损失的界定，是实务中难以把握的一个难题。缺陷儿的出生，医疗机构有责任的，确实应对额外增加的抚育、治疗、护理费等财产上的损失承担赔偿责任，但具体承担责任的范围实务中却有不同的观点：有观点认为医疗机构应对额外增加的费用承担全部赔偿责任；另有观点认为医疗机构对其财产上的损失应依据其确定性、合理性及过错程度确定赔偿责任，因为缺陷儿的出生是综合各方面因素决定的，医疗机构作出的诊断只是对其父母的一种参考，对其出生后额外增加的费用全部由医疗机构来埋单将不符合公平原则，亦不利于今后医患关系的和谐发展，笔者亦赞同此观点。对于精神损害赔偿，缺陷儿的出生使得父母对生育一个健康胎儿的期望落空，后期父母需长期面对胎儿畸形的事实，内心需承受各种压力，如以侵权为由提起诉讼，医疗机构应当赔偿一定的精神损害抚慰金。

编写人：安徽省安庆市岳西县人民法院　刘东升　柳文静

三、教育机构责任

15

公平责任中分担损失的范围应限于财产性损失

——康某诉周某等健康权案

【案件基本信息】

1. 裁判书字号

江苏省无锡市中级人民法院（2018）苏02民终3404号民事判决书

2. 案由：健康权纠纷

3. 当事人

原告（上诉人）：康某

被告（被上诉人）：周某、周甲、李甲、××中学

【基本案情】

康某、周某均为××中学的学生。康某于2016年6月毕业于××小学，后又入读××中学，长期生活、居住在宜兴市。周甲、李甲分别为周某的父母亲。

2017年11月10日（星期五）下午2时左右，康某在上了一段时间的劳技课后，参加学校安排的体育活动，与周某在正常争抢足球过程中发生碰撞，倒地受伤。三四十分钟后，××中学的老师将康某送往宜兴市中医医院进行治疗，经诊断为脾破裂、腹腔积液，于当天行“剖腹探查+脾切除术”，后于2017年11月22日出院，共住院12天，用去医疗费23360.49元，其中医保统筹支付13026.35元。2018年3月10日，无锡中诚司法鉴定所接受法院委托作出鉴定意见，确认康某脾

切除术后评定为七级伤残，误工期（治疗休息期）120日，护理期60日，营养期90日。

【案件焦点】

1. 周某、××中学是否存在过错，是否需对康某受伤产生的损失承担责任；2. 康某的损失范围如何认定。

【法院裁判要旨】

江苏省宜兴市人民法院经审理认为：针对焦点1，足球运动系对抗性竞技运动，本身具有一定的风险性，自愿参加足球运动便是甘冒风险。康某与周某在正常的争抢足球过程中发生碰撞，目前并无证据证明周某存在不符合足球竞技规则的高度危险性动作，故周某对康某的受伤不存在过错，不应承担过错侵权赔偿责任。但根据《中华人民共和国侵权责任法》第二十四条规定的公平责任原则，考虑到周某的行为直接导致了康某受伤，与康某的损害后果之间具有因果关系，应对康某的合理损失进行分担。本案事发时体育兼信息技术老师一直在现场负责，××中学已经尽到了教育、管理职责，无需承担赔偿责任。

针对焦点2，关于公平责任中的损失范围，应限于财产性损失，且只能是实际发生的直接损失，不包括间接损失、可得利益损失等。康某主张的医疗费10334.14元、住院伙食补助费550元、营养费2700元、护理费7200元、交通费600元，法院予以确认。残疾赔偿金是对受害人因丧失劳动能力导致的收入损失进行的赔偿，从性质上来说属于期待利益，不属于已经发生的实际损失，法院不予支持。精神抚慰金是基于不法侵害行为而对受害人的精神痛苦作出的安抚，周某对康某的受伤没有过错，无需承担。综上，康某的直接损失共计21384.14元，法院酌情确定由周某分担50%。因周某系限制民事行为能力人，所需承担的民事责任由其监护人周甲、李甲实际承担。

江苏省宜兴市人民法院依照《中华人民共和国侵权责任法》第十六条、第二十四条、第三十二条、第三十九条规定，作出如下判决：

一、周某应分担康某各项损失合计10692.07元，该款由周某的监护人周甲、李甲于本判决发生法律效力之日起十日内支付给康某；

二、驳回康某对××中学的诉讼请求；

三、驳回康某的其他诉讼请求。

二审法院同意一审法院的裁判意见。

【法官后语】

本案是一起发生在校园内未成年人之间在体育竞技运动中产生的人身损害赔偿纠纷。原告认为对方学生应承担过错侵权赔偿责任，学校应承担安全保障义务和管理失职责任。一、二审法院对原告的前述主张并未认可，而是引入了自甘风险的抗辩事由，同时按照公平责任原则判决由行为人分担受害方的损失。

1. 关于自甘风险。其又称自甘冒险或自愿承担风险等，指受害人在明知某种具体危险状态存在，而自愿承担危险并因此遭受损失的情况下，不得请求加害人承担民事赔偿责任。部分国家将自甘风险作为违法性阻却事由之一，行为人不需要承担相应责任。自甘风险常见于体育竞技活动中，特别是有人体直接冲撞接触的对抗性体育竞赛，这种竞技性运动的激烈性决定了参与者无一例外地处于潜在的危险之中，他们既是危险的潜在制造者，又是危险的潜在承担者。当参与者受到人身损害时，一般情况下由参与者自己承担责任，别人无需承担侵权赔偿责任，这已成为体育竞赛中的一种惯例。

2. 关于公平责任。由于我国现行法律并未认可自甘风险作为违法性阻却事由之一，在体育竞技运动中产生的人身损害赔偿纠纷直接适用自甘风险原则，判决由受害方自己承担全部损失显然不妥，而公平责任原则恰好可以弥补这一法律空白。《中华人民共和国侵权责任法》第二十四条规定：“受害人和行为人对损害的发生都没有过错的，可以根据实际情况，由双方分担损失。”这一规定简称为公平责任原则，适用前提是受害人和行为人对损害的发生都没有过错。本案中，足球运动的性质决定了参与者难免面临潜在的人身危险，康某与周某在正常的争抢足球过程中发生碰撞，目前并无证据证明周某存在不符合足球竞技规则的高度危险性动作，故周某对康某的受伤不存在过错，不应承担过错侵权赔偿责任。考虑到周某的行为确实直接导致了康某受伤，与康某的损害后果之间具有因果关系，故周某应对康某的合理损失进行分担。但前述规则不适用于相对方对损害的发生有故意或者重大过失的情形，体育活动的组织者则在未尽到安全保障义务的情形下承担侵权责任。

3. 关于赔偿范围。公平责任中的损失范围，应限于财产性损失，且只能是实际发生的直接损失，不包括间接损失、可得利益损失等。实践中存在争议的主要是残疾赔偿金和精神抚慰金能否支持。从性质上来说，残疾赔偿金是对受害人因丧失劳动能力导致的收入损失进行的赔偿，属于一种期待利益，不属于已经发生的实际损失。精神抚慰金则是基于不法侵害行为而对受害人的精神痛苦作出的安抚。公平责任本身是在双方当事人都无可归责的情况下，为平衡双方财产关系而作出的损失分担，故应区别于过错侵权责任的赔偿范围，只能是可用金钱衡量的财产性损害。

编写人：江苏省宜兴市人民法院　庄妍

16

未成年人在教育机构遭受人身损害后的教育机构责任认定

——张某某诉某实验学校教育机构责任案

【案件基本信息】

1. 裁判书字号

山东省淄博市中级人民法院（2018）鲁03民终1495号民事判决书

2. 案由：教育机构责任纠纷

3. 当事人

原告（被上诉人）：张某某

被告（上诉人）：某实验学校（以下简称实验学校）

【基本案情】

2016年4月29日，张某某在参加实验学校组织的运动会跨栏比赛中受伤，经桓台县人民医院治疗诊断为左胫骨平台骨折、左膝关节外伤。张某某出院后就赔偿问题与实验学校协商未果，遂诉至法院要求赔偿。在诉讼过程中，张某某向法院提出伤残等级鉴定的申请。2017年12月13日，山东齐都司法鉴定所作出齐都司法鉴定所（2017）临鉴字第243号司法鉴定意见书，鉴定意见为张某某之损伤评定为玖级伤残。张某某要求判令实验学校赔偿各项经济损失共计157712元。实验学校辩称其没有过错，不应当承担责任，本案事实不是校方老师临时安排把张某某作为替补比赛队员，而是学生胡某某比赛临上场前胆怯，心理状态不适合比赛，在比赛前提出找个替补，张某某自愿代替胡某某参加跨栏比赛，老师对这一情况不知情。

【案件焦点】

未成年人在教育机构遭受人身损害的，教育机构的责任应如何认定。

【法院裁判要旨】

山东省桓台县人民法院经审理认为：本案的争议焦点为实验学校是否尽到教育、管理职责。《中华人民共和国侵权责任法》第三十九条规定，限制民事行为能力人在学校或者其他教育机构学习、生活期间受到人身损害，学校或者其他教育机构未尽到教育、管理职责的，应当承担责任。本案中，实验学校辩称系张某某与胡某某私自更换比赛项目，并提供张某某的班主任石某某的书面陈述复印件及胡某某、李某某的情况说明复印件予以证明其没有过错，但实验学校未提交证人出庭作证申请，也未提交证据证明其提交石某某、胡某某、李某某的书面证言符合证人不出庭作证的法定事由，故对实验学校的该主张不予采信。张某某在参加实验学校组织的运动会期间与胡某某互换比赛项目后发生损害后果，实验学校作为该活动的组织者、管理者，未提供证据证明其尽到教育、管理职责，对张某某比赛过程中发生的损害后果，与其未尽到教育、管理职责具有因果关系，应承担主要赔偿责任。张某某作为已满 13 周岁的限制行为能力人，对未经培训参加跨栏比赛存在的风险应当具有一定的认知，即便是老师安排其与胡某某互换比赛项目，张某某亦有拒绝的权利。故张某某对损害结果的发生亦存在过错，应承担相应的过错责任。结合本案具体情况，酌定实验学校承担 80% 的赔偿责任，另外 20% 的责任由张某某自行承担。实验学校对张某某主张的医疗费 14966. 93 元、护理费 2160 元、住院伙食补助费 810 元、交通费 300 元、残疾赔偿金 136048 元、鉴定费 1300 元、精神损害抚慰金 2000 元没有异议，故实验学校应赔偿张某某（医疗费 14966. 93 元 + 护理费 2160 元 + 住院伙食补助费 810 元 + 交通费 300 元 + 残疾赔偿金 136048 元 + 鉴定费 1300 元）× 80% + 精神损害抚慰金 2000 元 = 126467. 94 元；张某某主张复印费 127. 5 元，无事实和法律依据，实验学校亦不予认可，法院不予支持。

山东省桓台县人民法院依照《中华人民共和国侵权责任法》第三十九条等法

律规定，判决如下：

一、实验学校赔偿张某某医疗费、护理费、住院伙食补助费、交通费、残疾赔偿金、鉴定费、精神损害抚慰金共计126467.94元；

二、驳回张某某的其他诉讼请求。

实验学校不服一审判决，持原审答辩意见提起上诉。山东省淄博市中级人民法院经审理认为：本案争议焦点是实验学校应否对张某某的涉案损失承担赔偿责任及责任比例如何确定的问题。依据法律规定，限制民事行为能力人在学校或其他教育机构学习、生活期间，学校作为教育机构负有教育、管理的职责，未尽到该职责的应承担责任。实验学校主张涉案损失系在老师不知情的情况下，张某某与同学私下擅自互换比赛项目发生意外所致，实验学校不应承担赔偿责任。但是对此其并未提交充分有效的证据予以证实，应承担举证不能的后果。实验学校作为运动会比赛的组织、管理主体，未提供证据证实其尽到了教育和管理职责，应对张某某比赛过程中发生的损害后果承担相应责任。但张某某作为年满13周岁的限制民事行为能力人，亦对其行为的风险和后果有一定预见能力，对其损害的发生应负有一定过错。原审综合考虑实验学校作为学校职责履行是否到位、张某某的行为能力情况等案件具体因素，酌定实验学校承担80%的赔偿责任，张某某自担20%责任，并无不当。实验学校的上诉主张不能成立，不予支持。据此，二审判决如下：

驳回上诉，维持原判。

【法官后语】

本案主要涉及未成年人在教育机构遭受人身损害后教育机构的责任应如何认定的问题。对于这一问题，我国侵权责任法第三十八条至第四十条进行了相应的规定。其中第三十八条规定无民事行为能力人在教育机构学习、生活期间受到人身损害的，教育机构应承担过错推定责任；第三十九条规定限制民事行为能力人在教育机构学习、生活期间受到人身损害的，教育机构只承担过错责任；第四十条则规定无民事行为能力人或者限制民事行为能力人在教育机构学习、生活期间受到教育机构以外的人员人身损害的，由侵权人承担侵权责任，教育机构未尽到管理职责的承担相应的补充责任。

从本案的情况而言，受害人张某某虽系未成年人，但其已年满13周岁，属限制民事行为能力人，而且本案中张某某系在参加学校组织的运动会的过程中自行受伤，并非受到第三人侵害而受伤，故人民法院对于本案显然可以直接依照侵权责任法第三十九条的规定作出相应判决。但是对于未成年人在教育机构遭受人身损害后教育机构的责任认定，需要特别注意的一个问题则在于未成年人在教育机构因第三人侵权而遭受人身损害后的教育机构责任认定问题。尽管侵权责任法对未成年人在教育机构受到人身损害后教育机构的责任认定问题有明确规定，但对于上述法律的适用仍应准确理解和把握。侵权责任法第四十条适用于教育机构以外的第三人侵权的情形，而除此之外的教育机构内的侵权则应适用第三十八条、第三十九条。因此，要正确适用上述法律条款，就应当准确理解侵权责任法第四十条中所说的第三人即“幼儿园、学校或者其他教育机构以外的人员”的范围。而结合侵权责任法第三十八条、第三十九条和第四十条不难看出，这里的第三人明显是指教育机构管理范围之外的人员，即通常所说的“校外人员”。教育机构的工作人员和在教育机构内学习和生活的学生显然属于教育机构管理范围之内，即通常所说的“校内人员”，因此不能理解为此处的第三人。另外，从侵权责任法第三十八条至第四十条所规定的责任承担方式上来看，“校内人员”造成未成年学生的人身损害，无论是第三十八条规定的过错推定责任还是第三十九条规定的过错责任，教育机构都是直接承担赔偿责任；而“校外人员”造成未成年学生人身损害，侵权的“校外人员”要根据“责任自负”原则直接承担全部责任，而教育机构只是承担一种补充责任，这种补充责任实际上属于“替代责任”，具有代人受过的性质，教育机构在承担责任后有权向侵权的“校外人员”追偿。这也是侵权责任法第四十条规定教育机构承担补充责任的原因。故不同的责任承担方式是由“校内人员”和“校外人员”这两种不同的侵权主体所决定的。这同样映衬出侵权责任法第四十条中的第三人系“校外人员”。

本案中若张某某系在学校中因同学或老师等“校内人员”造成人身损害，则其学校仍然应当根据侵权责任法第三十九条规定按照其过错承担相应责任；若张某某系在学校中因“校外人员”侵权导致人身损害，则根据侵权责任法第四十条规定，由“校外人员”即侵权人直接承担侵权责任，其学校则根据其未尽到管理职责的过错承担相应的补充责任。

编写人：山东省淄博市中级人民法院　荣明潇　杨富元

17

学校对学生在竞技体育运动中所受的意外受伤是否承担赔偿责任

——马某诉重庆市武隆区实验中学教育机构责任案

【案件基本信息】

1. 裁判书字号

重庆市第三中级人民法院（2019）渝03民终174号民事判决书

2. 案由：教育机构责任纠纷

3. 当事人

原告（被上诉人）：马某

被告（上诉人）：重庆市武隆区实验中学（以下简称武隆实验中学）

【基本案情】

武隆实验中学为参加该区教委组织的2017年渝东南校园足球联赛，组织了足球训练，该校教练在训练中履行了安全教育等义务。马某（2002年12月12日出生）系该校2018级学生，自2016年开始踢足球，自愿并经过选拔参加此次足球训练。2017年3月10日下午3时许，作为守门员的马某在训练过程中扑球致伤眼睛。马某的伤被诊断为右眼外伤性视网膜病变、右眼视网膜分支动脉阻塞、右眼外伤性黄斑裂孔，先后住院治疗15天，用去医疗费32251.69元，并经司法鉴定为十级伤残及需护理45日、营养45日。现无证据证明马某因延迟治疗而加重了伤害。2018年8月，马某诉至重庆市武隆区人民法院，请求武隆实验中学赔偿各种费用共计124617.24元。

【案件焦点】

武隆实验中学是否尽到教育、管理职责及是否应承担民事赔偿责任。

【法院裁判要旨】

重庆市武隆区人民法院经审理认为：武隆实验中学组织的足球训练不属于学生义务教育教学大纲规定的体育教学范围，未成年人不宜参加。武隆实验中学系该运动的受益人，对马某等足球队员的人身安全保护义务应高于法律所规定的教育机构的一般善良管理义务。武隆实验中学未对守门员采取必要的预防措施，根据公平责任原则的相关规定，武隆实验中学应承担60%的赔偿责任。

重庆市武隆区人民法院依照《中华人民共和国侵权责任法》第五条、第三十八条，《中华人民共和国未成年人保护法》第二十条、第二十二条，《最高人民法院关于审理人身损害赔偿案件适用法律若干问题的解释》第七条，《中华人民共和国民事诉讼法》第六十四条、第一百四十四条规定，判决如下：

武隆实验中学向马某赔偿61732.61元。

武隆实验中学以一审漏列射门球员张某为共同被告及其已尽到教育管理职责无过错为由，提起上诉，并明确在确认无赔偿责任前提下，愿意补偿马某30000元。

重庆市第三中级人民法院经审理认为：司法应为校园竞技体育运动健康发展护航，不能因校园足球等竞技体育运动中偶然发生意外伤害事件，而否定该运动的重要性、必要性、正当性。武隆实验中学根据该区教委的相关文件精神组织本次足球训练，具有正当性。射门球员在本次足球训练中踢球射门，是其作为进攻球员应尽的职责，具有正当性，符合足球体育运动规律，其对作为守门员马某的受伤并无故意或重大过失，不应承担民事赔偿责任。武隆实验中学的教练在日常训练中履行了安全教育等义务，现无证据证明武隆实验中学的教育管理行为与马某受伤存在法律上的因果关系及武隆实验中学未及时送马某医治行为导致马某损害后果加重，故武隆实验中学在本案中没有过错，不应承担赔偿责任。武隆实验中学自愿补偿马某30000元，属当事人对其权利的处分，符合社会主义核心价值观，予以准许。

重庆市第三中级人民法院依照《中华人民共和国侵权责任法》第三十九条，《中华人民共和国民事诉讼法》第六十四条第一款、第一百七十条第一款第二项、第三项规定，作出如下判决：

一、撤销重庆市武隆区人民法院（2018）渝0156民初3640号民事判决；

二、驳回马某的诉讼请求；

三、武隆实验中学于本判决生效之日起五日内向马某补偿30000元。

【法官后语】

1. 不能因校园足球等竞技体育运动中发生意外伤害事件的偶然性，而否定该类运动的重要性、必要性、正当性。

校园足球等竞技运动具有一定的对抗性和危险性，但我们应鼓励、支持教育机构依法积极开展有益于未成年学生身心健康成长的校园足球等体育运动，不能因运动中存在伤害事件发生的偶然性便否定开展此类运动对促进青少年学生身心健康发展以及推动国家竞技体育发展的重要性和必要性。武隆实验中学根据该区教委的相关文件精神组织本次足球训练，具有正当性，并无过错。

2. 校园足球等体育竞技项目参与者的行为符合体育运动规律且无故意或重大过失致使其他参与者受伤的，应当被容忍。

足球运动作为传统体育竞技项目，具有群体性、对抗性和一定的人身危险性，运动中发生意外伤害应被容忍，运动员对运动风险应尽到充分的注意义务并采取相应的自我保护和防范措施。体育竞技项目的参与者在正常运动中致使其他参与者受伤，只要其行为具有正当性，符合体育运动规律，并无伤害的故意或重大过失，则不应承担民事赔偿责任。作为进攻球员，张某在本次足球训练中踢球射门是其应尽的职责，具有正当性，符合足球体育运动规律，对马某的受伤并无故意或重大过失，不应承担赔偿责任。马某在本案中只要求武隆实验中学承担教育机构的过错赔偿责任。一审未将张某作为共同被告参加诉讼，并无不当。

3. 学校等教育机构尽到了教育、管理职责，且其行为与限制民事行为能力人在其学习、生活期间受到的人身损害不存在因果关系，其不承担民事赔偿责任。

关于限制民事行为能力人在学校或者其他教育机构学习、生活期间受到人身损害的法律适用问题，《中华人民共和国侵权责任法》第三十九条实质是对《最高人民法院关于审理人身损害赔偿案件适用法律若干问题的解释》第七条的修改，应适用《中华人民共和国侵权责任法》第三十九条规定。即学校等教育机构在该情形下是否承担赔偿责任适用过错责任原则，如学校等教育机构未尽到相应的教育、管理职责，且该过错与限制民事行为能力人受到的人身损害存在因果关系，应当承担民事赔偿责任。武隆实验中学的教练在日常训练中履行了安全教育等义务，根据日常生活经验法则，马某已具备独立参加校园足球运动的能力，能够认知运动中存在的风险，应对运动风险尽到充分的注意义务并采取相应的自我保护和防范措施。现无证据证明武隆实验中学的教育管理行为与马某受伤存在法律上的因果关系及武隆实验中学未及时送马某医治的行为导致其损害后果加重，故武隆实验中学在本案中对马某的受伤不存在过错。马某受伤属无法预见且令人遗憾的意外事件，武隆实验中学依法不应承担赔偿责任。

编写人：重庆市第三中级人民法院　陈江平

四、违反安全保障义务责任

18

安全保障义务中证明标准的判断和举证责任分配的转移

——管某诉无锡市绿羊温泉农场有限公司健康权、身体权案

【案件基本信息】

1. 裁判书字号

江苏省无锡市中级人民法院(2017)苏02民终5468号民事裁定书

2. 案由:健康权、身体权纠纷

3. 当事人

原告(被上诉人):管某

被告(上诉人):无锡市绿羊温泉农场有限公司(以下简称绿羊公司)

【基本案情】

2016年7月24日下午,管某等一行人至绿羊公司经营的水上乐园游玩。当晚10点左右,管某同行人员韩某向羊尖派出所报警,称"管某在水上乐园玩耍时攀爬到一个球上后摔落下来,晚饭后到医院检查发现骨折"等,羊尖派出所告知可以在明天上班后找负责人协商处理。2016年7月25日12点左右,韩某又报警,要求绿羊公司承担赔偿责任并提供现场监控录像等,绿羊公司部门经理舒某称现场监控录像故障修理中。

事发当日20点左右,管某曾至安镇医院急诊就医并拍摄DR片一张,DR报告显示:右跟骨粉碎性骨折,余所见跖趾骨未见明显骨折征象。次日,管某至东港医

院入院治疗，入院时间为9点19分，入院诊断为右跟骨骨折，入院后进行了石膏固定、消肿、修复治疗等，后于2016年8月1日出院。管某因上述治疗共自负医疗费1367.35元。2017年3月16日，管某的误工期被评定为210日，护理期被评定为90日，营养期被评定为90日。

管某主张其系从绿羊公司水上乐园的浮球上摔下致伤，且当时水上乐园的水深设置等均不符合安全规范，是造成事故发生的原因，要求绿羊公司赔偿医疗费、住院伙食补助费、营养费、护理费、误工费、交通费等合计48957.35元。

绿羊公司认可在管某事发时，该公司确实在开展水上活动，管某提供的照片是现场的浮球设施，该浮球有设置攀爬的手把，该浮球上并未标明“禁止攀爬”等字样。绿羊公司不认可管某的受伤系在绿羊公司水上乐园发生，否认管某主张的损失事实与绿羊公司存在因果关系，管某在受伤几个小时后才就医也不符合常理。绿羊公司拒绝赔偿。

法院依据绿羊公司申请，至安镇医院进行调查，安镇医院医务科科长（骨科副主任医师）周某陈述：管某未在安镇医院进行入院治疗，安镇医院不留存急诊病历的电子档案；从管某在安镇医院拍摄的DR片可以判断，其系由从两米左右高处坠落导致的受伤，该伤情完全有可能在疼痛两三个小时甚至一天后再进行就医。

【案件焦点】

1. 管某是否在绿羊公司经营的水上乐园受伤；2. 如果是，绿羊公司应否承担赔偿责任及数额。

【法院裁判要旨】

江苏省无锡市锡山区人民法院经审理认为：关于争议焦点1，管某为证明事发经过，申请韩某、瞿某出庭作证。韩某系管某妻子的姐姐，韩某陈述了管某及其一行人事发当日前往绿羊公司在其水上乐园及温泉玩耍的整个经过。瞿某陈述了在绿羊公司邂逅管某等一行人的经过及送管某就医等细节。绿羊公司对韩某、瞿某的证言不予认可。法院认为，与一方当事人有利害关系的证人证言不能单独作为认定案件事实的依据。但是，韩某的证言可以与非利害关系人瞿某的证言基本相对应，且与管某的就医经过、受伤伤情、报警记录等均相印证，在绿羊公司未提出反证的情况下，法院对韩某、瞿某的证人证言予以采纳。虽然管某未提供直接证据，但上述间接证据已构成较完整的证据链条，管某在水上乐园进行游玩时从浮球上滑落跌伤的事实具有高度可能性，法院认定该事实存在。

关于争议焦点2，宾馆、商场、银行、车站、娱乐场所等公共场所的管理人或者群众性活动的组织者，未尽到安全保障义务，造成他人损害的，应当承担侵权责任。本案中，绿羊公司设置了水上乐园项目，但未能提供这些水上设施已经过安全检验及其已尽到安全保障义务的证据，事发的浮球亦未设置存在安全隐患标识等，故绿羊公司应对管某的受伤承担赔偿责任。管某作为成年人，应对攀爬浮球存在危险性作出判断，并采取合理方式避免危险的发生，管某自行攀爬浮球并未抓牢把手而跌落，对损害的发生存有一定过错，故应相应减轻绿羊公司的责任。综上，法院综合事故发生的原因、事故中各方的过错程度等，确定绿羊公司对管某因涉案事故遭受的各项损失承担60%的赔偿责任。

江苏省无锡市锡山区人民法院判决如下：

一、绿羊公司应于本判决生效之日起十日内支付管某22066.41元；

二、驳回管某的其他诉讼请求。

绿羊公司不服一审判决，提起上诉。在二审审理过程中，绿羊公司以其与管某达成和解并已履行为由，于2018年2月8日申请撤回上诉。江苏省无锡市中级人民法院经审查认为，绿羊公司的撤诉行为系其真实意思表示，且不违反法律规定，予以准许。依照《中华人民共和国民事诉讼法》第一百七十三条规定，裁定如下：

准予绿羊公司撤回上诉。

【法官后语】

首先，从事一定社会活动的民事主体，如果其从事的活动具有损害他人人身、财产的危险，则该民事主体负有合理限度内的关心、注意义务，应采取必要的、具有期待可能性的防范措施，保护第三人免于危险。安全保障义务适用较多的领域是酒店、商场、银行等公共场所的管理人，除此之外，随着各种娱乐项目、潮流活动的兴旺，实际上这些项目的管理人或者活动的组织者亦负有安全保障义务，如对提供的活动设施应进行大量安全试验、测量；对具有一定危险或挑战的项目进行参与人员筛选和前期培训；在参与人遇险时具有救助义务；等等。如果安全保障义务人未尽到与其从事社会活动相适应的安全保障义务，则应承担相应赔偿责任，受害人对损害的发生也有过错的，可以减轻安全保障义务人的民事责任。

其次，在举证责任上，仍旧应先由受害人证明义务主体与受害行为之间存有因果关系；此外，在归责原则上，仍采取过错责任，故受害人负有证明“安全保障义务人存在过错”的责任，但是鉴于安全保障义务中受害人的弱势地位，以及安全保障义务主体负有积极保护他人的义务，对受害人的证明标准的要求不应过高。在法官形成心证优势时，要调整举证责任的分配，即适当适用举证责任倒置的方式。具体而言：

1. 因果关系的证明。以本案为例，受害人虽没有在事故发生第一时间报警，但是其在几小时后报警，在其提供了报警记录、就医记录、证人证言等大量间接证据的情形下，法官已对本案的事实形成了初步的心证优势。安全保障义务人未在第一时间否认事故发生的事实，也未及时提供监控录像等，故在受害人已提供其他较充分的间接证据的情况下，举证责任分配应转移至安全保障义务人，由安全保障义务人对事故并非发生在其场所内承担举证责任，如安全保障义务人不能提供充分反证，法院应采信受害人提供的证据，即使这些证据均是间接证据，但在没有反证的情况下它们足以构成证据链条。

2. “主观过错”的证明。受害人对安全保障义务人存在疏于履行保障义务的过错举证只要能达到一定的客观认同度就可以了，其中受害人在该场所内受到损害通常是义务人未尽到安全保障义务的情势证据之一，在受害人初步举证后，即推定安全保障义务人有过错，安全保障义务人此时应对自己尽到了相应的安全保障义务承担主观证明责任，即安全保障义务人应就其已尽到与其所从事社会活动相适应的安全保障义务进行反证和抗辩。例如，本案中，如果安全保障义务人能够举证证明其通过警示标志等尽到了足够的提醒义务，且其使用的水上设施已经通过安全使用测试等，则可以判断损害系受害人自身原因所导致，其不能以此要求赔偿。通过举证责任的分配与调整，可以实现过错责任原则的适用与利益平衡的兼顾。

编写人：江苏省无锡市锡山区人民法院　柯菲菲

19

场馆坠物致伤情形下安全保障义务人与监护人责任的划分

——张甲诉江都区小纪镇丰瑞健康生活馆人身损害赔偿案

【案件基本信息】

1. 裁判书字号

江苏省扬州市中级人民法院（2018）苏10民终2901号民事判决书

2. 案由：人身损害赔偿纠纷

3. 当事人

原告（被上诉人）：张甲

被告（上诉人）：江都区小纪镇丰瑞健康生活馆（以下简称丰瑞生活馆）

【基本案情】

张甲的母亲王某原系被告丰瑞生活馆的员工。2017年12月24日上午，张甲与孪生弟弟张乙随其母亲王某至被告处上班，后王某按照丰瑞生活馆负责人林某的指派外出接客户，张甲及其弟弟则留在被告店里玩耍。此后，被告店里的镜子脱落，砸伤了张甲的脚踝，张甲先后被送至小纪中心卫生院、苏北人民医院救治，苏北人民医院诊断张甲伤情为右胫骨骨折，医生建议张甲住院，但张甲母亲考虑到家里还有张乙需要照顾，故拒绝住院。2017年12月27日，张甲进行石膏外固定手术。2018年1月24日，行石膏拆除术，同时医生建议休息三个月，暂不下地行走。2018年3月25日复诊，医生建议休息两个月，2018年3月31日复诊，医生建议观察血运，功能锻炼，可能会导致骨骼生长障碍，随诊。

2017年12月24日张甲受伤当日，张甲父亲张某因张甲的受伤及治疗问题与被告店长林某发生纠纷，后张某将林某打伤，该纠纷经小纪中心派出所处警处理。后因双方对张甲因伤造成的损害赔偿不能达成一致意见，张甲诉至江苏省扬州市江都区人民法院，要求丰瑞生活馆赔偿其各项损失13229元，并承担本案诉讼费用。

【案件焦点】

丰瑞生活馆镜子坠落致无民事行为能力人张甲受伤，作为安全保障义务人的丰瑞生活馆与张甲监护人的责任如何划分。

【法院裁判要旨】

江苏省扬州市江都区人民法院经审理认为：公民的健康权受法律保护。行为人因过错侵害他人民事权益，应当承担侵权责任。被侵权人对损害的发生也有过错的，可以减轻侵权人的责任。本案中，被告作为对公众开放的经营单位，对墙壁上安装的镜子应当采取严格措施确保安全、不脱落，现原告因被告店里的镜子脱落受伤，且原告监护人临时脱离监护责任系为履行被告交办的职务行为，因此被告应当承担相应的侵权责任。众所周知，无论哪个用工主体，都禁止员工在工作时间从事与工作无关的事项，原告母亲在工作时将孩子带至单位本就不妥，带至单位后脱离监管，致孩子意外受伤，亦应承担相应过错责任。原告诉称外出时将孩子托付给被告看管，但原告没有证据予以证明，被告予以否认，依法不予采信；被告辩称镜子安装牢固，不会脱离，该辩称意见亦未提供证据予以证明，且对没有民事行为能力的孩子苛求过高的注意义务，与法律规定及常理不符，亦依法不予采信。综上，根据原、被告各方的过错责任，酌定原、被告双方各负纠纷的30%、70%责任。江都区人民法院经双方当事人举证、质证，依法认定原告的经济损失以上合计9152元。对于原告的上述合法损失，被告应依法赔偿原告损失的70%，即6406元（小数点后取整），其他损失由原告监护人自负。

江苏省扬州市江都区人民法院依照《中华人民共和国民法总则》第三条、第二十四条、第三十四条，《中华人民共和国侵权责任法》第六条、第十六条、第二十六条、第三十七条规定，作出如下判决：

一、被告丰瑞生活馆于本判决生效之日起十日内赔偿原告张甲损失6406元；

二、驳回原告张甲的其他诉讼请求。

二审法院同意一审法院裁判意见。

【法官后语】

本案争议焦点主要在于负有安全保障义务的丰瑞生活馆，在其场馆内物品坠落致无民事行为能力人张甲受伤情形下，与张甲的监护人监护不力情形并存时，就张甲的损害赔偿责任如何划分。这需要对安全保障义务与监护制度的相关法律规定与立法本意进行解读和考量。

首先，安全保障义务源于德国的一般安全注意义务理论，系德国法官从判例中发展而来，是指从事或持续特定危险的经营者，对社会活动的参与者所负有的防范危险发生的特定义务，承担义务的形式包括积极的作为（如采取必要措施防范危险）和消极的不作为，它是基于民法上的诚实信用原则而生的，系经营者的法定义务。对此，《中华人民共和国侵权责任法》第三十七条以及《最高人民法院关于审理人身损害赔偿案件适用法律若干问题的解释》第六条等均有规定。根据这些规定，承担安全保障义务的主体为公共场所的管理人或群众性活动的组织者，如宾馆、商场、车站等。责任形式分为直接责任和补充责任两种，安全保障义务人因自身未尽合理的安保义务致人损害的，承担直接的侵权责任；因第三人原因致人损害的，安全保障义务人在未尽合理安保义务的范围内承担补充责任。

其次，监护是为了保护无民事行为能力人或限制行为能力人的人身和财产权益，同时也是为了交易安全的需要而设立的一项制度。对未成年人而言，监护与亲权不可分离，其监护人一般是父母。未成年人的父母需要承担的监护职责包括保护未成年人的人身免受伤害，保护未成年人的合法财产权益不受侵害，以及教育，抚养，代为诉讼等。此外，《中华人民共和国侵权责任法》第六条规定，行为人因过错侵害他人民事权益，应当承担侵权责任。该法第二十六条规定，被侵权人对损害的发生也有过错的，可以减轻侵权人的责任。这就是所谓的过错责任原则和过错相抵原则，也是安全保障义务人在监护人监护不力情形下责任减轻的依据。

具体到本案中，原告张甲作为无民事行为能力人在被告丰瑞生活馆玩耍时被场馆内的镜子坠落砸伤，作为经营者，丰瑞生活馆未尽安全保障义务，应当承担相应过错责任。原告母亲作为监护人将孩子带至上班地点后外出，其对孩子监护不力，亦应承担相应过错责任。又因监护人脱离监护系因为履行安全保障义务人的工作职责，对此，一审、二审法院认定丰瑞生活馆对原告损失承担70%主要责任、监护人承担30%次要责任，符合侵权损害赔偿的比例原则，也与民法的公平精神相契合，合法、合情、合理。

值得注意的是，对此类问题在审判实践中亦应关注特定情形下临时监护责任的转移以及第三人原因介入致损例外情形的把握。本案中，张甲监护人在案件审理中主张曾将张甲交给丰瑞生活馆工作人员照顾，但未提供证据，丰瑞生活馆主张镜子坠落系张甲哥哥所为，亦未提供证据，故不符合上述例外情形，一审、二审法院结合全案证据及法律规定，才作出上述判决。

编写人：江苏省扬州市江都区人民法院　赵峰

20

儿童单独入园受伤经营者应承担全部赔偿责任

——黄某某诉重庆美心物业管理有限公司健康权案

【案件基本信息】

1. 裁判书字号

重庆市第五中级人民法院（2018）渝05民申312号民事裁定书

2. 案由：健康权纠纷

3. 当事人

原告（被申请人）：黄某某

被告（再审申请人）：重庆美心物业管理有限公司（以下简称美心公司）

【基本案情】

2016年11月13日17时许，黄某某（4岁）跟随其父亲到重庆市南岸区洋人街冒险岛游玩。支付费用后，黄某某进入冒险岛中由美心公司经营的蹦床项目玩耍，后跌倒受伤，经医院诊断为：1. 左侧肱骨髁上粉碎性骨折；2. 左上肢血管神经损伤，住院7天。2017年5月22日，黄某某的亲友委托重庆市南岸区司法鉴定所对其伤残等级、后续医疗费、护理时限和营养时限进行鉴定，鉴定意见为：黄某某左侧肱骨髁上粉碎性骨折，骨骺板粉碎性骨折属四级伤残；后续医疗费约需3000元；护理时限以90日评定；营养时限以90日评定。美心公司申请重新鉴定，一审法院依法委托了重庆法正司法鉴定所进行鉴定，鉴定意见为：黄某某伤残等级属九级；护理时限综合评定以伤后90日为宜；营养时限综合评定以伤后60日为宜。

另查明，美心公司经营的蹦床高度距离地面1米左右，面积2～3平方米，美心公司规定该项目限年龄10岁以下，身高120厘米以下的儿童独自参加，每次最多5人。黄某某进入该游乐项目时4岁，身高1.05米左右，符合上述入园规定，其伤情系在游乐设施蹦床上跌倒所致，并非其自身身体因素或主观故意所致。

黄某某向法院提起诉讼，请求美心公司赔偿医疗费、伤残赔偿金等共计164029.99元。美心公司辩称，黄某某系未成年人，其法定监护人应当承担主要责任。该公司的游园设施已经过合法批准，该公司使用该设施完全遵照生产商的规定。另该公司已进行充分的风险告知，蹦床项目的护栏上有明确的警示，提醒参与游园项目的法定监护人应当照顾好自己的孩子。故该公司不应当承担赔偿责任。

【案件焦点】

美心公司对独自参与游乐项目的黄某某应尽到何种程度的安全保障义务。

【法院裁判要旨】

重庆市南岸区人民法院经审理认为：从事住宿、餐饮、娱乐等经营活动或者其他社会活动的自然人、法人、其他组织，未尽合理限度范围内的安全保障义务致使他人遭受人身损害，应当承担相应赔偿责任。美心公司虽在其经营的蹦床游戏周围张贴了警示，告知了参与者的身高、每次参加的人数、时间等规则，但黄某某在入园时系身高、体重等均符合其规则的儿童，也是在核定人数范围内的游戏参与者之一，黄某某自身并没有过错。而按照美心公司作出的未成年人单独入园的游戏规则，黄某某的父亲当时只能在游戏场地外照看、等候黄某某，已尽到相应的监护职责，亦无过错。美心公司作为该项目的经营者，在明知该项目针对人群为无民事行为能力人的情况下，应预见到无民事行为能力的儿童独自使用蹦床过程中的危险性，而美心公司忽略该危险性作出儿童单独入内的游戏规则，应对独自进入游戏设施的黄某某负有绝对的安全保护职责。本案中，美心公司作为游乐设施的经营者，通过经营游乐设施而获利，理应对符合其制定的游戏规则单独入内游玩的儿童承担相应的赔偿责任，黄某某在正常使用游乐设施的过程中意外受伤，在没有自身身体因素、主观故意或他人因素的情况下，美心公司应当对按照其要求单独入园的黄某某受伤所遭受的损失承担完全的赔偿责任。

重庆市南岸区人民法院依照《中华人民共和国侵权责任法》第三十七条第一款，《最高人民法院关于审理人身损害赔偿案件适用法律若干问题的解释》第十七条第一款、第二款、第十八条、第十九条、第二十一条、第二十二条、第二十三条、第二十四条、第二十五条、第二十六条，《中华人民共和国民事诉讼法》第六十四条第一款规定，判决如下：

一、美心公司于本判决生效之日起十五日内赔偿黄某某医疗费、护理费、住院伙食补助费、交通费、营养费、残疾赔偿金、精神损害抚慰金、鉴定费等各项损失共计159529.99元；

二、驳回黄某某的其他诉讼请求。

美心公司不服，提出再审申请。重庆市第五中级人民法院经审理认为：美心公司称其在游乐设施周围张贴警示的行为，不足以免除美心公司对应其要求单独入园的无民事行为能力人黄某某的安全保障义务，应承担案涉事故的赔偿责任。美心公司的再审申请理由不能成立，应予驳回。

重庆市第五中级人民法院依照《中华人民共和国民事诉讼法》第二百零四条第一款，《最高人民法院关于适用〈中华人民共和国民事诉讼法〉的解释》第三百九十五条第二款规定，裁定如下：

驳回美心公司的再审申请。

【法官后语】

《中华人民共和国侵权责任法》第三十七条第一款规定，宾馆、商场、银行、车站、娱乐场所等公共场所的管理人或者群众性活动的组织者，未尽到安全保障义务，造成他人损害的，应当承担侵权责任。《最高人民法院关于审理人身损害赔偿案件适用法律若干问题的解释》第六条第一款规定，从事住宿、餐饮、娱乐等经营活动或者其他社会活动的自然人、法人、其他组织，未尽合理限度范围内的安全保障义务致使他人遭受人身损害，赔偿权利人请求其承担相应赔偿责任的，人民法院应予支持。根据上述法律规定可以看出，乐园经营者对进入乐园游玩的儿童负有安全保障义务，但经营者的安全保障义务不是无限的，只有经营者未尽合理限度范围内的安全保障义务，才会产生损害赔偿责任。判断安全保障义务的“合理限度”，应当根据安全保障义务人所从事的游乐项目的实际情况和社会生活的一般常识，结合具体情况综合认定。判断的标准一般是，该安全保障义务人的行为是否符合法律、法规、规章或者特定操作规程的要求，是否属于同类社会活动或者一个诚实善良从业者应当达到的通常程度，以及预见危险可能性的大小。

主题游乐园已成为现今社会儿童游玩的主要选择，由于主题游乐园一般具有封闭性的特点，其经营者针对进入乐园游玩的儿童往往会作出一定程度的条件限制，儿童在满足承办方提出的条件进入乐园后，经营者应根据其所设置条件的合理性、使用设施的安全性、秩序管理的充分性等因素承担相应的责任。本案中，案涉游乐项目系以无民事行为能力的儿童为对象的蹦床项目，蹦床项目比一般游乐项目更具有危险性，蹦床项目的经营者应比一般游乐设施的经营者尽到更高、更全面的安全保障义务。事故发生时，黄某某符合上述游乐项目的入园规定，其伤情系在游乐设施蹦床上跌倒所致，并非其自身身体因素或主观故意所致，故黄某某本身并无过错。而根据美心公司自行制定的案涉游乐项目入园规定，黄某某的父亲只能在外等候亦无过错，美心公司作为该蹦床项目的经营者，向所有进入该项目的儿童收取费用，其作为游乐项目的获利方、入园规则的制定方，应对单独入园的黄某某在其游乐项目内摔伤承担全部赔偿责任。

编写人：重庆市第五中级人民法院　陈雯雯

21

公共场所管理者安全保障义务范围及责任比例

——曹某诉上海奉迪娱乐有限公司健康权案

【案件基本信息】

1. 裁判书字号

上海市奉贤区人民法院（2017）沪0120民初15026号民事判决书

2. 案由：健康权纠纷

3. 当事人

原告：曹某

被告：上海奉迪娱乐有限公司（以下简称奉迪公司）

【基本案情】

2016 年 7 月 2 日晚，原告曹某在被告奉迪公司经营的一家 KTV 唱歌。次日凌晨零时许，原告在上卫生间时不慎摔倒，左侧下巴撞到了铁质卫生纸筒边缘，至其面部裂伤。原告在上海知淮数字科技有限公司从事影视制片的职务，每月工资收入 5500 元，其 2016 年 6 月 15 日至 7 月 14 日的工资收入为 3861.32 元。根据鉴定机构出具的司法鉴定意见书，原告因此次受伤需休息 15 天，营养 7 天，护理 7 天。

【案件焦点】

1. 被告奉迪公司作为公共娱乐场所的管理者对于原告的受伤是否存在过错；2. 原告自身对其所受损失是否具有过错；3. 原告的损失如何计算。

【法院裁判要旨】

上海市奉贤区人民法院经审理认为：宾馆、商场、银行、车站、娱乐场所等公共场所的管理人或群众性活动的组织者，未尽到安全保障义务，造成他人损害的，应当承担侵权责任。本案中，被告奉迪公司作为娱乐场所的管理人，应对其所经营的场所包括卫生间负有安全保障义务，根据法院查明的事实，其在卫生间未设置安全警示标志及使用铁质卫生纸筒，对使用其卫生间的人员均造成了潜在的安全隐患，且与原告的受伤或是伤势的扩大存在因果关系，故法院确认被告奉迪公司对原告的受伤负有一定的责任。原告作为正常的具有完全行为能力的人，在使用卫生间时，应该知道卫生间的地面比一般地面更为湿滑，应该更加注意安全，但原告实际上并未尽到谨慎义务，故原告对其受伤也负有一定的责任。综合原、被告双方的责任大小，法院确定被告对原告此次受伤承担 40% 的赔偿责任。

对于原告具体损失中的医疗费，法院根据医疗机构出具的医疗费发票等收款凭证，结合 2016 年 7 月 11 日的门急诊病历等相关证据，确定为 810.80 元。原告虽然未能提供事故当天的门急诊病历，但结合询问笔录等证据，法院确认原告提交的医疗费票据与本案诉争事故具有关联性。误工费，根据原告提供的证据，法院确认其因本次事故造成的误工费损失为 1639 元。营养费，法院按照每天 30 元的标准，参照司法鉴定意见书的期限 7 天，确认金额为 210 元。护理费，法院按照每天 40 元的标准，参照鉴定意见书的期限 7 天，确认金额为 280 元。鉴定费，系原告的实际损失，法院予以支持，金额为 1000 元。至于原告的后续整容费用，可待实际发生后再另行主张权利。综上所述，原告因本次事故造成的损失3939.80元，被告应赔偿原告其中的40%即1575.92元。

依照《中华人民共和国侵权责任法》第六条、第十六条、第二十六条、第三十七条第一款规定，判决如下：

奉迪公司于本判决生效之日起十日内赔偿曹某1575.92元。

宣判后，原、被告均未提起上诉，判决已发生法律效力。

【法官后语】

一、公共管理者安全保障义务与过错认定

《中华人民共和国侵权责任法》第六条第一款规定，“行为人因过错侵害他人民事权益，应当承担侵权责任”；第三十七条第一款规定，“宾馆、商场、银行、车站、娱乐场所等公共场所的管理人或群众性活动的组织者，未尽到安全保障义务，造成他人损害的，应当承担侵权责任”。在侵权纠纷案件中，被告承担赔偿责任的基础是被告的行为（包括作为和不作为）对原告的人身或财产构成了侵权。在过错侵权的场合，被告成立侵权需具备四个条件：被告实施了违法加害行为（作为或不作为）；原告遭受了可救济的损害；加害行为与损害之间具有因果关系以及被告对损害的发生具有过错。就过错侵权的四个构成要件而言，本案的争议主要发生在被告奉迪公司的过错认定上。

过错分为故意和过失。本案中，被告奉迪公司作为公共管理者并无造成原告在厕所内摔伤的故意；而其是否存在过失，则需结合过失的判断标准进行法律评价。对于法律明确规定了行为标准的，违反该法定标准致人损害的，一般可以认定行为人具有过失；对于法律没有明确规定行为标准的，则通常以合理人标准判断行为人有无过失。合理人标准系一种类型化和客观化的标准，需以类似行业、职业或社会成员在此种情形下所能达到的标准为判断依据。对于娱乐公共场所的管理者而言，其负有安全保障义务。此等义务是基于交易安全义务理论，对公共场所管理人或群众性活动的组织者课以的法定作为义务，对所有以正当理由进入公共场所管理人管理范围内（包括与其经营的场所相配套的空间）的人，公共场所的管理人都负有安全保障义务，以保护其人身、财产安全。未尽到安全保障义务的，则违反了作为义务，存在过错，构成不作为侵权，应当承担侵权责任。

就本案纠纷而言，认定被告奉迪公司存在过错便在于被告奉迪公司未尽到安全保障义务。理由有二：其一，娱乐场所的配套设施卫生间同样属于其管理的空间范围，加之卫生间地面湿滑，被告奉迪公司作为专门经营管理娱乐场所的管理人应当知道，但却未在属于其管理的卫生间内设置警示标志；其二，被告奉迪公司在卫生间内使用的铁质卫生纸筒较其他材质的卫生纸筒更为锋利，因而对使用其卫生间的人造成了潜在的安全隐患。据此，可以认定被告奉迪公司作为KTV的管理人，未尽到安全保障义务，存在过错，应当对原告的本次受伤承担赔偿责任。

二、公共场所管理者未尽到安全保障义务的责任比例与受害人过错

受害人对其所受损失是否存在过错将影响着行为人的责任比例。从侵权责任法的立法体系来看，公共场所管理者的安全保障义务受《中华人民共和国侵权责任法》第三十七条的规制，该条位于该法第四章，是关于侵权责任主体的特殊规定。由此，公共场所管理者未尽到安全保障义务构成侵权的，不属于特殊类型的侵权，如受害人同时存在过错的，应适用侵权责任法关于责任减免的一般规定认定公共场所管理者的责任比例，即第二十六条和第二十七条规定。其中，第二十七条规定，损害是因受害人故意造成的，行为人不承担责任；第二十六条规定，被侵权人对损害的发生也有过错的，可以减轻侵权人的责任。

在受害人过错的认定上，应当考虑两个要素：第一，受害人对于损害的发生或者损害结果的扩大具有故意或过失；第二，受害人的过错与损害的发生或者扩大具有因果关系。值得注意的是因受害人的过错而发生或扩大的损害与加害人导致的损害须具有损害的同一性，即行为人的作为或不作为与受害人的过错相结合导致同一损害。如受害人的过错导致的损害与行为人的作为或不作为导致的损害不是同一损害，则属于各自侵权，不适用过失相抵。

三、受害人损失计算的依据与标准

本案中原告的损失主要是医药费、误工费、营养费、护理费、鉴定费，同时原告还提出要求保留后续主张整容费的权利。对于原告的医药费损失，虽然被告提出应当有相应的门急诊病历，该主张通常是为了明确有关的医药费支出与涉讼事故之间存在关联性而提出的，但是考虑到本案中原告并未提供事发当天的就诊记录，法院根据医疗机构出具的医疗费发票等凭证，结合2016年7月11日原告的门急诊病历、询问笔录等，确认了原告提交的医药费票据与本案的诉争事故具有关联性

是合理的。而对于原告的误工费损失，虽然被告主张按照最低工资标准，但法院结合原告提供的工资卡明细和工资证明，以原告实际误工损失确定误工费也是恰当的。

编写人：上海市奉贤区人民法院　毛小利

22

经营者违反公共场所安全保障义务提供瑕疵服务致消费者人身损害的责任认定

——李某诉鲁泰纺织股份有限公司、鲁泰纺织股份有限公司般阳山庄违反安全保障义务责任案

【案件基本信息】

1. 裁判书字号

山东省淄博市中级人民法院（2018）鲁03民终3042号民事判决书

2. 案由：违反安全保障义务责任纠纷

3. 当事人

原告（上诉人）：李某

被告（被上诉人）：鲁泰纺织股份有限公司（以下简称鲁泰纺织）、鲁泰纺织股份有限公司般阳山庄（以下简称般阳山庄）

【基本案情】

2017年7月16日晚上，李某和朋友到般阳山庄经营的游泳池游泳。根据李某提供的录音证据证实：般阳山庄收取了李某20元的费用。20时53分，李某从泳池边的跳台上跳入泳池，头部碰撞池底发生意外，造成李某受伤，随即便被他人救起。李某随后被“120”急救车送入淄矿集团中心医院急诊治疗。李某于2017年7月28日到北京大学第三医院住院治疗，被诊断为：无骨折脱位型颈脊椎损伤、C2/

3、C3/4、C4/5、C5/6、C6/7椎间盘突出、椎管狭窄、腰椎间盘突出、L4/5、L5/S1椎间盘突出。李某出院后，双方对于赔偿事宜协商未果。李某起诉要求般阳山庄赔偿医疗费、误工费、住院伙食补助费、护理费、残疾赔偿金、交通费、鉴定费、被扶养人生活费、惩罚性赔偿等费用共计1112487.84元；鲁泰纺织承担连带赔偿责任。鲁泰纺织、般阳山庄辩称，涉案游泳池系被告对其内部职工使用的游泳场所而不对外经营，双方之间未形成游泳服务合同关系，原告到被告所有的游泳池进行游泳是擅自游泳行为，其产生的涉案损害应由其自行承担；即使本案被告所有的游泳池场所存在瑕疵，那么本案因双方未形成服务合同关系，也仅能适用民法总则的相关规定或者侵权责任法的过错原则，而原告存在主要过错。

【案件焦点】

公共场所经营者违反安全保障义务和提供服务存在缺陷并导致消费者损害的责任承担。

【法院裁判要旨】

山东省淄博市淄川区人民法院经审理认为：李某作为消费者，付费进入般阳山庄经营管理的游泳池游泳，与般阳山庄已形成消费者和经营者的关系，人身安全应得到保障，若经营者未尽到安全保障义务，造成消费者损害的，应承担侵权赔偿责任。般阳山庄开办的游泳池属于酒店的内部体育、休闲设施，但是并非不对外开放经营，般阳山庄辩称只对公司内部职工开放的主张，证据不足，不予认定。开办经营性游泳池实行体育经营许可证制度，经营者的设施和服务应当满足《游泳场所开放条件与技术要求》的要求，并且应取得游泳场馆营业许可证。般阳山庄在未办理经营许可证、未在游泳场馆内配备充足的安全设施和救护人员的情况下，即进行对外营业有过错，应承担相应赔偿责任。李某是具有完全民事行为能力的成年人，在受伤之前从泳池边跳过一次水，应该能够注意到游泳池的深浅。根据《因果关系及参与度鉴定意见书》，李某在本次受伤之前已存在椎管狭窄、颈椎间盘突出症、腰椎间盘突出症，并存在临床症状、体征的情况，李某自身应当认识到从跳台上跳水有可能导致病情加重或病情突然发作的危险，应格外小心谨慎，李某自身缺乏安全意识存在过错，应当减轻被告的赔偿责任。李某跳水受伤与造成病患损伤的参与度为50%，故李某的赔偿数额应按50%计算，再根据双方的过错程度，酌定由被告承担60%的赔偿责任，李某自身承担40%的责任。般阳山庄的赔偿数额应为：367819.28元×50%×60%=110345.78元。般阳山庄作为鲁泰纺织的分支机构，领取了营业执照但不具备法人资格，在般阳山庄不能赔偿的前提下，鲁泰纺织应承担补充赔偿责任。般阳山庄在未取得游泳场馆营业许可证的前提下，向消费者开放不符合国家规定标准和行业要求的室外游泳池，对李某受伤存在过错，应适用《中华人民共和国消费者权益保护法》第五十五条第二款规定承担惩罚性赔偿。结合本案案情，考虑般阳山庄的过错程度，李某自身亦存在过错，酌情确定惩罚性赔偿的数额为30000元。

山东省淄博市淄川区人民法院依照《中华人民共和国民法总则》第一百二十条，《中华人民共和国民法通则》第一百一十九条，《中华人民共和国侵权责任法》第三十七条第一款，《中华人民共和国消费者权益保障法》第十八条、第四十九条、第五十五条第二款，《最高人民法院关于审理人身损害赔偿案件适用法律若干问题的解释》第六条、第十七条、第十八条、第十九条、第二十条、第二十一条、第二十二条、第二十五条，《中华人民共和国民事诉讼法》第六十四条第一款规定，判决如下：

一、般阳山庄赔偿李某110345.78元，鲁泰纺织承担补充赔偿责任；

二、般阳山庄支付李某惩罚性赔偿款30000元，鲁泰纺织承担补充赔偿责任；

三、驳回李某的其他诉讼请求。

李某持原审起诉意见提起上诉。山东省淄博市中级人民法院经审理认为：李某作为成年人，具有完全民事行为能力，对于自己的身体状况以及在一般性的游泳池进行跳水活动存在的风险应当具有清晰的认识。而且李某系第二次跳入水中，应清楚地了解泳池的水深等条件，在没有受过专业训练的情况下，应当对自身安全尽到谨慎注意的义务，但其放任自己的行为，导致发生泳池跳水受伤的事故，李某具有明显过错。李某在泳池跳水的行为本身即属未尽到安全注意义务，且也应当知道其身体状况不宜进行跳水仍予以放任，对损害事故的发生具有过错。一审考虑李某自身状况对损害后果的参与度并因此确定赔偿责任并无不当。般阳山庄未尽到安全管理义务，对于损害的发生具有一定过错，但其在经营中并无主观恶意，也未获取过高收益，而李某自身未尽到安全注意义务是损害发生的主要原因，具有明显过错。一审综合考量了本案事实，酌情确定惩罚性赔偿数额并无不当。

山东省淄博市中级人民法院依照《中华人民共和国民事诉讼法》第一百七十条第一款第一项规定，判决如下：

驳回上诉，维持原判。

【法官后语】

《中华人民共和国侵权责任法》第三十七条第一款规定："宾馆、商场、银行、车站、娱乐场所等公共场所的管理人或者群众性活动的组织者，未尽到安全保障义务，造成他人损害的，应当承担侵权责任。"《最高人民法院关于审理人身损害赔偿案件适用法律若干问题的解释》（本案以下简称《人身损害赔偿解释》）第六条第一款规定："从事住宿、餐饮、娱乐等经营活动或者其他社会活动的自然人、法人、其他组织，未尽合理限度范围内的安全保障义务致使他人遭受人身损害，赔偿权利人请求其承担相应赔偿责任的，人民法院应予支持。"根据上述规定，我国的侵权责任法对住宿、餐饮、娱乐等公共场所的经营活动确立了安全保障义务，其经营者违反该义务的，应依法承担相应的责任。

经营者的安全保障义务的法理基础是社会活动安全注意义务，出于在调整商业活动秩序中设立这种特殊义务的社会经济价值及道德的需要，法律在综合考虑后依据诚实信用及公平原则确立了该种法定义务。审判实践中，审查经营者的安全保障义务，笔者结合本案，认为主要应考察以下几个方面：第一，经营设施符合实体经营标准，即符合国家、行业标准或相应规定，对设施定期予以维护，使公众免受侵害；第二，经营者提供的产品及服务符合保护安全的义务，对经营项目本身具有危险性的，经营者应向公众作出真实的说明和明确的警示；第三，保护公众免受意外侵害的义务，在危险发生后积极采取补救措施，以积极的作为承担经营者应有的保障义务，防止损害扩大。

当然从另外一个角度即消费者权益保护法的角度来看，公共场所经营者与消费者存在消费合同关系，经营者有保证消费者的消费安全的合同附随义务。故对消费者而言，这种公共场所经营者的安全保障义务也可以理解为是其与经营者之间形成的消费合同的附随义务，这种附随义务的内容就是保证消费者在消费过程中的安全。对此，《中华人民共和国消费者权益保护法》第五十五条第二款规定："经营者明知商品或者服务存在缺陷，仍然向消费者提供，造成消费者或者其他受害人死亡或者健康严重损害的，受害人有权要求经营者依照本法第四十九条、第五十一条等法律规定赔偿损失，并有权要求所受损失二倍以下的惩罚性赔偿。”而该法第四十九条和第五十一条分别是对消费者的人身损害物质赔偿和精神损害赔偿的规定。因此，对于此情形下的责任承担，除按普通人身损害进行赔偿外，根据该法第五十五条第二款规定，受害人还有权主张其所受损失二倍以下的惩罚性赔偿。

综上所述，在公共场所经营者违反安全保障义务造成其提供服务存在缺陷并导致消费者损害的情况下，受害人依法既可向经营者主张违反安全保障义务的人身损害赔偿，还可以根据《中华人民共和国消费者权益保护法》第五十五条第二款规定要求惩罚性赔偿。具体到本案中，般阳山庄作为经营主体，李某作为消费者，双方形成了服务合同关系，般阳山庄有保证李某消费安全的合同附随义务。般阳山庄开办经营性的游泳池未按照《游泳场所开放条件与技术要求》取得游泳场馆营业许可证、未在游泳场馆内配备充足的安全设施和救护人员，且未对水深做出明确及明显标识的情况下对外营业，李某作为消费者，交费并进入游泳池游泳，般阳山庄在不具备开业要求的情况下未尽到安全保障义务、未采取必要的措施除去或防止危险，给李某造成人身损害，应当依据其过错程度承担相应的侵权责任，并承担相应的惩罚性赔偿。

编写人：山东省淄博市中级人民法院　荣明潇　朱倩茹

山东省淄博市淄川区人民法院　唐峰

23

路侧收费停车场对停放的车辆受损是否承担侵权责任

——冯某诉北京朝阳停车管理有限公司财产损害赔偿案

【案件基本信息】

1. 裁判书字号

北京市第三中级人民法院（2018）京03民终15238号民事判决书

2. 案由：财产损害赔偿纠纷

3. 当事人

原告（被上诉人）：冯某

被告（上诉人）：北京朝阳停车管理有限公司（以下简称朝阳停车公司）

【基本案情】

2018年4月18日，冯某将自己的一辆路虎牌小客车停放于由朝阳停车公司经营的收费停车场，并缴纳100元停车费。冯某称下午三点开车时，发现车辆前保险杠和前雷达被砸坏，遂报警，朝阳停车公司人员到场，但不予解决。诉讼中，经冯某申请，法院向派出所调取了涉案停车场监控视频，显示车辆前侧确有受损，受损车辆所在停车位前方系德邦物流公司的货车，存在卸货情形，停车管理员确认了受损车辆停车时的车况，并称其发现德邦物流公司的货车停放在受损车辆前方时，曾致电冯某挪车，但冯某对此不予认可。

冯某另称，其曾在附近烟酒店查看该处保存的监控视频，发现受损车辆前的车辆有货物倾斜，但由于受到遮挡，未能看到货物是否砸在受损车辆上。另外，朝阳停车公司与北京市朝阳区人民政府香河园街道办事处签订有《北京市临时占道停车场委托经营协议》，约定朝阳停车公司依法对涉案停车场实施经营管理，建立健全经营管理制度和服务规范，为停车者提供安全、优质、高效的停车服务。冯某认为车辆在收费停车场停放期间受损，且停车场违规让大货车卸货，故要求停车场赔偿修车费14000元、耽误用车的补偿费4000元、车辆折旧费8000元、误工费3000元。朝阳停车公司认为冯某未提供相关证据证明车辆在其处受损及损坏程度的事实，而且朝阳停车公司提供的是占道停车服务，不是保管服务，双方之间仅为路侧临时停车收费关系，根据发改委审批的停车费收费标准，涉案停车位收费标准仅为每小时10元，相对低廉的收费根本无法做到专人专车看守，停车场经营人不应承担较高的注意义务，否则有违公平和权利义务对等原则。

【案件焦点】

路侧收费停车场属于开放性停车场，提供的是占道停车服务。当车辆在停放期间受损且无法查明直接侵权人的情况下，路侧收费停车场是否应当承担侵权责任及承担何种类型的侵权责任。

【法院裁判要旨】

北京市朝阳区人民法院经审理认为：侵权责任法规定公共场所的管理人或者群众性活动的组织者负有安全保障义务。朝阳停车公司经营的停车场是开放性收费停车场，作为停车场的经营管理人，朝阳停车公司收取了停车费，应当为停车者提供安全的停车服务。根据本案的证据可以认定冯某的车辆在朝阳停车公司处停车时发生了损坏，且车辆前侧损坏较为明显。朝阳停车公司在明知冯某停车位前方有大型货车停车及卸货，存在货物砸伤车辆及监管车辆安全存在盲区的情况下，应负有更高的安全保障义务。但现有证据未能充分证明朝阳停车公司确已尽到安全保障义务，故朝阳停车公司应对冯某的合理损失承担部分补充赔偿责任。冯某未能提供证据证明其主张的修车费数额，但涉案车辆受损必然会给冯某造成该部分损失，法院根据本案的实际情况酌情予以确定。冯某主张的其他损失没有提供证据予以证明，法院不予支持。

北京市朝阳区人民法院依照《中华人民共和国侵权责任法》第三十七条规定，作出如下判决：

一、朝阳停车公司于判决生效后七日内给付冯某3000元；

二、驳回冯某的其他诉讼请求。

朝阳停车公司不服一审判决，提起上诉，认为冯某车辆受损系德邦物流公司造成，应由侵权人承担侵权责任。停车管理人员发现前方车辆卸货时已经及时通知了冯某，侵权事件发生后，朝阳停车公司也已通知冯某、通报路段主管、及时报警并配合民警进行现场调查，已经尽到了安全提示义务，对冯某的损害没有过错，不应承担侵权责任。

北京市第三中级人民法院经审理认为：公共场所的管理人或者群众性活动的组织者，未尽到安全保障义务，造成他人损害的，应当承担侵权责任。因第三人的行为造成他人损害的，由第三人承担侵权责任，管理人或者组织者未尽到安全保障义务的，承担相应的补充责任。依据本案查明的事实，冯某的车辆停放在停车场期间受损，朝阳停车公司主张系第三人德邦物流公司的货车在卸货过程中导致冯某车辆受损，但是现场的监控视频存在盲区，不能确定涉案车辆受损的具体责任人。朝阳停车公司虽然称其提供的仅是路侧临时占道停车服务，所收费用比较低，不应负过高的注意义务，但涉案停车场所并非密闭空间，本身存在一定的安全隐患，朝阳停车公司应尽到基本的安全隐患提示义务，应当在第三人侵权时能够提供证据指向具体侵权人，因朝阳停车公司未能尽到上述义务，故朝阳停车公司应当就冯某的损失承担补充赔偿责任，朝阳停车公司关于其没有过错，不应承担责任的主张，法院不予采信。一审法院据此确认的赔偿数额合理，法院予以维持。

北京市第三中级人民法院依照《中华人民共和国民事诉讼法》第一百七十条第一款第一项规定，作出如下判决：

驳回上诉，维持原判。

【法官后语】

近年来，随着我国经济持续稳定健康发展，人民收入水平显著提高，往日的奢侈品私家汽车早已飞入寻常百姓家，给人民的生活带来了极大便利。然而，在一些城市特别是一、二线大城市，随着汽车保有量的大幅提升，市区停车难、停车贵问题越发突出。为了方便人民工作生活、规范停车，很多城市在道路两侧画线开辟路侧停车场，收取停车费用。然而，车主缴纳停车费用后，有时会发生车辆被刮蹭、划伤、损坏等情况，而且车主经常无法查找到直接侵权责任人，此时，车主往往会起诉要求停车场的经营管理人承担合同违约损害赔偿责任或者侵权损害赔偿责任。对于该类案件如何处理，车主和停车场往往各有苦衷。车主往往认为，既然我向停车场缴纳了停车费用，停车场就应当保证停车期间车辆安全，发生损害的，停车场就应当承担损害赔偿责任。停车场的经营管理者则往往认为，我们收取的仅是停车占道费，费用较低，并非车辆看管或者保管费用，不应当承担赔偿责任。

对于该类案件如何处理，笔者认为，应厘清以下两个问题：一是界定停车费性质；二是定性停车场负有的法律义务。

1. 路侧停车费性质上应为占道使用费，不应认定具有保管性质。路侧道路属于社会公共资源，政府为了方便车主停车、维护良好的社会生活秩序，将一部分道路两侧开辟为停车场，并收取部分费用，该类收费系因占用道路公共资源而支出的费用，性质上应为占道使用费。而且，该类收费的标准由国家相关部门统一批准审定，经营企业没有自主定价权，收费的标准相对较低，与车辆价值无关，不符合保管合同的本质特征，如果认定停车场承担保管人应尽的保管义务显然有违等价有偿、权利义务相对等的基本原则。此外，今后路侧收费停车场的发展趋势是实行电子收费，不再设立专门的收费人员，停车场更难以承担看管义务。故笔者认为，难以认定路侧收费停车场的经营管理者承担类似保管合同中保管人承担的保管义务。

2. 路侧收费停车场应承担一定的提示、维护秩序的安全保障义务。根据《中华人民共和国侵权责任法》第三十七条规定，安全保障义务是指从事住宿、餐饮、娱乐等经营活动或其他社会活动的自然人、法人、其他经济组织对进入该经营场所或社会场所的消费者、活动参与者，负有人身、财产安全的保障义务。从主体上看，路侧收费停车场属于开放性停车场，是固定路段的公共场所，其经营管理者完全符合上述法律规定的义务主体资格。而且，根据停车场与相关政府单位签订的《北京市临时占道停车场委托经营协议》，停车场经营管理者依法对停车场实施经营管理，建立健全经营管理制度和服务规范，为停车者提供安全、优质、高效的停车服务。虽然该类义务不宜扩大解释为保管人应承担的保管义务，但笔者认为，路侧收费停车场应承担一定的提示、维护秩序的安全保障义务。特别是本案中，涉案停车场存在大货车卸货的情形，对停车场的安全秩序有较大影响，停车场管理者更应尽到基本的安全隐患提示义务，并采取适当措施维护停车场安全秩序，否则应承担适当的补充赔偿责任。

编写人：北京市朝阳区人民法院　王有成

24

履行安全保障义务存在不足应承担相应赔偿责任

——刘某诉厦门浅深酒店管理有限公司违反安全保障义务责任案

【案件基本信息】

1. 裁判书字号

福建省厦门市中级人民法院（2018）闽02民终4183号民事判决书

2. 案由：违反安全保障义务责任纠纷

3. 当事人

原告（上诉人）：刘某

被告（被上诉人）：厦门浅深酒店管理有限公司（以下简称浅深公司）

【基本案情】

2017年2月14日，刘某之父刘某某（1963年12月6日出生）进入浅深公司的经营场所消费。16时左右，刘某某在泡澡池泡澡时，整个人滑入水池中，之后与刘某某相邻的客人叶某某发现异样，呼叫浅深公司服务员将刘某某从水池中救起，浅深公司服务员随即对刘某某进行急救，并呼叫“120”。“120”急救人员到达后，发现刘某某已无自主呼吸、自主心跳，即予心肺复苏术并急送医院。16时34分，刘某某被送至医院，经抢救无效于17时19分宣告死亡，死亡原因为呼吸心跳骤停。

据叶某某（现场目击者，事发时其泡澡位置与刘某某相邻）陈述，其和刘某某泡澡的位置相邻，其看到刘某某慢慢滑入水池中，刚开始以为刘某某在潜水，不是很在意，过了一分钟之后，其开始觉得奇怪，刘某某还没有上来。他用脚踢了刘某某两下，刘某某没有反应，其赶紧呼叫服务员，服务员将刘某某救起后，对刘某某实施了急救。

据舒某某（现场目击者，事发时其泡澡位置在刘某某对面）、詹某某（现场目击者，事发时其坐在泡澡池旁边的椅子上休息）陈述，事发时，其二人并未发现泡澡池中有何异样。

据浅深公司的现场服务员林某某（浅深公司的泡澡池负责人）、邱某某（浅深公司的男宾更衣部主管）陈述，其二人事发时在泡澡池周围为客人提供服务，并未发现泡澡池中有何异样。

刘某系刘某某的女儿。刘某于本案审理中陈述刘某某与其前妻离婚后没有再婚，除刘某外，刘某某没有其他子女，刘某某的父母均已先于其死亡。

浅深公司经厦门市公安局许可，经营范围包括留宿洗浴按摩。事发泡澡池水深1米左右，水池入口处标注“温馨提示”，提示内容为“水温39℃±1℃，高血压、心脏病、皮肤病、酒醉者禁止入内”。

刘某认为浅深公司所经营的会所作为消费场所，在事故发生时未履行安全保障义务，未及时实施救助，导致错过抢救的黄金时间，其应当承担未能及时采取救助和处置措施的责任，故刘某诉请浅深公司赔偿损失1069688元。浅深公司辩称，刘某之父刘某某在深度仅1米的泡澡池内泡澡期间，因其自身健康原因而呼吸心跳骤停猝死，经公安机关法医鉴定，刘某某死亡原因排除他杀及溺水所致，浅深公司对刘某某的死亡没有责任，请驳回刘某的诉讼请求。

【案件焦点】

在刘某某的意外身亡过程中，浅深公司是否尽到了合理的安全保障义务。

【法院裁判要旨】

福建省厦门市思明区人民法院经审理认为：事发泡澡池系浅深公司经营的公共场所，浅深公司作为经营者和公共场所的管理人，应在合理限度范围内对消费者的人身和财产尽到安全保障义务。

回顾本次事件的发生和处置过程，浅深公司已在泡澡池入口设置“温馨提示”，并在有人呼救后，第一时间对刘某某进行施救，而从刘某某滑入水池到有人呼救，时间间隔仅一分钟左右，从事件发生到将刘某某送至医院，时间间隔也仅半小时左右，故应认定浅深公司对刘某某基本尽到了事发前提示、事发后及时施救的安全保障义务。但是，浅深公司在履行安全保障义务方面也存在一定的不足：一是事发地点泡澡池水深1米，水温39℃ ±1℃，不适合潜水，浅深公司应对潜水的消费者给予更多关注和提醒，但从在案证据来看，浅深公司的现场服务员并未对疑似潜水的刘某某给予任何关注和提醒；二是浅深公司虽有在泡澡池入口设置“温馨提示”，但该提示并不醒目，且未有证据显示除泡澡池入口处的“温馨提示”外，浅深公司有对消费者进行过口头或其他书面提示。

刘某某在泡澡过程中，未表现出任何异常，在滑入水池后，也未挣扎、呼救，且刘某某作为完全民事行为能力人，应对其身体状态和承受能力进行合理的预判，而正常成年人也不可能在水深仅1米的水池中溺水。本次事件发生极快，从刘某某滑入水池到有人呼救仅一分钟左右，从事件发生到将刘某某送至医院仅半小时左右，而从事件发生到宣告刘某某死亡仅一小时左右，因此刘某某因其自身原因导致死亡的可能性极大。

综合考虑本次事件的发生情况、刘某某的自身原因和浅深公司履行安全保障义务的不足，法院认定浅深公司应承担10%的赔偿责任。刘某主张其因刘某某死亡造成的损失包括丧葬费34608元、死亡赔偿金925080元、精神损害抚慰金100000元，其中丧葬费、死亡赔偿金符合法律规定，法院予以确认，但精神损害抚慰金过高，法院根据浅深公司的过错程度酌定为5000元。据此，浅深公司应按责任比例向刘某赔偿100968.8元。超出部分，法院不予支持。

福建省厦门市思明区人民法院依照《中华人民共和国侵权责任法》第十六条、第三十七条第一款规定，作出如下判决：

一、被告浅深公司于本判决生效之日起七日内赔偿原告刘某100968.8元；

二、驳回原告刘某的其他诉讼请求。

二审法院同意一审法院裁判意见。

【法官后语】

宾馆、商场、银行、车站、娱乐场所等公共场所的管理人或者群众性活动的组织者，未尽到安全保障义务，造成他人损害的，应当承担侵权责任。判断公共场所管理人是否尽到合理限度范围内的安全保障义务，需要借助法律法规规定的注意义务和理性人的审慎管理义务作为判断标准，通常以公共场所管理人是否尽到了同类情形下通行的注意义务作为衡量尺度，如是否达到了主管机关所要求的安全保护标准，在执行这些标准时是否存在疏忽、纰漏，在发生损害时的处置措施是否妥当等。

休闲会所作为公共场所的经营者和管理人，应当采取切实、有效的安全保障措施，认真履行最谨慎之注意义务，在能力所及范围内最大限度地保障消费者的人身和财产安全。就泡澡这一休闲项目而言，休闲会所履行合理限度范围内的安全保障义务主要包括两个方面：一是对潜在危险的预防义务，休闲会所应当采取必要措施防止对消费者人身和财产损害的发生，保证其提供服务场所、设施、设备的安全性，提供服务的人员具有特定的施救技能，在醒目的位置设置警示牌，对进店的消费者就泡澡注意事项进行特别的告知、说明和提醒，同时对消费者的消费过程给予更多的关注，及时发现并消除安全隐患。二是对突发事件的应急处理义务，休闲会所对于突发事件，应当有应急处理预案，第一时间对发生危险的消费者进行有效施救，即必须施救时间及时且施救方法得当。

当今社会，安全保障义务充斥于社会生活的方方面面，个体在享受公共服务的同时，也受到安全保障义务的保护。当然，安全保障义务的具体内容和合理限度的边界因案而异，需具体问题具体分析，既不能过于严苛而过分加重公共场所管理人的安全保障义务，限制了公共场所管理人的活力，也不能过于宽松而导致对受害人的保护力度不够，使安全保障义务的法律效果大打折扣。

编写人：福建省厦门市思明区人民法院　朱晨

25

违反公共安全保障义务的甄别

——王某、陈某诉重庆市北碚区歇马镇人民政府等违反安全保障义务责任案

【案件基本信息】

1. 裁判书字号

重庆市第一中级人民法院（2018）渝01民申65号民事裁定书

2. 案由：违反安全保障义务责任纠纷

3. 当事人

原告（再审申请人）：王某、陈某

被告（被申请人）：重庆市北碚区歇马镇人民政府（以下简称歇马镇政府）、重庆甘家桥生态农业开发有限公司（以下简称甘家桥公司）

被告：胡甲、胡乙

【基本案情】

2015年8月3日14时许，王甲与其表弟王乙共同来到甘家桥水库钓鱼，约1小时后，王甲称“有点热”，便到距离钓鱼位置五六米的水库边泡脚，并将脱掉的衣服与手机放置在旁边的石头上。约几分钟后，王甲掉入水中。王乙发现王甲消失后立即找到正在同一水库游泳的付某等人施救，但因溺水时间较长而未成功。王乙遂

向公安机关报警，同日，王甲的尸体被打捞上岸，公安机关确认王甲已溺水死亡。

王甲系王某与陈某于1998年8月10日所生之子。甘家桥公司系1985年7月2日成立的有限责任公司，胡甲系该公司法定代表人。甘家桥水库由甘家桥公司经营管理，对外开展收费钓鱼业务。甘家桥水库平日由胡乙及孙某照看管理。事故发生前，胡乙及孙某在休息。王甲与王乙进入甘家桥水库时未告知胡乙与孙某，也未交钓鱼费。该水库设立有“水深危险，严禁游泳，后果自负”的警示牌。

原告认为，被告未能尽到安全保障义务，要求法院判令被告连带赔偿原告死亡赔偿金、丧葬费、交通费、办理丧葬事宜误工损失、精神抚慰金等费用。

【案件焦点】

甘家桥公司是否尽到了合理的安全保障义务。

【法院裁判要旨】

重庆市北碚区人民法院经审理认为：宾馆、商场、银行、车站、娱乐场所等公共场所的管理人或者群众性活动的组织者，未尽到安全保障义务，造成他人损害的，应当承担侵权责任。甘家桥水库系接纳不特定人群的经营场所，王甲在该经营场所内死亡，若甘家桥水库的管理人未尽到安全保障义务，则应当对王甲的死亡承担侵权责任。甘家桥水库的管理人系甘家桥公司，该公司系独立的法人企业。原告无证据证明其余被告同时系甘家桥水库的管理人，故胡甲、胡乙、歇马镇政府并非本案的责任承担主体，原告对该三名被告的诉讼请求应予以驳回。

对于甘家桥公司的责任认定，结合案情具体分析如下：

1. 甘家桥公司尽到了合理的危险告知义务

虽然王甲进入水库的目的系钓鱼，但其系因脱掉衣服将身体浸入水中戏水而溺亡，甘家桥公司在水库周围设立有警示牌，内容清晰明了，王甲作为有相应辨识能力的人，完全理解警示牌所载明的内容，故甘家桥公司已尽到了合理的危险告知义务。原告陈述王甲未能看到警示牌，但未举证加以证明，应承担举证不能的法律后果。

2. 甘家桥公司存在管理疏忽的过错

王甲与王乙可以随意进入水库，事故发生前后水库并未有人巡查，具体管理人胡乙与孙某在长达一两个小时的时间内未发现王甲与王乙进入水库，也未对王甲与王乙进行盘问和劝阻，更谈不上王甲落水后提供及时、有效的救助措施。因此，原告提供的证据足以证明甘家桥公司管理疏忽，与王甲的死亡有一定的间接因果关系。法院酌情认定甘家桥公司应对王甲的损失承担10%的赔偿责任。

重庆市北碚区人民法院依照《中华人民共和国侵权责任法》第二十二条、第三十七条第一款，《最高人民法院关于审理人身损害赔偿案件适用法律若干问题的解释》第二十一条、第二十二条、第二十七条、第二十九条，《中华人民共和国民事诉讼法》第六十四条、第一百四十四条规定，作出如下判决：

一、甘家桥公司于本判决生效之日起十日内赔偿王某、陈某精神抚慰金、死亡赔偿金等各项损失共计26668.75元；

二、驳回王某、陈某对胡甲、胡乙、歇马镇政府的诉讼请求及对甘家桥公司的其他诉讼请求。

王某、陈某不服一审判决，提出再审申请。重庆市第一中级人民法院经审理认为：关于歇马镇政府是否系本案责任主体的问题，经查，甘家桥公司是由重庆市北碚区畜牧场改制而来，系独立的法人企业，胡甲系该公司的法定代表人。甘家桥水库由甘家桥公司经营管理，对外开展收费钓鱼业务。该事实有经原审庭审质证的工商档案、土地证附图、企业法人营业执照等证据证实，且王某、陈某在原审及申请再审期间均未提供甘家桥水库的主管部门系歇马镇政府的证据，因此歇马镇政府并非本案的责任承担主体。故王某、陈某该申请再审的理由不能成立。

关于原审判决甘家桥公司承担10%的赔偿责任是否合理的问题，经查，王甲系未成年人，王某、陈某作为王甲的父母未尽到对王甲的监护责任是造成王甲死亡的主要、直接原因。甘家桥水库系接纳不特定人群的经营场所，且在水库周围设立有“水深危险，严禁游泳，后果自负”的警示牌，王甲作为高二的学生完全能理解警示牌所载明的内容。虽然甘家桥公司已尽到了合理的危险告知义务，但原审法院根据王某、陈某提供的证据认定甘家桥公司对水库的管理存在疏忽，与王甲的死亡有一定的间接因果关系，酌情判决甘家桥公司承担10%的赔偿责任并无不当。故王某、陈某该申请再审的理由亦不能成立。

重庆市第一中级人民法院依照《中华人民共和国民事诉讼法》第二百零四条第一款，《最高人民法院关于适用〈中华人民共和国民事诉讼法〉的解释》第三百九十五条第二款规定，裁定如下：

驳回王某、陈某的再审申请。

【法官后语】

根据《中华人民共和国侵权责任法》第三十七条及《最高人民法院关于审理人身损害赔偿案件适用法律若干问题的解释》第六条规定，安全保障义务是指宾馆、商场、银行、车站、娱乐场所等公共场所的管理人或者群众性活动的组织者，在合理限度的范围内，应尽到使他人免受人身及财产损害的义务。因第三人的行为造成他人损害的，由第三人承担侵权责任；安全保障义务人有过错的，未尽到安全保障义务的，应当在其能够防止或制止损害的范围内承担相应的补充责任。水库、湖泊、游泳池等场所主要以其周围的预防警示标志、安保设施和巡逻人员保护进出人员的安全，如果水库、湖泊、游泳池等场所经营者或管理者未对进出人员和场内设施、安保进行合理的检查和管理，由此导致进出人员在未得到合理保护的情况下遭受侵权损害，则应认定此类经营场所作为公共场所的管理者或组织者未尽到安全保障义务，应当对受害人的损失承担相应的侵权责任。

据此可知，安全保障义务的主体是从事社会活动的特定场所的所有者、经营者以及其他进入该场所的具有社会安全保障义务的人；安全保障义务人对该场所应具有事实上的控制力。而综合分析可以发现，目前我国的法律、法规尚未明确公共场所管理人概念的内涵和外延，但根据法理角度而言，公共场所管理人应是对公共场所有实际控制力或者负有法定的安全保障义务的自然人、法人或者其他组织，包括公共场所的所有者、经营者、承包经营者等。而对公共场所管理人的安全保障的义务内容认定，又可分为两个方面：

一、无第三人侵害时，公共场所管理人负有设备设施方面的安全保障义务，包括管理场所本身、消防方面达到安全标准；公共场所内的配套服务、设备设施、服务管理方面的安全保障义务，包括：第一，应当配备足够的安保人员；第二，必要的警示和协助义务，包括设置安全警示牌，如在水库边设置“禁止下水洗澡、游泳”“小心护栏”等；第三，消除内部的安全隐患，如水库定期检修护栏、船、救生衣等设施设备。

二、有第三人侵害时，公共场所应当采取措施，防止第三人的不当、违法行为甚至犯罪对其场所内人员可能造成的损害。若损害已发生，又负有及时采取措施防止损害扩大的义务。如公共场所经营者已采取相应的安保义务，则对被害人或被侵权人的损害不承担责任，反之则应承担与之过错相应的补充责任。

编写人：重庆市第一中级人民法院　覃书云

26

未成年人安保义务应作合理性判断

——马某某诉北京海帆动力教育科技有限公司侵权责任案

【案件基本信息】

1. 裁判书字号

北京市朝阳区人民法院（2018）京0105民初96179号民事判决书

2. 案由：侵权责任纠纷

3. 当事人

原告：马某某

被告：北京海帆动力教育科技有限公司（以下简称海帆公司）

【基本案情】

2018年9月1日上午9点，马某某的父亲携马某某与保姆到海帆公司经营的儿童游泳俱乐部的经营场所参加亲子游泳体验课程，海帆公司收取课程体验费168元。海帆公司经营场所前台区域内设置了一圈环形蓝色软包凳子。上午11时10分，马某某在凳子外侧走路时摔倒，头部磕到凳子上，当时保姆位于马某某身旁。

事发后，马某某的父亲带马某某到北京大学第一医院就诊，经诊断系头外伤，行清创缝合并口服抗生素，医嘱建议如头晕、呕吐、嗜睡应及时就诊，再观察。马某某目前已经痊愈。

庭审中，马某某就各项诉讼请求分别予以明确：1. 医疗费437.65元系就医支出。2. 营养费850元，马某某表示按照日50元标准主张治疗过程17日。3. 护理费16146.21元，马某某表示医嘱建议前三日随时观察，由马某某的父亲看护马某某周六、周日及周一共计三天，按照马某某的父亲税前工资每小时224.2529元计算72小时。4. 精神损失费参照护理费主张，按事发前三日计算。5. 误工费9867.126元，马某某表示日常由保姆照料，马某某的父亲看护三日后正常上班，但需要对马某某格外特殊照顾，以马某某的父亲每小时224.2529元为标准按照每日两小时主张14日。另，就此事双方沟通四次，每次请假3小时，合计12小时，因办理起诉事宜误工4小时，均予以主张。6. 交通费229.5元系就医治疗及交涉沟通的交通支出。

【案件焦点】

1. 海帆公司是否尽到安全保障义务；2. 马某某监护人对于损害发生是否存在过错；3. 马某某主张损失数额是否合理合法。

【法院裁判要旨】

北京市朝阳区人民法院经审理认为：马某某与海帆公司就亲子游泳课程培训达成合意，课程结束后，双方之间教育培训合同已经履行完毕，马某某亦由监护人马某某的父亲看护，不应以是否尽到教育、管理职责推定被告之过错行为。经查明事实可知，马某某于海帆公司培训场所内摔倒，头部碰触到场地内摆放的环形软包凳子上受伤。海帆公司作为亲子游泳培训机构，面对群体多数为幼童，应当有工作人员在人员流动频繁的前厅维持秩序并对相关设施予以提示，尤其是在课程结束人数较多情形下，应采取相应疏导措施避免意外发生。但海帆公司未能尽到安全保障义务，其应就马某某摔伤负担相应责任。另，事发时，马某某已由监护人或监护人指定看管人照看。马某某尚年幼，看护人应当对于马某某行走能力及风险有所判断及预知，尤其是在人员密集且场地陌生之环境下，看护人更应加强注意义务及保护意识，避免意外发生。但监护人未能尽到监护责任，亦应就马某某摔伤负担相应责任。综合考虑上述情况，酌情判决海帆公司对于马某某摔伤所致损失承担50%的赔偿责任。

就各项损失，医疗费应以自付费用确定实际损失。关于营养费，马某某年幼且伤及脑部，其主张加强营养理由正当，且数额未超过合理范围，予以支持。关于护理费，马某某的父亲未因护理行为发生误工损失，以马某某的父亲收入标准主张护理费于法无据，考虑马某某伤情结合医嘱酌情确定三日护理期，参照护工从事同等级别护理的劳动报酬为标准核算护理费用。关于精神损失费，马某某经诊断系脑外伤，其伤情未达伤残，对于精神损失费难以支持。关于误工费，马某某年龄尚幼，不存在工资收入及误工损失；马某某的父亲所述误工情节亦未发生实际损失，对此不予支持。关于交通费，结合马某某就医复查情况及交涉过程酌情判处。

北京市朝阳区人民法院依据《中华人民共和国侵权责任法》第二十六条、第三十七条规定，判决如下：

一、海帆公司于本判决生效之日起七日内赔偿马某某医疗费139元、营养费425元、护理费300元、交通费100元；

二、驳回马某某的其他诉讼请求。

【法官后语】

伴随学龄前儿童教育市场需求的扩增，越来越多的培训机构应运而生。学龄前儿童认知能力较弱，尚处于无民事行为能力阶段，在健全规范商业运行模式的同时需要强化防护在先的法律意识、构建安全的环境氛围。安全保障义务将负有管理义务的主体消极不作为设立为一种特殊的侵权形式，作为传统侵权行为的有益补充，体现了社会安全功能及正义分配功能。

本案例具有一定的典型性和特殊性，同时涉及教育机构对未成年人的安保义务与公共场所管理人安保义务的交叉与融合，上述两项安保义务存在较为明显的不同。一则是公共场所管理人或者群众性活动组织者，包括但不限于宾馆、商场、银行、车站、娱乐场所等公共场所或者体育性活动、竞技类比赛等群体性活动中负有管理义务和责任的主体；二则是为未成年人提供学习培训的教育机构，包括但不限于公立具有法定培训义务的幼儿园、学校及各类以营利为目的的民营性质的培训机构。两者相较，教育培训机构针对的受众群体仅限定为无民事行为能力人，而公共场所管理人则面对各类多样群体。由此决定两者虽同为安保义务，但义务程度及安保责任存在差异。教育培训机构以专业性为基础，所负安保义务重于公共场所管理者，且以过错推定判定责任承担，公共场所管理者的安保义务则依然适用过错责任。举证责任的评判更多体现在司法实践中，举证责任的分配往往直接决定最终的结果。本案的处理首先需要甄别法律关系并确定法律适用。马某某在海帆公司处接受亲子游泳培训课程，自课程开始至课程结束期间在场所内按照海帆公司的指示和规则学习游泳，海帆公司作为教育培训机构负有安保义务。游泳课程结束后，马某某回归至其监护人控制范围内，活动不再受到海帆公司任何影响和约束，此时海帆公司作为公共场所管理人负有安保义务。而马某某摔倒发生在培训结束后，故案件适用公共场所管理人的安保义务。

公共场所管理人的安保义务以其独特的公平价值起到了利益平衡的作用，但过分苛求管理者的安保义务则有碍经营秩序的良性运转，故安保义务合理性的标准和判断显得尤为重要。承担安保义务应当有时间限制，在经营场所营业期间或者社会活动进行期间，即合理期间。安保义务的合理限度应当在不强加给管理人过多义务的前提下，最大限度地保护群体人身及财产安全，充分考虑是否履行了适当的检查、告知、提示及保护等义务，是否在危害发生后采取了必要的救济措施，同时还要考量采取防控措施和救济措施的困难性和可行性。鉴于公共场所和群体性活动的类别众多、情形各异，对于安保义务的理解应当结合具体行业情况在司法实践中予以判断。本案中，海帆公司作为亲子游泳培训机构，面对群体多数为未成年人，对于未成年人的行为能力及风险隐患应当有所预警和判断。在成年人与未成年人混同活动区域应当充分考虑室内设施的材质和摆放，在节假日或者课程结束后人员流动密集时段进行人员分流及疏导，设置专人负责临时性陪护、看管未成年人，这些措施及方式应属合理限度内的注意义务。海帆公司未尽到上述安保义务，应当承担相应的赔偿责任。

安全保障义务的适用范围广、类别多，往往需要法官进行独立判断，在保障社会群体人身财产安全的同时兼顾管理者和组织者的防控能力及经营风险，以利益平衡为原则，实现法律效果和社会效果的统一。

编写人：北京市朝阳区人民法院　孙琪

27

物业服务企业安全保障义务的认定

——姜某诉北京和泓物业服务有限公司侵权责任案

【案件基本信息】

1. 裁判书字号

北京市石景山区人民法院（2018）京0107民初2259号民事判决书

2. 案由：侵权责任纠纷

3. 当事人

原告：姜某

被告：北京和泓物业服务有限公司

【基本案情】

被告为北京市石景山区西现代城小区的物业管理单位，服务期限为2016年5月21日至2019年5月20日。原告曾系西现代城小区租户，后搬离该小区，租住期间其与西现代城小区前物业服务公司北京大邦物业管理有限公司签订过《西现代城小区停车位管理协议》，租赁小区车位，租赁期限为2013年9月1日至2014年8月31日。2016年7月27日下午，原告发现停在该小区车位上的车右前车胎被人扎破，随即报警，警方去物业监控室调取监控录像时发现事发车位为视频盲区，致使该案未侦破，原告遂向物业公司索要赔偿。被告认为没有和原告签委托协议，也没有收原告临停费，小区监控不可能全部覆盖，因此不同意进行赔偿。

庭审中，原告称租赁期限到期后其通过挂靠西现代城小区其他业主的方式继续使用该车位，并称搬离该小区前其一直向北京大邦物业管理有限公司缴纳该车位使用费。经释明，原告未能提供其向北京大邦物业管理有限公司缴纳该车位使用费的相关证据。

【案件焦点】

物业服务企业对原告案涉车辆是否负有安全保障义务及保障义务程度，是否应赔偿原告相应轮胎损失。

【法院裁判要旨】

北京市石景山区人民法院经审理认为：侵害民事权益，应当承担侵权责任。构成一般侵权责任，需要违法行为、损害后果、因果关系及行为人过错同时具备。当事人对自己提出的诉讼请求所依据的事实或者反驳对方诉讼请求所依据的事实，应当提供证据加以证明，但法律另有规定的除外，在作出判决前，当事人未能提供证据或者证据不足以证明其事实主张的，由负有举证证明责任的当事人承担不利的后果。

本案中，被告是否应当赔偿原告相应轮胎损失，需考量被告是否为原告相应轮胎损失的肇事人、被告是否负有对原告案涉车辆安全保障义务及保障义务程度。结合本案查明事实，法院认为被告对原告相应轮胎损失无赔偿义务，理由如下：第一，原告提供的证据不足以证实被告系其相应轮胎损失的肇事人，被告对该损失不应承担直接侵权责任；第二，原告非西现代城小区业主，其与被告不存在物业服务关系，原告未提供证据证实其在案涉轮胎被扎期间缴纳过相应车位使用费，即便其提供该相应证据，其缴纳对象亦非被告，被告提供的收据亦能显示案涉轮胎被扎期间西现代城小区车位使用费的收取主体非被告，在被告与原告既不存在物业服务关系，被告亦未收取过原告相应车位使用费的前提下，对被告针对案涉车辆的相应安全保障义务不应要求过于苛刻，故被告对原告案涉车辆不负有相应安全保障义务，对原告相应轮胎损失亦不应承担基于安全保障义务方面的赔偿责任。

北京市石景山区人民法院依照《中华人民共和国侵权责任法》第二条，《最高人民法院关于适用〈中华人民共和国民事诉讼法〉的解释》第九十条规定，作出如下判决：

驳回姜某全部诉讼请求。

【法官后语】

我国司法实务中常有人身或财产安全在小区内受到侵害的案件，此亦是物业类纠纷中常见的抗辩事由，虽然我国侵权责任法及相关司法解释对安全保障义务的适用范围、责任承担等进行了明确，但其中并未涉及物业管理区域。鉴于此问题和人们生活息息相关，笔者结合本案对物业服务企业应否承担安全保障义务及保障义务的归责原则、适用限度等问题进行分析。

从我国目前的物业管理实践及司法实践来看，物业服务企业对小区业主的人身和财产安全负有安全保障义务。《物业管理条例》第二条、第四十六条、第四十七条规定均对物业服务企业安全保障义务的范围和基本内容进行了明确。物业服务企业负有防止不因自己的行为而直接使业主的人身或财产受到侵害的义务，亦负有防止业主遭受第三人侵害的安全保障义务。具体而言，物业服务企业应当协助做好物业管理区域内的安全防范工作，包括执行门卫值班制度、实施保安巡逻、检查进出小区车辆、对房屋及配套设施进行维修维护、防范并制止危害小区公共安全秩序的行为等。我国现行立法中，安全保障义务为侵权责任法中明确规定的义务，主要源于法律的规定，但在理论及司法实践中，其亦可因契约产生，甚至可依据经营的实际情况和社会生活的一般常识，但最终表现为一种法律上的负担。[①] 当业主人身或财产遭受损害，其既可以基于合同向物业服务企业主张违约责任，也可以向第三人主张侵权责任并基于法律规定要求物业服务企业承担补充责任。

因权利救济途径不同，安全保障义务的归责原则亦有所区别。若业主基于合同约定主张物业服务企业承担违约责任，原则上应适用严格责任，即业主只要举证证明物业服务企业的行为不符合合同约定即可。司法实践中常遇到的情况为第二种，即业主权利遭受第三人侵害，业主以物业公司未尽到安全保障义务提起侵权之诉。此种情形下应适用过错责任原则，举证责任应由受害人承担，即业主应举证证明物业公司主观上存在过错。

法律上设定安全保障义务主张考虑到经营管理人或组织者在特定范围内比一般人具有更高的控制力、预见并降低危险的能力更强，但安全隐患的防止与注意义务并不能完全由安全保障义务人承担，而应由保障义务人和被保障人分担，因此安全保障义务应限制在合理的限度之内。通常来说，判断物业服务企业是否尽到了安全保障义务，一般要审查其行为是否符合法律或合同要求、是否符合行业一般规范、是否尽到了一个善良管理人应尽的注意义务。除此之外，还要综合考虑物业服务企业的受益情况、风险控制能力、物业费收取标准、采取防范措施的成本与遭受损失的比例、受保护对象自身情况、对危险源可预见能力等多方面因素。

具体到本案而言，根据已查明的事实，原告并非案涉小区业主，其亦未提交证据证明案涉轮胎被扎期间向被告缴纳过相应车位使用费，此种情况下，若要求物业公司对原告的损失承担安全保障义务，则属明显加重物业公司责任，扩大其承担义务的范围。本案案涉轮胎被扎系案外第三人侵权所致，在物业公司没有过错的情况下，原告应向侵权人主张权利，其要求物业公司承担赔偿责任没有依据。

编写人：北京市石景山区人民法院　张云　贾艳杰

---

① 张铮、冯海：《从事经营活动的营利性组织应尽安全保障义务，因其过错造成损害的应承担相应的损害赔偿责任》，载《人民司法》2016年第17期。

28

超越医院资质范围的医疗行为是否属于职务行为的认定

——徐甲等诉泰州市姜堰区××卫生院医疗损害责任案

【案件基本信息】

1. 裁判书字号

江苏省泰州市中级人民法院（2018）苏12民终968号民事判决书

2. 案由：医疗损害责任纠纷

3. 当事人

原告（上诉人）：徐甲、徐乙、王乙、朱某

被告（上诉人）：泰州市姜堰区××卫生院（以下简称××卫生院）

【基本案情】

2013年5月13日，受害人王甲经姜堰区溱潼医院诊断为怀孕16周。后受害人王甲欲做引产，因通过正规途径引产需要开相关证明，其家人私下请托××卫生院妇科主任桂某为王甲实施手术。同年6月30日，桂某明知××卫生院无实施14周以上终止妊娠手术资格，且未对病人进行必要的术前常规检查、未书面告知受害人手术的风险，为王甲实施了清宫终止妊娠手术，王甲在手术过程中出现大出血，经抢救无效死亡。

另查，泰州市妊娠14周及以上人工终止妊娠手术凭证定点单位名单中，姜堰区的定点医院为：市人民医院、市中医院、溱潼医院、张甸医院。实行凭证定点引产必须取得市人口计生委出具的引产介绍信，否则不得施行引产手术。人工终止妊娠药品只能在定点医院使用，并建立完整的管理台账制度，人工流引产药品确因医学需要改作他用时，须经院长或分管院长批准。2013年4月1日，××卫生院在晨会传达了上述文件的规定，并对“两非”工作、实名登记工作、准生证的检查、引产药品管理作了布置。

徐甲等人作为王甲的家属诉至法院，请求判令××卫生院赔偿因医疗事故造成王甲死亡产生的医疗费2000元、护理费155元、住院伙食补助费18元、营养费20元、交通费1500元、死亡赔偿金650760元、精神损害抚慰金50000元、误工费用6976元、被扶养人生活费203710元、丧葬费29700元，合计944839元。

【案件焦点】

桂某明知××卫生院不具备14周以上终止妊娠手术资格，仍然为受害人“非法堕胎”的行为是否属于职务行为。

【法院裁判要旨】

江苏省泰州市姜堰区人民法院经审理认为：尽管××卫生院不具备14周及以上人工终止妊娠手术的资质，但在行为外观上，王甲至××卫生院处以化名的形式由桂某开具了处方、填写了病历，在向××卫生院缴纳费用后自××卫生院处领取了药物米非司酮以终止妊娠，并凭桂某开具的血常规单子向××卫生院缴费后进行了抽血，后王甲按照桂某28日的用药嘱咐服用了药物米非司酮等至30日再次至××卫生院处由桂某在××卫生院的妇产科门诊处进行了清宫手术，双方之间已经成立了诊疗服务合同。桂某作为××卫生院具有医师资格的医务人员，其开具处方、实施手术、填写病历等均是以××卫生院医务人员的名义在工作时间、工作地点所实施的诊疗活动，亦符合其所持的执业医师执业证书载明的内容，故其一系列诊疗行为应定性为职务行为，该定性亦与生效刑事判决认定桂某构成医疗事故罪的事实相印证。

江苏省泰州市姜堰区人民法院据此依照《中华人民共和国侵权责任法》第十五条第一款第六项、第十六条、第二十六条、第五十四条规定，判决如下：

一、××卫生院于本判决生效后十日内赔偿徐甲、徐乙、王乙、朱某死亡赔偿金、丧葬费合计421714元；

二、驳回徐甲、徐乙、王乙、朱某的其他诉讼请求。

二审法院同意一审法院裁判意见。

【法官后语】

本案主要焦点在于：从事超越用人单位资质范围或者明令禁止的行为是否属于职务行为的认定。职务行为认定的主流观点认为，所谓职务行为，应指一切与雇佣人所命执行之职务通常合理相关联的事项。但“内在关联”本身即为高度概括且极度抽象的概念，如何理解“内在联系”，笔者认为，可以通过“两步走”的方法对“内在关联”进行理解与适用。

第一步，以行为外观为判断基准的“内在关联”分析。

受雇人在行为外观上即具备执行职务之形式，裁判者根据受雇人的行为特征，在客观上较易认定，且便于操作。在客观上“内在联系”，首先考虑时空标准。受雇人行为的时空范围对认定职务行为甚为重要。一般行业领域，受雇人从事职务行为具有相对固定的时空。其次考虑名义标准。名义是行为人对外身份资格的显露。一般而言，“时空标准”“名义标准”等以行为外观为判断基准的方法已足以认定职务行为，然法律事务的复杂性常存在于例外的情形，对于受雇人超出职权范围、授权范围甚至为雇主所禁止的行为是否可以认定为职务行为，仅进行上述第一步的解析尚不足够。

第二步，以价值判断对特殊类型案件进行“内在关联”分析。

认定职务行为目的在于判断用人者是否担责。而雇佣人责任的依据，系使用他人，享用其利者，应承担其害，负其责任，雇佣人并具有较佳能力，得借商品劳务的价格或保险分散损害。理论上常归纳为报偿理论、控制力理论、深口袋理论，因此用人者责任要求雇主对受雇人之行为具有可预见，事先应有必要之防范，以达到最大程度保护受害人利益之目的。对于受雇人超越职责的行为、违反禁止行为、擅自委托行为、借用机会行为等行为，若雇主事前可得预见，且未能采取有效防范措施的，雇主仍需承担责任。被雇用者是在用人单位管理下进行工作，受用人单位的监督，用人单位对被雇用者有相当程度的控制力，因此用人单位对被雇用者的行为承担责任，促使用人单位更好地履行管理、监督被雇用者的职责，以防损害之发生。

具体到本案中，尽管桂某实施的14周及以上人工终止妊娠手术并不属于××卫生院的资质范围，但相应的侵权行为××卫生院应当能够预见并可以采取措施予以避免，由于××卫生院内部管理不善，导致相应医疗事故发生，故应视为与执行工作任务具有内在联系。此类医疗行为，双方之间存在强烈的信赖关系，故有对受害人特别保护之必要。

职务行为的认定本质上应是斟酌各种情况所为的价值判断，非但凭一项固定原则或者某项单一因素所能确定，用人单位替员工承担责任系折中于两项原则：增加被害人求偿之机会与避免过分加重企业经营者之负担。本案最终的结果实系裁判者综合上述两点原则而为。

编写人：江苏省泰州市姜堰区人民法院　林成才

29

机械式停车库管理者不承担安全保障义务

——胡某诉广州珠江物业酒店管理有限公司等生命权、健康权、身体权案

【案件基本信息】

1. 裁判书字号

广东省广州市中级人民法院（2017）粤01民终6972号民事判决书

2. 案由：生命权、健康权、身体权纠纷

3. 当事人

原告（上诉人）：胡某

被告（被上诉人）：广州珠江物业酒店管理有限公司（以下简称珠江物管公司）、山东莱钢泰达车库有限公司（以下简称莱钢泰达公司）、山东莱钢泰达车库有限公司广州分公司（以下简称莱钢泰达公司广州分公司）

【基本案情】

原告胡某租赁××公寓1004房用于居住，被告珠江物管公司收取了物业管理费。2017年5月4日原告胡某通过走火楼（消防通道）进入××公寓地下一层的车库内，在行进途中掉入引车渠并受伤，后被人发现送至医院救治，出院诊断为腰椎、胸骨、肋骨等骨折、多处软组织挫伤等。涉案车库为机械性车库，所有车辆进出均从车库外通过机械操作完成。

另查明，珠江实业集团将××公寓地下室机械停车库出租给被告莱钢泰达公司全面经营管理，出租期限自2015年5月1日起至2018年4月30日止。

【案件焦点】

被告珠江物管公司、莱钢泰达公司、莱钢泰达公司广州分公司是否对原告胡某承担安全保障义务，并因此对原告胡某的人身伤害承担相应的赔偿责任。

【法院裁判要旨】

广东省广州市越秀区人民法院经审理认为：胡某进入车库的楼梯为走火梯（即消防通道），且该车库为机械车库，所有车辆均系从车库外通过机械操作入内。鉴此，胡某作为一个完全民事行为能力人，应对自己行为导致的受伤后果承担责任。胡某提出珠江物管公司、莱钢泰达公司、莱钢泰达公司广州分公司侵权事实的主张，证据不足。故该院对于胡某要求珠江物管公司、莱钢泰达公司、莱钢泰达公司广州分公司承担赔偿责任不予支持。

广东省广州市越秀区人民法院依照《最高人民法院关于民事诉讼证据的若干规定》第二条规定，判决如下：

驳回胡某的诉讼请求。

胡某不服原审裁判提起上诉。广东省广州市中级人民法院经审理认为：《中华人民共和国侵权责任法》第三十七条规定，宾馆、商场、银行、车站、娱乐场所等公共场所的管理人或者群众性活动的组织者，未尽到安全保障义务，造成他人损害的，应当承担侵权责任。安全保障义务是一种法定义务，适用过错责任原则。涉案车库是封闭式无人车库，车主停车取车只能在外围停车间，车库没有开放式入口和可供人正常行走的通道，因此涉案车库并不具有开放性，不能认定为公共场所。同时，事发时原告胡某进入车库不是经由正常的行人通道，而是经防火的消防通道，连续打开两道防火门并打开手机手电筒进入车库内。原告作为一个完全行为能力人，在事发时也有着足够的时间判断周围的环境，但其由于疏忽大意，对自身的安全采取放任的态度，以致本案事故的发生，应对自己行为导致的受伤后果自行承担责任。综上，驳回原告的诉讼请求。

广东省广州市中级人民法院依照《中华人民共和国民事诉讼法》第一百七十条第一款第一项规定，判决如下：

驳回上诉，维持原判。

【法官后语】

违反安全保障义务的归责原则适用过错责任，因此该侵权责任的认定需满足加害人实施了加害行为、受害人遭受损害、加害行为与损害之间具有因果关系、加害人有主观过错这四项构成要件。在司法诉讼中，加害行为常常是当事人争议的焦点。对于违反安全保障义务的加害行为而言，一般情况下体现为消极的不作为，通常包含未能做到警示提醒、协助、安保、消除危险等行为。但不可忽略的是在界定加害行为之前，主体的适格性成为审查违反安全保障义务的第一步。

根据《中华人民共和国侵权责任法》第三十七条规定，负有安全保障义务的主体共分为两类，一是公共场所的管理者，二是群众性活动的组织者。在司法实践中涉及第一类主体的侵权案件相对更多，因为此处的公共场所外延广泛，几乎在每个日常的生活场景中都能找到相对应的负有安全保障义务的主体，如商店、车站、旅馆、游乐场、公园等，这些场所都具有对不特定主体开放的特点。在本案中，案件争议的焦点在于该停车库是否属于公共场所，也即停车库的管理者是否为安全保障义务的主体。涉案的广州好世界立体车库为巷道堆垛类停车设备，车主停车时只需将车辆开到地面指定的升降机平台上，当车主下车取卡完成存车时，升降机自动下降入库，随后搬运器再将车辆放置到空余的车位上，升降机卸车的同时又上升至地面，故而地面无通往车库的入口。当车主取车时，也只需在地面等待搬运器将车运送至升降机上，升降机带车上升至地面，停取车辆的整个过程系智能机械操作，车库内亦无人行通道。因此，被告莱钢泰达公司管理的车库为封闭式车库，对公众不具开放性，也就是说该车库不属于公共场所，被告莱钢泰达公司也不是公共场所的管理者即不负安全保障义务。

另外，原告作为居住在涉案车库所在公寓的租客加之其女友亦使用该封闭式车库，应当知道通过正常方式无法进入该车库。原告在进入车库的过程中，开启了两道贴有“车库重地，非工作人员禁止出入，违者自负”警示牌的防火门且自述防火门后黑暗，以打开手机手电筒的方式前行六米左右，这些行为均说明原告作为一个完全民事行为能力人本应对周围环境作出合理判断并采取避让措施而未为之，故其应当承担自身不当行为造成的损害。况且，被告在防火门上标注了警示标语，亦履行了一般人的注意义务。

法谚有云：除非有特殊的干预理由，良好的政策应使损失止于其所发生之处。

这恰恰解释了侵权责任法的基本精神——每个人须为自己的行为负责，他人仅在法定情况下承担损害赔偿责任。安全保障义务不应成为悬在公共场所管理者与群众活动组织者头上的“达摩克利斯之剑”，更不是个人行为自由的“尚方宝剑”。可喜的是，本案正是通过对公共场所的界定限制了安全保障义务的适用，以避免安全保障义务被泛化。此外，当下也有一些司法实践在积极探索安全保障义务的合理限度，如从进入公共场所的方式与时间或者从公共场所的公益性质入手限缩安全保障义务的范围。由此，我们可以看到，不论权利与义务均有其限度，良好的司法正是这一合理范围。

编写人：广东省广州市越秀区人民法院　黄倩倩

五、环境污染责任

30

环境民事公益诉讼的责任构成及责任承担

——北京市人民检察院第三分院诉夏某1等环境污染责任公益诉讼案

【案件基本信息】

1. 裁判书字号

北京市第三中级人民法院（2017）京03民初273号民事判决书

2. 案由：环境污染责任公益诉讼纠纷

3. 当事人

公益诉讼起诉人：北京市人民检察院第三分院（以下简称公益诉讼起诉人）

被告：夏某1、夏某2、夏某3、张某1、张某2、张某3、赵某（以下简称七被告）

【基本案情】

2014年4月，夏某1承租王某位于北京市朝阳区的某院落（以下简称涉案院落），后七被告陆续在该处居住，共担房租、共用院落。自2016年七被告从事废机油的收购、销售工作。七被告均无危险废物经营许可证，均将废机油存放在涉案院落内，倾倒过程中会有遗撒洒。

2017年4月7日，朝阳环保局出具七被告废机油收购情况说明，载明：废机油、废机油桶属于有毒物质。2017年5月，北京市环境保护科学研究院出具《土壤污染调查报告》，显示：TPHs为本地块土壤中的特征污染物，与“公园与绿地”筛选值相比，最大超标倍数为6.11倍；总计修复土方量估算为600立方米。该研究所属于原环境保护部所列环境损害鉴定评估推荐机构，此次鉴定花费鉴定费用197700元。

涉案院落所在地块现状地类为农村宅基地，土地利用总体规划为林业用地。公益诉讼起诉人称公园与绿地的筛选值是北京市《场地土壤环境风险评价筛选值》中最宽松的筛选值，且与本案涉案院落为林地最接近。

2017年5月25日，金隅红树林公司出具《价格分成明细》，载明：需处理废物600立方米合计费用400万元左右。该公司持有《危险废物经营许可证》。

公益诉讼起诉人主张七被告共用涉案院落，未区分使用范围，污染后果不可分割，故应承担连带责任；七被告应委托专业机构修复受污染的土壤，修复须取得相应行政机关或有资质第三方的认可。夏某1称本人不具备修复能力，事发后七被告未进行修复。涉案院落的房屋已拆除，但土地未经专业化修复。

2017年4月7日，张某3被行政拘留十四日。2017年11月15日，七被告被法院认定犯环境污染罪，被判处有期徒刑并处罚金，该判决书已经生效。据当事人陈述，七被告是老乡、亲属关系。

2017年5月19日，公益诉讼起诉人在《检察日报》上对本案的起诉事实进行了公告。公告期届满后，没有符合法律规定条件的机关或有关组织对七被告提起民事公益诉讼。现其请求：1. 七被告共同将北京市朝阳区某院内受污染土壤恢复原状，如不履行恢复义务将共同承担生态环境修复费用400万元；2. 七被告承担鉴定费用197700元。

【案件焦点】

1. 七被告实施的环境污染行为的认定；2. 七被告实施的环境污染行为与损害事实之间是否存在因果关系；3. 修复数额的认定以及七被告的责任承担方式。

【法院裁判要旨】

北京市第三中级人民法院经审理认为：北京市人民检察院第三分院作为公益诉讼起诉人向法院提起环境民事公益诉讼，符合法律规定。

七被告无危险废物经营许可证而收集、储存、销售废机油，并造成遗洒和渗漏。废机油、废机油桶均属于危险废物，涉案院落土壤中的特征污染物为总石油烃（TPHs）且严重超标。结合七被告受到刑事、行政处罚的情况，法院认定七被告实施了环境污染行为。

污染者作为污染源的控制与排放者，适用无过错责任原则，环境污染侵权案件的因果关系实行举证责任倒置。涉案院落土壤中存在污染物，且与七被告在倾倒废机油中废机油溢出的事实有直接的因果关系。现七被告未提供证据反驳上述因果关系，故七被告实施的污染环境行为与涉案院落内土壤的污染损害结果之间具有直接、必然的因果关系。

七被告未对涉案院落内的土壤进行修复，且未能提供足以反驳《土壤污染调查报告》及《价格分成明细》的事实和法律依据，亦未申请鉴定。考虑到修复土壤的专业性、七被告的修复能力等，法院认为直接判决七被告赔偿生态环境修复费用400万元为宜。

七被告均将废机油桶存于涉案院落，排放的污染物种类相同，污染后果已扩至整个院落，现已无法区分各自污染物排放量，损害结果亦不可分，故应承担环境侵权连带责任。公益诉讼起诉人要求七被告承担鉴定费用，于法有据。

依照《中华人民共和国侵权责任法》第八条、第六十五条、第六十六条，《最高人民法院关于审理环境民事公益诉讼案件适用法律若干问题的解释》第二十条、第二十二条，《最高人民法院、最高人民检察院关于检察公益诉讼案件适用法律若干问题的解释》第十三条等规定，判决如下：

一、夏某1、夏某2、夏某3、张某1、张某2、张某3、赵某连带赔偿生态环境修复费用400万元（于判决生效之日起十日内支付至法院指定账户）用于本案所涉及的生态环境修复；

二、夏某1、夏某2、夏某3、张某1、张某2、张某3、赵某共同承担鉴定费用197700元，于判决生效之日起十日内向公益诉讼起诉人支付。

【法官后语】

1. 责任的构成要件

根据我国现行法律规定，环境侵权责任适用无过错责任原则，与一般侵权责任不同，其只需具备以下三个构成要件：环境污染行为、环境损害事实、环境污染行为与损害事实之间的因果关系。

首先，环境污染行为系违反国家环境保护、污染防治法律法规的违法行为或该行为虽不违反法律法规，但使他人受法律保护的人身权或财产权受到侵害。因此，排污是否达标不影响污染行为违法性的认定，污染行为本身即包含了行为的违法性，或者说，污染造成损害就是违法。①

其次，环境污染的损害事实，是污染行为致使国家、集体财产和公民的人身、财产及环境遭受损害的事实。较之一般侵权行为造成的损害事实能够聚焦于具体被侵权人不同，其往往具有发散性和隐蔽性特征，该损害后果不仅涉及单一个体利益，更涉及群体利益、社会公共利益。

最后，环境侵权责任案件往往具有复杂性、技术性特征，且污染者与受害者在能力上存在较大的不平衡，在信息的掌握和控制上亦存在不对称的情况，其适用因果关系推定规则，即由污染者证明不存在因果关系，否则由其承担环境侵权责任。关于因果关系的证明，可以考虑以生态环境主管部门及其他环境监督管理部门的调查处理报告、鉴定机构的鉴定意见、学术论著、专家意见等作为参考依据。②

2. 责任主体的认定

实施环境污染行为的主体既可能是单一个体，亦可能为数个主体。数个行为主体实施了协作性的加害行为，行为方式具有统一性，并具有共同性的主观意思，导致具有同一性、不可分的损害结果发生，则成立共同侵权行为，数个行为主体承担连带责任。

3. 责任的承担方式

除一般侵权的责任承担方式外，环境侵权责任的责任承担方式还包括污染者承担环境修复责任、承担环境修复费用等。

环境民事公益诉讼的最终目的在于受损害的环境得到治理与修复，故其核心责任方式应围绕生态环境的修复，亦可多种责任方式并行。环境的治理与修复要求修复者具备较强的专业性、技术性，能否直接判令侵权人承担生态环境修复责任，需要考察个案中侵权人是否具备相应的修复能力与资质。实践中，侵权人直接承担环境修复责任的适用范围较为狭窄，相应地，替代性修复方式产生并得以运用。若侵

---

① 奚晓明主编：《〈中华人民共和国侵权责任法〉条文理解与适用》，人民法院出版社2010年版，第456页。

② 沈德咏：《最高人民法院环境侵权责任纠纷司法解释理解与适用》，人民法院出版社2016年版，第94页。

权人未在法院确定的期限内履行修复义务，法院或有关机关可自行委托第三方专业机构进行修复，相应费用由侵权人承担；若侵权人确实不具备修复能力，则法院亦可直接判决由侵权人承担环境修复费用。

实践中，法院亦可根据原告请求，判令侵权人承担赔偿损失的责任，在环境民事公益诉讼中，侵权人赔偿的损失，系生态环境受到损害至恢复原状期间的服务功能的损失，其包括为消除危险采取合理预防、处置措施而发生的费用。该种责任方式提高了破坏生态环境的违法成本，对于生态环境污染的预防具有较好的教育、指引、示范作用。

编写人：北京市第三中级人民法院 巴晶焱 石艳明

31

环境民事公益诉讼中诉讼请求的审查内容

——重庆市人民检察院第一分院诉重庆市昆仑化工有限公司水污染责任环境民事公益诉讼案

【案件基本信息】

1. 裁判书字号

重庆市第一中级人民法院（2018）渝01民初669号民事判决书

2. 案由：水污染责任环境民事公益诉讼纠纷

3. 当事人

公益诉讼起诉人：重庆市人民检察院第一分院（以下简称重庆一分检）

被告：重庆市昆仑化工有限公司（以下简称昆仑公司）

【基本案情】

昆仑公司为减少污染治理成本，修建应急池与暗管，将对硝基苯乙酮车间与应急池连接，并设置阀门。该应急池与观察井相连，连接长江。2015年4月至8月14日，被告在未通过环境影响评估的情况下生产对硝基苯乙酮，将产生的废液通过暗管排放到应急池暂存，并多次将池内废液直接排入长江，直至 2015 年 8 月 14 日夜间被查处。被告共生产对硝基苯乙酮 154.25 吨，因生产工艺中用水量不衡定，故产生的废液总量准确数值现已无法查明，综合在案证据，废液总量至少有 1542.5 吨，至多有 2313.75 吨。经监测，该废液内含有有毒物质硝基苯类、总氰化物、锰、锌、铅、镍等，其中硝基苯类、总氰化物、锰含量严重超标。2018 年 3 月 27 日，重庆市渝北区人民法院作出刑事判决，认定被告构成单位犯罪。

受公益诉讼起诉人重庆一分检委托，重庆市环境科学研究院作出《鉴定评估报告》。该报告采用虚拟治理成本法，以重庆一分检认定的 1542.5 吨确定排污量，以被告治污设施实际运行成本及实际排放量确定单位虚拟治理成本为 40.22 元/吨，以受纳水体系Ⅱ类水域功能区确定环境功能区敏感系数为 7，认定被告造成的环境损害量化数额为 434275.45 元。

另查明：被告自 2016 年 6 月起，注册资本增至 2000 万元，陆续投入 1592 万余元用于生产线升级改造，其中包括对硝基苯乙酮生产线的升级改造，并通过了环境影响评价及安全条件审查。

重庆一分检认为，被告对长江水域造成严重污染，损害了社会公共利益。重庆一分检履行诉前公告程序后，无适格主体提起诉讼，遂向法院提起环境民事公益诉讼。请求：1. 判令被告赔偿因违法排放工业有毒废水产生的生态环境损害费 434275.45 元；2. 判令被告承担评估费 74000 元、公告费 750 元；3. 判令被告向社会公众赔礼道歉。

昆仑公司认为，其虽有排污行为，但长江经过自然净化后，水质并未受到影响，现损失已不复存在；若法院认定应赔偿，望考虑目前被告的实际困难情况，减少赔偿金额或在支付期限上、支付方式上予以宽限。

【案件焦点】

1. 昆仑公司是否应承担因污染环境侵害公共利益的侵权责任；2. 昆仑公司承担民事责任的方式和范围。

【法院裁判要旨】

重庆市第一中级人民法院经审理认为：被告排放的有毒废水会严重危及人体健康和其他生物生存，加重长江流域负荷，影响长江自净能力，对周边公众的身体健康造成潜在危险，也可能造成水域内生物的死亡，其行为已损害社会公共利益，应当依法承担民事责任。

《鉴定评估报告》采用的损害评估方法具有客观性、科学性；排污量系依重庆一分检认定的1542.5吨而确定，由于排污量的精确实际数量因客观证据所限已无法查明，根据在案证据，被告实际排污量应不少于1542.5吨，重庆一分检认定的数量证据充分，有相应事实依据。故对鉴定意见所认定的环境损害量化数额予以采信。

相关司法解释规定，人民法院认为检察机关的诉讼请求不足以保护社会公共利益的，可以向其释明变更。本案污染物数量最低值是确定的，以此认定排污数量的证据确实、充分。另外，被告作为民营企业，在污染行为被查处后，积极投入资金用于生产线升级改造，并通过了环境影响评价及安全条件审查，在继续服务于社会经济发展的同时，已消除了其生产经营行为污染环境、破坏生态的风险。故重庆一分检的诉讼请求已经能够实现公益诉讼的目的，足以保护社会公共利益。被告违法排污的行为，侵害了社会公众享有美好生态环境的精神利益，理应赔礼道歉。重庆一分检依法委托鉴定并发布公告，对其支出的鉴定评估费与公告费应予支持。

重庆市第一中级人民法院依照《中华人民共和国环境保护法》第四十二条第四款、第六十四条，《中华人民共和国侵权责任法》第六十五条，《中华人民共和国民法总则》第一百七十九条第一款第八项、第十一项、第三款，《最高人民法院关于审理环境侵权责任纠纷案件适用法律若干问题的解释》第十三条，《最高人民法院关于审理环境民事公益诉讼案件适用法律若干问题的解释》第十八条、第二十条、第二十二条、第二十四条，《中华人民共和国民事诉讼法》第五十五条第二款、第一百四十二条规定，判决如下：

一、昆仑公司赔偿生态环境修复费用434275.45元，此款限于本判决生效之日起十日内付至法院指定账户，用于修复被损害的生态环境；

二、昆仑公司于本判决生效之日起十日内，在省级或以上媒体向社会公开发表经法院审核认可的赔礼道歉声明；

三、昆仑公司于本判决生效之日起十日内向公益诉讼起诉人重庆一分检支付鉴定评估费用74000元、公告费750元。

【法官后语】

本案系水污染环境民事公益诉讼案件，围绕争议焦点，审理难点为如何认定污染物的排放量、如何审查诉讼请求是否足以保护社会公共利益。

1. 污染物排放量的认定

排污量的精确实际数值因客观证据所限已无法查明，故可用两种方法计算：一是以对硝基苯乙酮单位产量所产生的废液量与产量相乘，得出废液排放量为1542.5～2313.75吨，二是按照应急池容积计算单次废液排放量与排放次数相乘，得出废液体积为1775.76～2029.44立方米，且须扣除被查处当天尚未排出的不明数量废液。无论以何种计算方法，废液量均不少于1542.5吨，该数值有充分证据支持并具有确定性，故本判决就低认定排污量。本案所采取的两种计算方法均可适用于同类案件，解决因客观证据难以固定致使实际排污量难以查明的难题。

2. 诉讼请求是否足以保护社会公共利益的审查内容

环境民事公益诉讼所保护的社会公共利益内涵包括社会公共利益的现实损害与受损风险。故法院应从诉讼请求能否救济社会公共利益受到的现实损害以及能否消除社会公共利益受损风险两个方面综合进行审查，判断诉讼请求是否足以保护社会公共利益。对于诉讼请求能否救济社会公共利益受到的现实损害，审查内容包括：是否包括具体、有效的措施，在合理期限内消除生态环境正在发生的不利影响；修复方案是否符合自然规律，所需成本能否实现效益最优化，现有技术水平能否达到所需条件；请求的赔偿金额是否有充分依据；赔礼道歉的方式和内容是否符合违法行为的影响程度和范围等。对于诉讼请求能否消除社会公共利益受损风险，审查内容包括：能否有效防止损害的发生；被告是否已经采取防范措施，消除再次损害社会公共利益的风险；被告采取措施修复损害、停止侵害行为、消除危险后，是否引发或残留损害公共利益的其他风险。

根据相关司法解释规定，法院认为诉讼请求不足以保护社会公共利益的，可予以释明变更或增加。这一规定既赋予了法院主动审查诉讼请求的职权，同时亦明确了其保护公共利益的职责义务。法院判断是否需要履行释明义务时，应以环境公益保护为价值目标，并遵循民事诉讼制度的基本原则，不得超出诉讼请求作出裁判。结合案情进行审查，凡遗漏与保护环境、恢复生态终极目标密切相关的停止侵害、排除妨碍、消除危险、恢复原状等诉讼请求，或请求的赔偿金额明显无法满足损害填补或修复需求的，应当予以释明；凡遗漏与环境保护终极目标的关联性不强的赔礼道歉等诉讼请求的，可不予释明。

编写人：重庆市第一中级人民法院　张力　黄琦

32

环境修复责任的司法裁量

——陈某诉何甲、何乙环境侵权责任案

【案件基本信息】

1. 裁判书字号

广东省惠州市中级人民法院（2018）粤13民终4301号民事判决书

2. 案由：环境侵权责任纠纷

3. 当事人

原告（被上诉人）：陈某

被告（上诉人）：何甲、何乙

【基本案情】

陈某经营的鱼塘位于惠州市惠阳区永湖镇彩一村民委员会何老屋村（永湖中学后面）。何甲、何乙开办的养殖场在原告鱼塘的上方。何甲、何乙自认是在2005年下半年才开始办养殖场。2010年6月政府禁养后拆除。2012年下半年，何甲重新购入20头小猪进行养殖，2014年下半年因政府再次清拆停养。陈某从1998年开始在何甲、何乙办养猪场前一直大规模地养猪，并建有猪舍。其猪粪、猪尿和废水均是流入鱼塘。陈某大约在2007年不再养猪后，将猪舍租给他人制造酒，废料全部排入其鱼塘。陈某自认2005年开始发现何甲、何乙养猪场的排污池直接排污到涉案鱼塘，并称其2016年6月29日提起本案诉讼前，长期到司法所、环保所和当地政府投诉反映。但陈某一直没有清理过鱼塘。陈某鱼塘由于遭受污染，2015年以来再也没有养鱼。因双方当事人发生纠纷，陈某起诉请求法院判令：一、两被告停止

将其养殖场的猪粪、猪尿、废水等排向原告鱼塘的侵权行为；二、两被告清理鱼塘和恢复原状；三、两被告支付养鱼损失费 120000 元；四、本案的诉讼费由两被告承担。

【案件焦点】

1. 陈某的鱼塘受到污染是否因何甲、何乙养殖排污造成；2. 对于造成涉案损失的发生，陈某自身有无过错；3. 陈某的诉请有无超诉讼时效；4. 一审支持 4 年的鱼塘收入损失是否合法。

【法院裁判要旨】

广东省惠州市惠阳区人民法院经审理认为：因环境污染引起的损害赔偿诉讼，应适用无过错责任原则，由受害人证明有污染行为和损害的事实，加害人就法律规定的免责事由或者减轻责任的情形以及其行为与损害结果之间不存在因果关系承担举证责任。从地形地貌看，被告的养殖场位于山坡中段，原告的鱼塘在山坡底，两被告没有否认废水、废渣排放到了原告的鱼塘。被告辩称废水、废渣经沼气池处置后才排放，但没有提供相关证据证明沼气池存在和正常运转，故不能排除其存在排污行为的事实，且侵权行为一直存在。因此，被告提出的诉讼时效和不存在污染行为，法院不予采纳。从 2005 年至 2009 年，不能排除原告存在污染自己鱼塘的事实。因此，应减轻两被告的损害责任。

广东省惠州市惠阳区人民法院依照《中华人民共和国侵权责任法》第六条第一款、第十五条第一款第一项、第五项、第六项、第十九条、第二十一条、第二十六条、第六十五条、第六十六条、第六十七条，《中华人民共和国民事诉讼法》第六十四条第一款、第一百四十二条、第一百四十四条和《最高人民法院关于适用〈中华人民共和国民事诉讼法〉的解释》第九十九条第二款规定，判决如下：

一、被告何甲、何乙停止将其养猪场的猪粪、猪尿和废水等废物排入原告陈某的鱼塘；

二、被告何甲、何乙在判决发生法律效力之日起十日内支付测量费与评估费、2005 年至 2008 年鱼塘收入和鱼塘清污费用等费用共 67530.06 元给原告陈某。

何甲、何乙不服一审判决，提起上诉。广东省惠州市中级人民法院经审理认为：本案系环境侵权责任纠纷，本案中陈某举证证明在地形位置上，何甲、何乙的养殖场开设在其鱼塘的上方，鱼塘的水受到了污染，且何甲、何乙养殖场的污水下流是造成污染的源头，陈某已完成举证责任。而何甲、何乙虽然主张自己建设了沼气池，但是其养殖场在山坡中段，陈某的鱼塘在山坡底，何甲、何乙的养殖场没有建造排水渠等能将污水全部排往陈某鱼塘以外的地方的装置，即无法证明其养殖行为与污染结果不存在因果关系，何甲、何乙应承担举证不能的不利后果，一审认定陈某的鱼塘水质受到污染与何甲、何乙的养殖行为有因果关系，并无不当，二审予以维持。

关于涉案鱼塘恢复原状的请求应如何支持、实现的问题。环境侵权属于特殊侵权，本案为环境私益诉讼。《最高人民法院关于审理环境侵权责任纠纷案件适用法律若干问题的解释》第十四条规定："被侵权人请求恢复原状的，人民法院可以依法裁判污染者承担环境修复责任，并同时确定被告不履行环境修复义务时应当承担的环境修复费用。污染者在生效裁判确定的期限内未履行环境修复义务的，人民法院可以委托其他人进行环境修复，所需费用由污染者承担。"对于本案修复责任的履行，结合本案具体案情，法院酌情限期60天由何甲、何乙先行自行承担鱼塘的清污修复责任，何甲、何乙承担60%的修复费用，陈某承担40%的修复费用；何甲、何乙在期限内未自行履行的，何甲、何乙应于上述履行期限届满之日起七日内将修复费用61955.62元交至本案执行法院，陈某可申请法院委托第三方进行环境修复，由此产生的费用由何甲、何乙承担60%（不低于61955.62元），陈某自负剩余费用。为督促何甲、何乙及时履行环境修复责任，如果何甲、何乙怠于履行义务，在本判决给予的履行期内未履行环境修复义务，因何甲、何乙逾期未修复而产生新的污染损失的，陈某可以另行依法主张权利。

广东省惠州市中级人民法院依照《中华人民共和国民事诉讼法》第一百七十条第一款第二项规定，作出如下判决：

一、维持广东省惠州市惠阳区人民法院（2016）粤1303民初1980号民事判决第一、第四判项及诉讼费负担部分；

二、变更广东省惠州市惠阳区人民法院（2016）粤1303民初1980号民事判决第二判项为：何甲、何乙应在本判决发生法律效力之日起六十日内将涉案两鱼塘排污清理完毕恢复原状，清理费用由何甲、何乙承担60%，陈某承担40%；何甲、何乙逾期未在上述期限内履行环境修复义务的，何甲、何乙应于上述履行期限届满之日起七日内将修复费用 61955.62 元交至本案执行法院，陈某可申请法院委托第三方进行环境修复，由此产生的费用由何甲、何乙承担 60%（不低于 61955.62 元），陈某自负剩余费用；

三、变更广东省惠州市惠阳区人民法院（2016）粤 1303 民初 1980 号民事判决第三判项为：何甲、何乙应在本判决发生法律效力之日起十日内支付起诉前三年的污染期间经济损失共计人民币 14535.15 元给陈某；

四、驳回陈某的其他诉讼请求。

【法官后语】

环境修复是一个系统工程，具有公益性、技术性、长期性等特点，本案契合了环境保护着力于解决环境私益诉讼中“环境修复难”这一热点，就修复费用的支付对象、方法等细节问题进行反复考量，主张引入公权主体或者第三方，以进一步提高判决的可执行性。基于环境侵权及修复的特殊性，二审下判时综合考虑环境修复的效果如何落到实处，对于同类案件具有一定参考意义。“金山银山不如绿水青山”，把生态文明建设放在突出地位，进一步厘清环境修复的义务主体、责任方式和责任边界，有利于树立和践行生态环境保护的理念，为建设社会主义生态文明方面提供司法保障。

环境修复是针对环境损害所提供的法律救济，其目的是通过责令污染者采取环境综合整治措施恢复受到损害的环境的功能和价值。环境修复所救济的环境损害属于公共利益，目前的环境修复实践中，以水体、土壤、森林、草原、矿山等自然生态系统修复为主，涉及环境修复的司法案件也主要由水污染、土壤污染、自然资源破坏引起，与目前环境修复的实践大体一致。本案一审判决第二项“被告何甲、何乙在判决发生法律效力之日起十日内支付测量费与评估费、2005 年至 2008 年鱼塘收入和鱼塘清污费用等费用共 67530.06 元给原告陈某”显示，法院一般根据民事责任规则来确定环境修复责任。根据相关法律规定，污染者应当对已造成的权利损害和财产损失给予填补和救济，使其恢复到未损害前的状态，体现了两大特点：补偿性和恢复性。但是，环境权不是传统的民事权利，其具有公共性、共享性、生态性的特点，且其修复方式具有专业技术性。因此，在环境修复的过程中往往需要公权主体、公共机构的介入。本案中，为避免出现受害者没有将赔偿所得款项用于生态环境修复的问题，同时督促污染者及时履行环境修复责任，二审并没有将修复费用直接判给受害者，而是要求污染者先自行修复，若不履行环境修复义务则应当在一定期限内将修复费用交至执行法院，受害者再申请法院委托第三方进行环境修复。

综上，目前对于环境修复的义务主体、责任方式和责任边界没有统一的做法和尺度，所以，在作出环境修复判决时要具体考虑环境侵害的特殊性，引入公权力主体或者第三方，以进一步提高判决的可执行性。

编写人：广东省惠州市中级人民法院　曾莹

33

居民楼内电梯噪声污染评价标准的认定

——郭某诉保利（北京）房地产开发有限公司、保利物业管理（北京）有限公司噪声污染责任案

【案件基本信息】

1. 裁判书字号

北京市第三中级人民法院（2018）京03民终3781号民事判决书

2. 案由：噪声污染责任纠纷

3. 当事人

原告（被上诉人）：郭某

被告（上诉人）：保利（北京）房地产开发有限公司（以下简称保利地产公司）、保利物业管理（北京）有限公司（以下简称保利物业公司）

【基本案情】

郭某系北京市朝阳区常营中路×号院×号楼29层某室业主，保利地产公司系小区开发商，保利物业公司系小区物业服务企业。郭某与保利地产公司的房屋买卖合同第十五条建筑隔声情况约定："出卖人承诺该限价商品住房建筑隔声情况符合《民用建筑隔声设计规范》《建筑外窗空气声隔声性能分级及其检测方法》《隔声门

认定技术条件》标准，对该限价商品住房所在地声环境状况的描述真实准确。限价商品住房建筑设计文件所标注的建筑隔声情况和环境影响评价文件所表征的声环境状况见附件八。限价商品住房建筑隔声情况未达到标准的，出卖人应当按照规划设计的要求补做建筑施工隔声措施，并承担全部费用；因此给买受人造成损失的，出卖人应当承担赔偿责任。”附件八未填写相关数据。

【案件焦点】

应采用何种标准认定涉案电梯的噪声是否超标。

【法院裁判要旨】

北京市朝阳区人民法院经审理认为：关于法律适用问题，虽然原国家环境保护部相关复函指出《工业企业厂界环境噪声排放标准》（GB 12348－2008）不适用于居民楼内为本楼居民日常生活提供服务而设置的电梯设备产生噪声的评价，但相关复函是行政机关从环境噪声污染行政执法角度对国家标准的适用范围进行的限定，并非民事案件确定是否构成噪声污染的限定性依据。本案系民事噪声污染责任纠纷，目前国家没有对居民楼内电梯产生噪声进行评价的明确标准，而依据《民用建筑隔声设计规范》进行的检测并未包括结构传播固定设备室内噪声排放限值（倍频带声压级），《民用建筑隔声设计规范》总则部分亦规定应当符合国家现行有关标准的规定。《工业企业厂界环境噪声排放标准》（GB 12348－2008）规定了噪声标准，其所替代的《工业企业厂界噪声标准》（GB 12348－90）和《工业企业厂界噪声测量方法》（GB 12349－90）亦曾适用于评价居民楼内电梯、设备产生的噪声。且无论噪声是来自居民楼内为本楼居民日常生活提供服务而设置的设备还是居民楼外，当噪声达到一定程度时，均会对居民的生活产生一定影响。故当电梯在运行过程中所产生的低频噪声，确实对楼内居民造成影响时，从切实依法保护公民健康权，维护公民合法权益的角度出发，此种情形下可以参照适用《工业企业厂界环境噪声排放标准》（GB 12348－2008）作为检测及评价依据。保利地产公司提出的应以《民用建筑隔声设计规范》为标准进行认定的主张，依据不足，不予采纳。

依照《中华人民共和国侵权责任法》第六十五条、《最高人民法院关于适用〈中华人民共和国民事诉讼法〉的解释》第九十条规定，判决如下：

一、保利地产公司于本判决生效后三十日内对电梯采取隔声降噪措施，使电梯运行产生的噪声在郭某所有的某室房屋内达到《工业企业厂界环境噪声排放标准》(GB 12348－2008)的要求；

二、保利地产公司于本判决生效后三十日内支付郭某检测费1000元；

三、驳回郭某的其他诉讼请求。

二审法院同意一审法院裁判意见。

【法官后语】

本案事实明确，系居民楼内电梯噪声侵权案件。从争议焦点看，关键在于如何评价居民楼内电梯噪声污染，前提则要确认如何适用评价标准。

一审法院认为，本案应适用《工业企业厂界环境噪声排放标准》(GB 12348－2008)。从法律适用上看，本案涉及的居民楼内电梯噪声并没有直接可以适用的评价标准，法律规范的滞后性使得法官的自由裁量权得以行使。本案中，自由裁量权的合理运用应以价值判断的正确、合理作为依托。

1. 自由裁量权有所依据

法官得以行使自由裁量权，并非恣意扩大法官适用法律的权利，而是在公平、正义、合理之下由法官决定法律的适用。本案中，判断侵权所应适用的标准并非空穴来风，而是有所依据。

首先，从侵权行为来看，依据《工业企业厂界环境噪声排放标准》(GB 12348－2008)所检测的结果确实显示室内噪声在倍频带声压级(dB)63Hz、250Hz、500Hz频率上的数值均超出标准，电梯噪声超标，证明侵权事实确实存在，其噪声达到一定程度时，会对居民生活产生一定影响。

其次，环保部门的相关复函对国家标准的适用范围进行的限定不能构成噪声污染的限定性依据。虽然该检测所依据的标准被环境保护部门规定为不应适用于居民楼内设备噪声的评价，但是该标准所替代的标准曾经适用于居民楼内设备噪声的评价，且环保部门没有更新居民楼内噪声评价应当适用的其他标准。本案中相关复函是行政机关对标准适用范围的限定，且其效力不足以覆盖该国家标准在民事案件中的适用。而侵权法更多考虑的是对当事人生产生活权利的保护，在利益衡量过程中更注重受害人权益的保护，因此在界定时应将环境噪声超过一般忍受限度，干扰他人正常生活、工作和学习作为考量的重要标准。从此角度出发，本案适用标准时，未直接按照行政机关复函中对案涉标准不适用于本案的规定进行裁量，而直接适用案涉标准的依据具有十分充分的理由。

2. 价值判断有所取舍

居住权是公民的基本人权，公民应有权获得可负担得起的，适宜居住的，具有安全、健康、良好的设备和基础服务设施的，不受歧视的住房。噪声污染尤其是居民住宅中的噪声污染，其潜伏性及持久性对居民健康的影响很大。从切实依法保护公民健康权，维护公民合法权益的角度出发，本案参照适用《工业企业厂界环境噪声排放标准》（GB 12348－2008）作为检测及评价依据，并且认定电梯噪声侵权行为成立，是符合价值判断标准的。

编写人：北京市朝阳区人民法院　周欣月

34

生产的农药致农田污染，企业应承担环境污染赔偿责任

——刘某诉青岛海德龙生物科技有限公司、张某环境污染责任案

【案件基本信息】

1. 裁判书字号

江苏省南通市中级人民法院（2018）苏06民终3370号民事判决书

2. 案由：环境污染责任纠纷

3. 当事人

原告（被上诉人）：刘某

被告（上诉人）：青岛海德龙生物科技有限公司（以下简称海德龙公司）

被告（原审被告）：张某

【基本案情】

刘某租赁南通市崇川区观音山街道青龙桥社区16组四亩农业用地用于种植蔬菜。2015年2月左右，刘某在张某经营的通州区先锋惠于民种子经营部购买海德龙

公司生产的福田素有机肥，用于对其所种植的蔬菜进行施肥，后发现施用涉诉有机肥的蔬菜出现枯死、生长迟缓等症状，遂向有关部门投诉举报。2015年3月，南通市崇川区农村工作局组织南通市耕地质量保护站、南通市植保植检站等单位对南通市崇川区观音山镇大棚蔬菜出现的生长异常情况进行了田间现场鉴定，鉴定结论为：根据农户施用福田素有机肥后反映的情况和田间作物受害症状，该异常生长现象与使用海德龙公司生产的福田素有机肥有密切关系，该有机肥中可能含有某种对作物生长有害的有毒物质。2015年6月20日，刘某与海德龙公司、张某经通州区人民调解委员会、通州区社会矛盾纠纷调解中心调解达成协议，主要内容为：一、海德龙公司赔偿刘某损失4000元（受损面积为2亩，按照2000元/亩计算）；二、海德龙公司负责受损土地的改良，尽快确保刘某土地得以恢复生产；三、对于损失未赔偿部分，三方应尽量协商解决。2015年10月12日，各方又达成了先行赔付4000元的协议。协议订立后，海德龙公司先后向刘某支付了8000元赔偿款。此后海德龙公司向刘某提供其自行研制的土壤修复剂，但效果不明显，刘某遂提起本案之诉。

诉讼过程中，根据刘某申请，一审法院委托盐城市农业科学院司法鉴定所对刘某大棚塑料纸、大棚钢架、蔬菜损失、土壤改良费进行评估。最终鉴定意见为：1. 刘某种植的涉诉大棚蔬菜2017年经济损失为23787元；2. 涉诉大棚蔬菜中大棚钢构和薄膜年折旧费用为1659元；3. 刘某涉诉大棚建议更换土壤耕种层，更换耕种层后，还需采取增施有机肥、耕翻等措施，每亩新增费用约800元，案涉1.427亩蔬菜大棚要增加土壤改良费用1142元。

【案件焦点】

1. 本案系产品责任纠纷还是环境污染责任纠纷；2. 如何确定原告的损失；3. 如何确定环境污染责任主体。

【法院裁判要旨】

江苏省南通市港闸区人民法院经审理认为：关于争议焦点1，案涉有机肥施用后造成刘某种植的农作物出现枯死、生长迟缓等症状，破坏了土地的自然生产功能，本案应为环境污染责任纠纷。关于争议焦点2，鉴定机构根据大棚蔬菜生长规律、承包区域现场勘验结果及经济损失估算实施规范，采用市场法计算了涉诉大棚蔬菜的经济损失，符合鉴定技术规程要求，因此损失计算标准可参照鉴定意见书所确定的结论。关于争议焦点3，刘某遭受污染损害后一直采取措施向相关部门反映要求解决，其对损害发生并无过错。张某虽系销售者，但无证据证明其存在过错，故不应承担侵权责任。因此，上述损失的赔偿责任主体为海德龙公司。一审法院遂判决：

一、海德龙公司于判决生效之日起十日内向刘某支付土地污染损害赔偿款75254.5元（3.5×23787－8000）；

二、海德龙公司于判决生效之日起三十日内采取措施将刘某承租的南通市崇川区观音山街道青龙桥社区16组土地恢复原状，如逾期未采取恢复措施的，则由刘某在上述期限届满之日起三十日内自行修复或委托相关机构进行修复，海德龙公司向刘某支付修复费用1142元。

海德龙公司上诉称，鉴定意见书对蔬菜经济损失额的鉴定和推算远远高于实际损失；案涉土地出现问题后，上诉人海德龙公司积极对土地进行过改良，被上诉人刘某存在着故意扩大损失的行为。刘某辩称，鉴定机构先后多次对案涉地进行现场勘查，召开听证会进行科学的论述认证，上诉人海德龙公司没有证据可以推翻该鉴定意见。上诉人海德龙公司虽然对土壤进行过改良，但未能达到预期效果，被上诉人刘某未故意扩大损失，主观上不存在过错。

江苏省南通市中级人民法院经审理认为：一审法院在各方当事人均同意由法院指定鉴定机构的情况下，确定并委托盐城市农业科学院司法鉴定所进行此次司法鉴定，选定程序并无瑕疵；上诉人海德龙公司亲自陪同参与现场调查勘验，鉴定机构依据国家农业行业标准、江苏省地方标准等进行，符合鉴定技术规程要求。根据鉴定意见书，案涉蔬菜经济损失为23787元/年，一审法院综合考虑侵权行为发生时间、土壤修复合理期限等，确定上诉人海德龙公司赔偿三年半期限的种植损失，同时扣除上诉人海德龙公司已经支付的部分费用，所计算的赔偿数额公平、合理。结合被上诉人刘某与上诉人海德龙公司、原审被告张某达成的协议，上诉人海德龙公司负责受损土地的改良，确保被上诉人刘某的土地尽快得以恢复生产。在此情况下，被上诉人刘某续租是基于一种合理的期许，不应认定其有扩大损失之故意。一审法院认定事实清楚，适用法律正确。二审法院判决如下：

驳回上诉，维持原判。

【法官后语】

对受污染的农田进行治理、修复不仅是民事法律问题，更是民生问题。近年来，化肥农药对农村土地的致害现象时有发生，基本事实为：农民购买的化肥农药致使农作物出现枯死、生长迟缓等非正常症状，并导致土地受到污染。此类案件通常会涉及以下三个方面的问题：一是法律关系如何确定；二是责任主体如何确定；三是赔偿数额如何确定。

关于法律关系如何确定的问题。当不法行为人实施的一个行为在法律上符合数个法律规范构成要件时，受害人会产生多项请求权，当这些请求权相互冲突时，就产生了民事责任的竞合。本案中即存在着产品责任与环境污染责任的竞合。所谓产品责任，是指产品的制造者和销售者因制造、销售的产品造成他人人身或财产损害所应承担的民事责任，其所对应的法益为财产权和人身权。所谓环境污染责任，是指污染者因污染环境造成损害所应承担的责任，其所对应的法益不仅包括人身权、财产权，还包括生态环境。一审法院结合原告的诉讼请求，基于权益保护的最大化角度，将本案确定为环境污染责任纠纷，在对农户的财产损失进行救济的同时，将受污染的土地一并纳入保护范围。

关于责任主体如何确定的问题。本案涉及的主体有两个：一是农药的生产主体海德龙公司；二是农药的销售主体张某。因涉及生产者与销售者之间的内部关系，一审法官基于“深口袋”理论，认为现有证据不能证明销售主体张某存在过错，故张某不承担责任，最终判决由生产者海德龙公司承担责任。

关于赔偿数额如何确定的问题。本案中，一审法院根据原告申请，委托司法鉴定所对刘某的大棚塑料纸、大棚钢架、蔬菜损失、土壤改良费等进行评估，最终得出的司法鉴定意见在程序和实体方面均符合法律规定，可以作为确定赔偿数额的依据。根据鉴定意见，判决海德龙公司一方面承担农户的种植经济损失，另一方面限令其对被污染土壤进行修复，逾期未采取修复措施的，限期由种植农户自行修复或委托相关机构进行修复，并由海德龙公司承担相应修复费用，确保受损的生态环境得到及时修复，是生态环境损害赔偿案件中恢复性司法理念的具体运用。

编写人：江苏省南通市中级人民法院　张娟娟

六、触电人身损害责任

35

复合因果关系高压触电损害案件中的归责原则适用和责任主体认定

——张某等诉孙某等侵权责任案

【案件基本信息】

1. 裁判书字号

四川省宜宾市中级人民法院（2018）川15民再19号民事判决书

2. 案由：侵权责任纠纷

3. 当事人

原告（被申请人）：张某、何甲、何乙

被告（再审申请人）：孙某

被告（被申请人）：长宁县电力公司（以下简称电力公司）、四川省长宁县佳美玻璃制品有限公司（以下简称玻璃公司）

【基本案情】

1987年，玻璃公司修建了案涉高压线路。1988年，玻璃公司与电力公司签订供用电协议，约定电力公司向玻璃公司供电。2016年8月19日，电力公司为案涉线路进行安全检查，发现安全隐患：线路与建筑物之间的安全距离不够；完全不符合供电安全要求等。当日，电力公司出具用电监察报告，要求玻璃公司对案涉线路进行全面整改，整改后通知供电部门验收，未按要求整改，将停止供电，由玻璃公司自行承担损失。同日，电力公司停止供电。2016年9月27日，玻璃公司在对高压线路安全隐患未予整改的情况下，向电力公司提交书面申请和承诺书，申请恢复供电，并承诺案涉线路确无重大安全隐患，恢复供电期间安全由玻璃公司负责。电力公司在未予验收的情况下恢复供电。

孙某的房屋系在案涉高压线路搭建完成之后建成，该房屋房产证上载明的层数为2层，但实际层数为3层。何某系张某之夫、何甲及何乙之父。孙某请何某在其房屋楼顶修建雨棚，该雨棚位于电力设施保护区内。2016年10月13日，何某在修建雨棚过程中因不慎碰触案涉线路而被电死。

2016年10月17日，在四川省长宁县龙头镇人民政府就本案进行调解的过程中，何某一方的亲属代表、孙某及其丈夫廖某，均认可何某与孙某达成了包工包料的口头协议。因调解不成，张某、何甲、何乙诉至法院，请求法院判令孙某、电力公司、玻璃公司赔偿因何某触电死亡造成的损失579333元。

【案件焦点】

1. 孙某与电力公司是否应当承担何某触电死亡的赔偿责任；2. 如何认定各责任主体应当承担的责任份额。

【法院裁判要旨】

四川省长宁县人民法院经审理认为：何某触电死亡系多因一果，应按照致害人的行为与损害结果之间的原因力确定各自责任比例。孙某对于本次事故的发生存在主要过错，应承担40%的责任；何某对损害结果的发生在主观上存在放任的态度，应承担30%的责任；电力公司不是案涉专线的所有人，不应承担责任；玻璃公司作为案涉专线的所有人，放任损害后果的发生，应承担30%的责任。依照《中华人民共和国侵权责任法》第十二条、第二十六条、第七十三条、第七十六条规定，判决如下：

一、孙某在判决生效后十日内赔偿张某、何甲、何乙241565元；

二、玻璃公司在判决生效后十日内赔偿张某、何甲、何乙187173.75元；

三、驳回张某、何甲、何乙的其他诉讼请求。

孙某不服原生效判决，申请再审。四川省宜宾市中级人民法院经审理认为：在电力设施保护区域内发生的高压电致人损害案件，应由电能经营者和电力设施管理人承担无过错责任，两者以外的其他主体存在无意思联络之过错的，应当承担与其过错程度相匹配的责任。

孙某与何某系承揽关系，定作人孙某指示何某前往高度危险区域作业，存在明显的指示过失，应承担20%的赔偿责任；承揽人何某在电力设施保护区内擅自作业，对损害结果的发生具有明显过错，应自行承担30%的责任；电力公司作为电能经营者理应承担无过错责任，且其存在疏忽大意的过失，应承担20%的赔偿责任；玻璃公司作为案涉高压电线的管理人，亦应承担无过错责任，且其在知晓线路隐患后未采取妥善的安全保护措施，并要求电力公司恢复供电，对于事故的发生具有明显过错，应承担30%的赔偿责任。依照《中华人民共和国民事诉讼法》第一百七十条第一款第二项规定，判决如下：

一、撤销四川省长宁县人民法院（2017）川1524民初88号民事判决；

二、孙某于本判决生效之日起十日内赔偿张某、何甲、何乙116782.5元；

三、电力公司于本判决生效之日起十日内赔偿张某、何甲、何乙124782.5元；

四、玻璃公司于本判决生效之日起十日内赔偿张某、何甲、何乙187173.75元。

【法官后语】

高压触电人身损害赔偿案件往往涉及民事侵权行为原因力理论在复合因果关系形态下的具体运用问题，该类案件中归责原则的适用和责任主体的认定，在司法实践中存在较大争议，特别是对法律适用的认识分歧较大。在《最高人民法院关于审理触电人身损害赔偿案件若干问题的解释》被废止以后，以电力设施产权人界定高压触电损害赔偿责任主体的内容亦一并予以废止，各地、各级人民法院在依据《中华人民共和国侵权责任法》处理类似案件时，裁判尺度差异较大。本案涉及多个致害人且受害人本身也有过错，法律关系较为复杂，希望该案裁判思路能为此类案件的审理提供有益借鉴。

鉴于发生电击伤害的危险源不是电路设施，而是经营者所经营的高压电能，故《中华人民共和国侵权责任法》第七十三条规定，高压电致人损害，由高压电能经营者承担无过错责任；该法第七十六条将高压电力设施管理人认定为电力设施保护区域内的损害赔偿责任主体，承担无过错责任；同时结合该法第十二条关于无意思联络数人侵权在累积（竞合）因果关系的情形下如何承担责任的规定以及该法第二十六条关于过失相抵原则的规定，在电力设施保护区域内发生的高压电致人损害案件，应由电能经营者和电力设施管理人承担无过错责任，若两者以外的其他加害人无共同侵权的意思联络但对损害结果的发生均存在过错，且受害人亦存在过错的，则属于无意思联络的数人侵权行为以及与有过失的侵权行为的复合因果关系形态，应就各主体的过错程度和行为的法律原因力，分别确认责任份额。进一步而言，在根据原因力确定责任承担比例时，即便经营者、管理人没有过错也不必然免除经营者、管理人对损害赔偿责任的承担，但应根据其他主体责任的大小合理确定经营者、管理人应承担的责任比例；经营者、管理人若具有过错，则应按照加害人、受害人的行为与损害结果之间的原因力确定各自相应的赔偿责任。

综观本案案情，电力公司作为高压电能经营者，理应承担无过错责任，且本案中其存在过失，故再审判决根据过错程度改判其承担部分责任。在承揽关系中，承揽人具有相对独立的劳动自主权，对于损害结果的发生通常需要承担主要责任。孙某作为定作人，存在指示过失，但鉴于承揽人何某存在未能履行安全注意义务的主要过错，故再审改判孙某承担的责任比例低于何某自行承担的责任份额。

编写人：四川省宜宾市中级人民法院　陈曦

36

残疾辅助器具费无需实际产生后才能请求

——周某诉鲁甸供电有限公司等触电人身损害责任案

【案件基本信息】

1. 裁判书字号

云南省昭通市鲁甸县人民法院（2018）云0621民初177号民事判决书

2. 案由：触电人身损害责任纠纷

3. 当事人

原告：周某

被告：鲁甸供电有限公司、鲁甸县龙树镇人民政府、××小学、杨甲、杨乙

【基本案情】

2007 年 6 月 28 日，周某触电受伤，后周某将该纠纷诉至法院解决。2008 年 6 月 5 日，经云南省昭通市中级人民法院判决认定，鲁甸供电有限公司承担 30% 的赔偿责任；鲁甸县龙树镇人民政府承担 30% 的赔偿责任；××小学承担 20% 的赔偿责任；杨甲、杨乙共同承担 10% 的赔偿责任。同时，该判决未解决周某的残疾辅助器具费问题，而是认为周某提交的云南圣泰假肢矫形有限公司的《产品安装证明》系周某自行到配置机构出具的证明，仅为厂家的产品证明价格，且建议安装的辅助器具不符合法律规定的普遍适用的标准，残疾辅助器具费“可在实际发生后，另行起诉解决”。

2010 年 1 月 8 日，周某诉至法院，请求鲁甸供电有限公司、鲁甸县龙树镇人民政府、××小学、杨甲、杨乙赔偿其后续治疗费及 18 周岁以前的 2 次假肢安装费共计 35934 元。2010 年 6 月 7 日，经法院调解，鲁甸供电有限公司承担 35934 元中 30% 的赔偿责任；鲁甸县龙树镇人民政府承担 35934 元中 30% 的赔偿责任；××小学承担 35934 元中 20% 的赔偿责任；杨甲、杨乙共同承担 35934 元中 10% 的赔偿责任。

现周某再次起诉至法院，请求鲁甸供电有限公司、鲁甸县龙树镇人民政府、××小学、杨甲、杨乙赔偿其 18 岁至 75 岁合计 11 次的假肢安装费。

2009 年 3 月 17 日，经云南德林义肢康复器材司法鉴定所鉴定，周某 18 岁以后安装上臂普通旋腕电子手（型号 AEDZ031），价格为人民币 35680 元/支，该产品可正常使用五年。

【案件焦点】

周某是否可以主张残疾辅助器具费一次性计算至其 75 周岁。

【法院裁判要旨】

云南省昭通市鲁甸县人民法院经审理认为：原、被告双方就应当赔偿周某残疾辅助器具费（本案中即为假肢安装费）没有争议，争议的是支付的时间、标准、计算年限。

云南省昭通市中级人民法院在（2008）昭中民二终字第 225 号民事判决书中明确，当时不予支持残疾辅助器具费的理由是“周某提交的云南圣泰假肢矫形有限公司的《产品安装证明》系周某自行到配置机构出具的证明，仅为厂家的产品证明价格，且建议安装的辅助器具不符合法律规定的普遍适用的标准"，因此认为"可在实际发生后，另行起诉解决"。但是，周某在昭通市中级人民法院判决后，通过云南德林义肢康复器材司法鉴定所对"假肢安装费"进行了鉴定，且庭审中被告鲁甸供电有限公司、鲁甸县龙树镇人民政府、××小学对该鉴定意见的证据三性均无异议，周某所需的残疾辅助器具费有了确切的参考依据，无需再待"实际发生后"再起诉解决。

同时，根据《最高人民法院关于审理人身损害赔偿案件适用法律若干问题的解释》第二十六条规定，残疾辅助器具费的配制费用标准和更换周期参照配制机构的意见，本案将参照云南德林义肢康复器材司法鉴定所的意见，认定周某18周岁以后安装假肢的费用为35680元每支，更换周期为每五年更换一次。但是，该鉴定意见未就赔偿期限给出意见，根据周某的残疾情况，其无疑需终身使用假肢，法律亦未就此种情况下残疾辅助器具费的赔偿年限作出明确规定。

残疾辅助器具费的性质属于《最高人民法院关于审理人身损害赔偿案件适用法律若干问题的解释》第十七条规定的"因增加生活上需要所支出的必要费用"，属于实际产生才进行赔偿的费用。但是，为避免频繁诉讼带来的诉累、避免赔偿年限与周某的实际生存年限不一致，同时又考虑个体发展规律和社会整体道德预期，并结合本案的实际情况，法院决定参照护理期的规定计算周某的残疾辅助器具费的赔偿年限，计算20年，假肢安装4次共需142720元。同时，因为残疾辅助器具费的赔偿周期过长，为避免20年的赔偿年限可能与原告的实际生存年限相差过大等因素损害周某的民事权益，20年后，周某可根据实际需求，另行起诉解决其残疾辅助器具费问题。

云南省昭通市鲁甸县人民法院依照《中华人民共和国侵权责任法》第十六条、第七十三条，《最高人民法院关于审理人身损害赔偿案件适用法律若干问题的解释》第十七条第二款、第二十六条、第三十二条，《中华人民共和国民事诉讼法》第一百四十四条规定，判决如下：

一、鲁甸供电有限公司于本判决生效之日起二十日内赔偿周某假肢安装费人民币42816元；

二、鲁甸县龙树镇人民政府于本判决生效之日起二十日内赔偿周某假肢安装费人民币42816元；

三、××小学于本判决生效之日起二十日内赔偿周某假肢安装费人民币28544元；

四、杨甲、杨乙共同于本判决生效之日起二十日内赔偿周某假肢安装费人民币14272元；

五、驳回周某的其他诉讼请求。

【法官后语】

周某已经三次向人民法院起诉请求残疾辅助器具费：第一次，法院认为周某提交的云南圣泰假肢矫形有限公司的《产品安装证明》系周某自行到配置机构出具的证明，仅为厂家的产品证明价格，且建议安装的辅助器具不符合法律规定的普遍适用的标准，残疾辅助器具费“可在实际发生后，另行起诉解决”。第二次，周某起诉后，法院通过调解解决了周某18周以前安装残疾辅助器具的问题。第三次即本案，周某起诉要求解决其18岁至75岁（按人均寿命计算）所需的残疾辅助器具费；鲁甸供电有限公司认为应当遵循原判决必须待“实际发生后”才能起诉，现原告并未安装残疾辅助器具，应当驳回原告的诉讼请求；鲁甸县龙树镇人民政府和××小学则认为应当参照护理期的规定赔偿20年。

1. 关于计算标准。根据《最高人民法院关于审理人身损害赔偿案件适用法律若干问题的解释》第二十六条规定，应当是普通适用型，原告提交的鉴定意见作出时间为2009年3月17日，距今已有近九年，九年的时间里物价上涨幅度很大，且在该鉴定中明确表示为“普通”，所以原告按照35680元每支计算合理。

2. 关于支付时间的问题。昭通市中级人民法院在（2008）昭中民二终字第225号民事判决书中明确，当时不予支持残疾辅助器具费的理由是认为没有确切的参考依据，而不是认为残疾辅助器具费必须待“实际发生后”才能起诉解决。本案如果判决一次性解决，会与昭通市中级人民法院在（2008）昭中民二终字第225号民事判决书相违背。

周某在昭通市中级人民法院判决后，通过云南德林义肢康复器材司法鉴定所对“假肢安装费”进行了鉴定，所以周某所需的残疾辅助器具费有了确切的参考依据，无需再待“实际发生后”再起诉解决。且根据《最高人民法院关于审理人身损害赔偿案件适用法律若干问题的解释》第二十六条规定，可以参照配制机构的意见进行判决。

3. 关于计算年限的问题。残疾辅助器具费的赔偿年限，法律没有明确的规定，司法实务中，有按照人均寿命进行计算，也有参照护理期计算20年的，且部分地方法院已出台了地方标准，如上海市高级人民法院出台的《关于审理道路交通事故赔偿案件若干问题的解答》中就规定残疾辅助器具费的赔偿期限参照护理期的赔偿期限确定。但是云南省没有地方规定。残疾辅助器具费的性质属于《最高人民法院关于审理人身损害赔偿案件适用法律若干问题的解释》第十七条规定的“因增加生活上需要所支出的必要费用”，属于实际产生才进行赔偿的费用。但是如果这样意味着周某每五年就要到法院起诉一次，这样既增加了当事人的诉累，又是对司法资源的浪费。但是按照原告诉请的平均寿命来计算，又可能发生赔偿年限与周某的生存年限之间存在较大误差的情况。且数十年后的物价和科技水平，现在也无法预料，裁判风险较大。因此，折中选择参照护理期计算20年，20年后根据实际情况再起诉解决较为恰当。

编写人：云南省昭通市鲁甸县人民法院 段琼梅

七、饲养动物损害责任

37

宠物被侵害纠纷中赔偿范围、标准的认定及精神损害赔偿的审查

——罗某诉苏某饲养动物损害责任案

【案件基本信息】

1. 裁判书字号

北京市石景山区人民法院（2019）京0107民初28403号民事判决书

2. 案由：饲养动物损害责任纠纷

3. 当事人

原告：罗某

被告：苏某

【基本案情】

2018年6月21日，苏某携带其饲养的三只犬（其中两只是金毛犬，三只犬均未束犬链）在石景山路北京国际雕塑公园北门附近的花坛处，与罗某携带的由其饲养的一只灰色泰迪犬和一只萨摩耶犬（均未束犬链）相遇，五只犬在一起嬉戏玩耍。7时18分，苏某饲养的其中一只金毛犬在泰迪犬靠近时，突然咬住泰迪并狂甩。事发时只有苏某在侧，苏某上前制止，金毛犬方将泰迪犬松开，撕咬持续约8秒钟。泰迪犬被松开后，罗某赶来将泰迪犬抱走但并未送医，也未报警。罗某声称泰迪犬已当场死亡，没有送医的必要。

罗某与苏某曾对赔偿问题进行过协商，但未能达成一致意见。后罗某诉至法院，要求苏某赔偿25000元。被告苏某辩称，双方均有过错，同意承担一半责任。

【案件焦点】

1. 财产损失如何计算；2. 宠物被侵害能否主张精神损害赔偿。

【法院裁判要旨】

北京市石景山区人民法院经审理认为：通过监控录像以及双方当事人对于事发经过的陈述，可以确定苏某饲养的金毛犬无故撕咬了罗某饲养的灰色泰迪犬，且持续时间较长。鉴于金毛犬和泰迪犬的体型差异较大，金毛犬长时间撕咬并狂甩泰迪犬的行为，极易造成泰迪犬肌肉撕裂、内脏损伤及惊吓过度，致死可能性极高。虽然苏某否认泰迪犬因撕咬导致死亡的事实，但不能提供证据否认该事实，故法院对于罗某主张的其饲养的灰色泰迪犬被苏某饲养的金毛犬撕咬，导致泰迪犬死亡的事实予以确认。

根据《北京市养犬管理规定》，苏某居住地以及两犬撕咬事件发生地均不能饲养金毛等大型犬，且每户只准饲养一只犬，携犬出户时应当对犬束犬链并牵领，以便饲养人或者管理人对犬进行有效的管理，防止饲养犬在公共场所侵害他人的人身或者财产安全。而苏某在事件发生时，携带其饲养的三只犬外出，其中有两只金毛犬，三只犬在事件发生时均未束犬链，导致犬在突然发狂时，苏某不能采取有效措施制止其饲养的金毛犬停止撕咬泰迪犬。故苏某对罗某饲养的泰迪犬死亡负有过错。《中华人民共和国侵权责任法》规定，饲养的动物造成他人损害的，动物饲养人或者管理人应当承担侵权责任。而且，违反管理规定，未对动物采取安全措施造成他人损害的，动物饲养人或者管理人更应承担侵权责任。因此，苏某应当赔偿罗某因泰迪犬死亡造成的损失。

罗某作为泰迪的主人应当采取有效措施保护其饲养犬的安全，但其在携带泰迪犬外出时，未束犬链，在意外事件发生时，不能有效地防止或阻止损害的发生。罗某对泰迪犬死亡亦有过错。而且，罗某未按照养犬规定进行养犬登记。因此，可以减轻苏某的民事责任。

鉴于罗某、苏某均对损害的发生负有责任，应当根据各自的过错行为承担相应的民事责任。法院考虑双方的过错程度、类似犬种的市场价格酌情确定苏某赔偿罗某的损失数额。

北京市石景山区人民法院依照《中华人民共和国侵权责任法》第七十八条、第七十九条规定，作出如下判决：

一、苏某于本判决生效后十日内赔偿罗某3000元；

二、驳回罗某的其他诉讼请求。

【法官后语】

目前，随着经济发展及人均收入的提高，养宠物的人越来越多，与宠物相关的诉讼也随之呈现增长趋势，且因饲养人对宠物往往会付出较多的情感和心血，饲养人在侵权诉讼中会提出不同于一般财产损害类案件的诉讼请求，而在司法实践中，也存在不同的处理方式。

一、赔偿范围确定及损失计算

《中华人民共和国侵权责任法》第十九条规定了以市场价格或者其他方式计算，但对于其中提到的"其他方式"并没有司法解释或指导意见予以明确，导致在司法实践中存在诸多争议。具体到宠物被侵害的损失计算，在诉讼中，会涉及的赔偿请求主要包括饲养费、救治费、宠物价格及精神抚慰金等。关于因宠物被侵害产生的救治费用，在司法实践中处理意见基本一致，因为这属于侵权行为带来的直接合理损失，只要饲养人能够提供对应的正规的发票，法院一般都会支持。但如果救治费用过高，超出了合理的限度，会进行严格审查。关于饲养宠物产生的费用，不属于侵权行为造成的直接损失，法院一般不予支持，主要原因有两个方面：一方面是举证困难，饲养人难以提供有效的证据予以证明关联性及赔偿数额，另一方面是饲养费属于平时生活中对于宠物的必然投入，其在宠物带给饲养人陪伴和愉悦的过程中已经实现一定的价值。关于宠物市场价格，法律已有明确规定，但在购买宠物过程中会存在宠物个体差异、买卖地点差异、个人感情因素等多种因素，导致同一品种的宠物价格差距往往很大，在诉讼中对于市场价格的数额也容易产生争议。司法实践中，法院对于市场价格的认定会结合各种因素进行综合考虑，从而防止出现同种类宠物市场价格偏差较大的情况，本案中就涉及这个问题。

二、宠物被侵害能否主张精神损害赔偿

精神损害赔偿是因侵犯人格权致使公民受到精神上的痛苦所应承担的民事责

任，司法实践对于精神损害赔偿的审查极为严格，适用范围也限于法律规定的人格权种类。之所以会出现宠物被侵害时能否主张精神损害赔偿的争议，根本原因就在于对宠物的法律属性有争议。目前主要有完全法律人格论、限制法律人格论、无法律人格论三种观点。在司法实践中，宠物被侵害后主张精神损害赔偿的依据集中在《最高人民法院关于确定民事侵权精神损害赔偿责任若干问题的解释》第四条规定中的“具有人格象征意义的特定纪念物品”，主要认为宠物与法律上的一般物不同，其具有生命价值，饲养人会投入大量情感，产生越来越多的情感寄托和依赖，已经具备了一定的精神维系价值。法院在审理中会结合侵权行为、因果关系、损害结果、感情依赖程度等因素进行考虑，支持精神损害赔偿的判决甚至已经出现，但数量极少且审查极为严格。所以，宠物被侵害获得精神损害赔偿的争议主要集中在理论界，在司法实践中因为缺乏相应的法律依据，饲养人往往难以获得精神抚慰金。

三、养犬人过错的认定

关于饲养动物损害责任，《中华人民共和国侵权责任法》第七十八条规定：“饲养的动物造成他人损害的，动物饲养人或者管理人应当承担侵权责任，但能够证明损害是因被侵权人故意或者重大过失造成的，可以不承担或者减轻责任。”从本条规定可以看出，我国采纳的是无过错责任的归责原则。具体到宠物损害案件中，尤其是宠物互伤的案件，法律上缺乏具体的规定，需要参照地方养犬管理规定来判断饲养人和侵害人的责任。而在很多案例中，过错主要集中在未束犬链、违规养大型犬等问题，其中未束犬链多是引发侵害的最主要原因：一方面是对其饲养犬只的安全未进行有效保护，另一方面在发生意外事件时，也不能及时有效地防止损害的发生及扩大。因此，在类似的事件中，不论侵害方还是受害方在未束犬链造成损害发生后，都会承担相应的责任。

编写人：北京市石景山区人民法院　郭浩

38

饲养动物侵权案件中责任比例的认定

——张甲诉张乙、单某饲养动物损害责任案

【案件基本信息】

1. 裁判书字号

北京市石景山区人民法院（2018）京0107民再5号民事判决书

2. 案由：饲养动物损害责任纠纷

3. 当事人

原告：张甲

被告：张乙、单某

【基本案情】

2015年6月8日5时22分，在北京市石景山区某小区南门附近的道路上，张甲由北往南行走，单某用绳锁牵着自己的犬亦在该处与张甲同方向行走。张乙之犬在未被绳锁牵制的情况下从张甲、单某右侧跑过来，与单某之犬进行打闹。在两只犬打闹过程中，单某的手松开了拴犬的绳锁，两只犬一边打闹一边朝张甲的方向前行。张乙之犬在打闹、前行过程中从后面撞到张甲腿部，张甲摔倒在地，单某上前拉住自己犬的绳锁，将其控制；张乙之犬跑向右侧，随后张乙上前。事发当天，张乙先将张甲送至首都医科大学附属北京朝阳医院，后至北京石景山医院进行检查，检查结果为：1. 左膝关节外侧半月板撕裂伤，内侧半月板II－III度损伤；2. 左腿膝关节外侧副韧带轻度损伤；3. 左膝关节退行性改变，左膝关节髌骨、股骨及胫骨多发骨髓水肿或囊变信号；4. 左膝关节囊积液，滑膜皱襞形成，滑膜炎不除外，关节周围软组织稍肿胀。同年8月12日至8月19日，张甲至北京石景山医院治疗。经委托，北京中正司法鉴定所就张甲因被犬撞伤所致伤情进行鉴定，出具鉴定意见：张甲损伤程度为轻伤二级。诉讼中，张甲向法院申请对张甲的左膝关节外侧半

月板撕裂、内侧半月板II－III度损伤、左膝关节外侧副韧带轻度损伤与2015年6月8日被张乙和单某两犬撞倒之间是否存在因果关系、参与度、护理期、营养期及由此产生的医疗费的必要性进行鉴定。北京中衡司法鉴定所出具司法鉴定意见书，鉴定结论为：1. 张甲伤残等级为十级；2. 建议护理期60～90日，营养期30～60日；3. 张甲左膝关节外侧半月板撕裂、内侧半月板II－III度损伤、左膝关节外侧副韧带轻度损伤主要由2015年6月8日外力所致，先天不利因素占次要作用，建议外伤参与度为E级（60%～90%）；4. 医疗费必要性详见分析说明。经查，张乙之犬已经办理了养犬证。

张甲将张乙、单某诉至法院，请求法院判决二人赔偿其各项费用13万余元及精神损失费2万元。

【案件焦点】

1. 单某是否需承担侵权责任；2若张乙和单某均需承担责任，则二人承担连带责任还是按份责任。

【法院裁判要旨】

北京市石景山区人民法院经审理认为：饲养的动物造成他人损害的，动物饲养人或者管理人应当承担侵权责任，但能够证明损害是因被侵权人故意或者重大过失造成的，可以不承担或者减轻责任。本案中，依据录像、病例、鉴定意见书等足以证明张甲系因被张乙饲养的犬撞倒，导致左膝关节等受伤并构成十级伤残的事实。且依据相关规定，携犬出户时，应当对犬束牵引带，由成年人牵领，并应当避让行人。事发时，张乙并未对犬加以管理造成损害的发生，对此应承担赔偿责任。

北京市石景山区人民法院依照《中华人民共和国侵权责任法》第六条、第十六条、第三十四条规定，作出如下判决：

一、张乙于本判决生效后七日内赔偿张甲医疗费、护理费、交通费、住院伙食补助费、营养费、伤残赔偿金、精神损害抚慰金共计89469.82元；

二、驳回张甲的其他诉讼请求。

张乙对判决不服，向北京市人民检察院第一分院申诉。北京市人民检察院第一分院向北京市第一中级人民法院提出抗诉。北京市第一中级人民法院作出（2018）京01民抗1号民事裁定书，裁定指令北京市石景山区人民法院再审。

北京市石景山区人民法院经再审认为：

一、本案基本事实的认定

依据小区监控录像可以明显看出，单某牵引着自己之犬在路上正常行走，而张乙携犬未对其犬束牵引带。在两犬打闹时，单某松开牵引犬的绳锁，张乙亦未对两犬打闹加以制止和管理，最终导致张乙之犬撞倒张甲的客观事实。

再审期间，张乙否认撞倒张甲的犬是自己的犬，这与张乙在原审审理中自认其犬撞倒张甲相互矛盾，根据监控录像显示及相关证据规则规定，张乙对其相互矛盾的陈述应承担对其不利的后果，故对其否认其犬撞倒张甲一节，不予采信。

二、损害后果的责任认定

本案为侵权行为造成的损害，应根据行为人的过错承担侵权责任。饲养动物应当遵守法律，尊重社会公德，不得妨害他人生活；饲养的动物造成他人损害的，动物饲养人或者管理人应当承担侵权责任，但能够证明损害是因被侵权人故意或者重大过失造成的，可以不承担或者减轻责任；未对动物采取安全措施造成他人损害的，动物饲养人或者管理人应当承担侵权责任。而本案中，造成张甲受伤的损害后果为张乙之犬直接撞倒所致，故张乙对此应承担相应责任，对张甲由此造成的合理经济损失应予以赔偿。而单某在两犬打闹过程中未能管控好自己的犬将绳锁松开，放任两犬打闹，故单某对张甲受伤存在一定过错，应在其过错范围内承担赔偿责任。考虑张乙、单某对张甲损害的责任大小予以认定张乙承担80%的责任，单某承担20%的责任。

三、合理经济损失的认定

经重新计算，合理损失医疗费用18851.77元、住院伙食补助费280元、护理费5000元、营养费1800元、交通费150元、残疾赔偿金100432.1元。关于犬的撞击与张甲伤情之间的因果关系参与度为70%，即张乙、单某承担张甲上述合理经济损失的70%赔偿责任，同时张乙已负担的140元医疗费用一并予以扣除。

四、精神损害抚慰金数额的认定与原审一致

北京市石景山区人民法院依照《中华人民共和国民事诉讼法》第二百零七条第一款，《中华人民共和国侵权责任法》第六条、第十条、第十六条、第二十二条、第七十八条、第七十九条、第八十条、第八十四条规定，作出如下判决：

一、撤销（2015）石民初字第6593号民事判决；

二、张乙于本判决生效后七日内赔偿张甲医疗费、住院伙食补助费、营养费、交通费、护理费、残疾赔偿金共计70847.77元（其中已支付140元）；

三、单某于本判决生效后七日内赔偿张甲医疗费、住院伙食补助费、营养费、交通费、护理费、残疾赔偿金共计17711.94元；

四、张乙于本判决生效后七日内赔偿张甲精神损害抚慰金、鉴定费共计9480元；

五、单某于本判决生效后七日内赔偿张甲精神损害抚慰金、鉴定费共计2370元；

六、驳回张甲的其他诉讼请求。

【法官后语】

一、单某在本案中是否应该承担侵权责任

本案为侵权行为造成的损害，应根据《中华人民共和国侵权责任法》等相关法律承担侵权责任。根据《中华人民共和国侵权责任法》第七十八条规定，原审认为，两只犬在打闹过程中，张乙之犬撞倒张甲，故张乙是侵权行为人，其应该承担责任。单某之犬虽与张乙之犬互相打闹，但单某之犬未将张甲撞倒，其不是侵权行为人，与造成张甲受伤的后果没有直接因果关系。

但是，《中华人民共和国侵权责任法》第七十九条规定："违反管理规定，未对动物采取安全措施造成他人损害的，动物饲养人或者管理人应当承担侵权责任。"本案中，单某未能提供养犬证，未对其犬进行登记、年检，在遛犬期间未能持续对狗进行牵引，应认定其饲养动物明显不符合《北京市养犬管理规定》，应依据《中华人民共和国侵权责任法》第七十九条规定，承担无过错责任；且单某在两犬打闹过程中未能管控好自己的犬将绳锁松开，放任两犬打闹，导致张乙之犬在与其犬打闹过程中将张甲撞倒，故单某对张甲受伤具有相当因果关系。再审中，法院采纳了检察院抗诉书中的该部分抗诉意见。

二、张乙和单某二人承担连带责任还是按份责任

检察院的抗诉意见中认为，张乙和单某在居民小区遛狗违反了相关规定，其行为均具有主观过错且危及他人人身、财产安全；张乙之犬和单某之犬均对张甲受伤有责任，故应承担连带责任；再审审理中，合议庭中亦有人认为张乙和单某是共同危险行为，在此事件中无法确定张乙和单某谁是侵权行为人，两人责任划分不易，应该承担连带责任。但观看事发时监控视频，能够确定是张乙未将其犬束缚，其犬

从后面跑上前与单某之犬打闹，最终张乙之犬将张甲撞倒在地，可明显判断出造成张甲受伤的损害系张乙之犬直接撞倒所致，故张乙是侵权行为人，且对此应承担主要责任；单某之犬虽不是直接将张甲撞倒，但其养犬不符合规定，且对其犬监管不力，亦是侵权行为人，应该承担次要责任，两人责任大小能够进行区分。

《中华人民共和国侵权责任法》第十条规定了共同危险行为及其责任承担，共同危险行为是数人共同实施危及他人人身、财产安全的行为并造成损害结果，而实际侵害行为人又无法确定的侵权行为。实际侵害行为人无法确定是共同危险行为的要件，因为实际侵害行为人无法确定，进而无法根据具体侵害行为等方面来确定应该承担的责任。

实践中，共同危险行为的标准应该严格把握，在根据法律规定能够确定具体侵权行为人时不应该适用共同危险行为条款；在具体侵权人明确，但他们各自对受害人造成的损害份额不易分辨的情况下，亦不能滥用共同危险行为相关规定。本案属于饲养动物损害责任纠纷，根据事发当场视频和庭审证据等，能够确定具体的侵权行为人及其责任比例，因此应该根据责任比例对被害人承担按份责任，而不应该由两名侵权行为人共同承担连带责任。

编写人：北京市石景山区人民法院　付天娇

八、物件损害责任

39

当地风俗能否作为推定事实的基础依据

——赖甲等诉吴春等财产损害赔偿案

【案件基本信息】

1. 裁判书字号

福建省长汀县人民法院（2018）闽0821民初848号民事判决书

2. 案由：财产损害赔偿纠纷

3. 当事人

原告：赖甲、赖乙、赖丙

被告：吴春、吴夏、吴秋、吴冬

【基本案情】

原、被告双方均系长汀县四都镇新华村村民。1968年，吴春、吴夏、吴秋、吴冬之父吴某去世，并葬于本村，后于1978年冬迁葬于本村梨树窝山场。赖甲、赖乙、赖丙之母李某于1995年左右去世，并葬于本村，后于2015年冬迁葬于本村梨树窝山场，并与吴春、吴夏、吴秋、吴冬之父吴某坟墓相邻，两坟墓均坐西北向东南，相距约8米。其遗骸均用当地专用陶瓷罐装放（外表多为褐色，高约50厘米，直径30厘米至40厘米，俗称“金斗”）。此前，吴春、吴夏、吴秋、吴冬以该山场系其自留山为由，对赖甲、赖乙、赖丙建坟行为进行了制止，并经当地派出所、司法所及村镇有关人员到场调解未果。2016年清明期间，吴冬将赖甲、赖乙、赖丙母亲的坟墓挖毁。此后又经当地相关部门调解未果，赖甲遂于2016年8月22日，将吴春、吴夏、吴秋、吴冬父亲的坟墓挖开，并将墓穴中装有吴春、吴夏、吴秋、吴冬父亲遗骸的陶瓷罐（即“金斗”）取出移于他处。2016年9月22日，吴夏去新华村梨树窝查看坟墓时发现坟墓被人破坏，后经了解系赖甲挖毁，遂向村镇相关部门报告，要求处理。此后，当地司法所、村委等有关部门多次组织双方进行调解未果。为此，吴夏到长汀县公安局四都派出所报案，2016年12月22日，长汀县公安局对赖甲作出行政拘留七日的处罚决定。2017年1月16日，吴春、吴夏、吴秋、吴冬又向长汀县信访局反映，该局以不属其职权范围，未予受理，并将信访件转至长汀县四都镇政府办理。2017年2月16日，长汀县四都镇人民调解委员会组织吴春、吴夏、吴秋、吴冬与赖甲、赖乙进行调解，吴春、吴夏、吴秋、吴冬要求赖甲归还“金斗”、恢复原状、赔礼道歉。赖甲认为吴家四人挖毁自家的祖坟在先，要求返还装有其母遗骸的“金斗”并恢复原状。至此调解未成，赖甲、赖乙、赖丙及吴春、吴夏、吴秋、吴冬为此先后向福建省长汀县人民法院提起诉讼。另查明，当地在建坟时有“寄土”习俗，即在坟墓建好后择吉时下葬，在所择吉时或时辰未到之前，将“金斗”预先埋入墓穴，并于其上插管状物（此前多用竹子，现多用PVC管或塑料管代替）透气，再用土覆盖，待所择吉时到来时，拔去所插管状物代替下葬。

【案件焦点】

吴春、吴夏、吴秋、吴冬在损毁赖甲、赖乙、赖丙母亲坟墓时，有否将装有赖甲、赖乙、赖丙母亲遗骸的陶瓷罐取走藏匿。

【法院裁判要旨】

福建省长汀县人民法院经审理认为：公民的合法财产受法律保护。所有权人对自己的不动产或动产，依法享有占有、使用、收益和处分权利，无权占有动产或不动产的，权利人可以请求其返还原物。赖甲、赖乙、赖丙所举证据不足以证明其母亲的坟墓损毁系吴春、吴夏、吴秋、吴冬共同所为，但诉讼中，吴冬承认系其损毁，系自认行为，应予确认，由此所产生的民事赔偿责任，亦应由其承担。故赖甲、赖乙、赖丙所举证据不能证明吴春、吴夏、吴秋有参与毁损其祖坟的事实，故赖甲、赖乙、赖丙要求其承担相应法律责任，没有事实依据，不予支持。对于吴冬挖毁赖甲、赖乙、赖丙祖坟之后，有否拿走坟墓中“金斗”的问题，赖甲、赖乙、赖丙无证据证明，且其提供的照片显示，其祖坟顶部有挖毁，墓碑有扳倒，贴墓碑处平整，顶部插有白色管子，其状未及深入，再结合庭审中赖甲的陈述，“是起诉以后拍的照片，上面有根塑料管。就是PVC管，这个管子就是到了时间拔掉的，这个坟是还没有‘下葬’的时候就被吴春、吴夏、吴秋、吴冬挖掉了”。而本案受理后，于2018年2月2日拍摄的现场勘查照片显示，现场杂草丛生，墓穴已空，与赖甲、赖乙、赖丙提供的照片相比较，其照片应于现场勘查之前较久的时间所拍，再结合本地“寄土”的风俗习惯，可推定在拍此照片时“金斗”尚存于墓穴之中。故赖甲、赖乙、赖丙祖坟墓穴中“金斗”被取出，另有他因。为此，赖甲、赖乙、赖丙主张其墓穴中“金斗”系吴春、吴夏、吴秋、吴冬所取走藏匿，缺乏事实依据，理由亦不充分，故不予采信。对于经济损失10000元的诉请，因赖甲、赖乙、赖丙未提供被损坏物品购买或维修相关证据，故该项主张，不予支持。祖坟承载着后人对先祖的祭拜和敬仰，吴冬挖掘损毁赖甲、赖乙、赖丙先祖坟墓的行为，伤害了赖甲、赖乙、赖丙的感情，侵害了赖甲、赖乙、赖丙的人格尊严，且有悖社会公序良俗，应依法赔偿赖甲、赖乙、赖丙的精神损失，为此根据赖甲、赖乙、赖丙祖坟毁损状况、事故起因及造成的影响等综合因素，酌定吴冬赔偿赖甲、赖乙、赖丙精神损害抚慰金15000元。

福建省长汀县人民法院依照《中华人民共和国民法总则》第十条、第一百一十三条、第一百一十四条，《中华人民共和国物权法》第三十四条、第三十六条、第三十七条、第三十九条，《中华人民共和国侵权责任法》第六条、第十九条、第二十二条、第二十六条，《中华人民共和国土地管理法》第十六条第一款，《最高人民法院关于确定民事侵权精神损害赔偿责任若干问题的解释》第三条第三项、第四条、第七条、第十条规定，作出如下判决：

一、吴冬应于本判决生效之日起三日内，赔偿赖甲、赖乙、赖丙精神损害赔偿金15000元；

二、驳回赖甲、赖乙、赖丙的其他诉讼请求。

【法官后语】

本案从事发到法院起诉，历时两年有余，时间长，证据相当有限，查证难度大，双方矛盾激烈。本案能够得到顺利审结，主要得益于审判中对事实推定的运用。

“众所周知的事实无需证明”是西方诉讼程序中的一个古老的格言。2002年4月1日施行的《最高人民法院关于民事诉讼证据的若干规定》第九条第一项规定，众所周知的事实，当事人无需举证证明。众所周知的事实是指在一定的时间和地域范围内为受理案件的法官和一般社会成员共知的事实。但本案所涉及的“寄土”风俗习惯是否为众所周知的事实？从本案的审理认定来分析，一是有经举证质证为双方所认可的现场照片这一事实基础；二是“寄土”这一当地丧葬行业特有的风俗习惯，已被原、被告双方当庭对质认可；三是根据照片的现场状况，结合“寄土”风俗这一众所周知的事实，进而推导出本案双方的主要争议焦点，即作出坟墓中的“金斗”是否为吴春、吴夏、吴秋、吴冬损毁或取走的判断结论。因此，本案根据现场照片等证据确认的基础事实，依据“寄土”风俗习惯推导出据以裁判的事实推定，具有不可辩驳性，对促使本案当事人服判息诉提供了有力的事实依据。但在审判实践中，事实推定应当注意以下几点问题。

第一，基础事实要扎实可靠。本案在审理中固定了一个证据，证据主要是赖甲、赖乙、赖丙提供的现场照片。照片是指借助于光学仪器和感光材料或电子设备所拍摄的生照片、现场照片、医学照片、CT片等，对与诉争事实有关的人、物、情境等能够忠实地再现。法院对赖甲、赖乙、赖丙提交照片进行了质证，在双方无异议的情况下，固定了拍摄的时间、地点。

第二，本案在审理中固定了一个“众所周知的事实”。认定众所周知的事实免除了相关当事人的证明责任，保证了人民法院在裁判中认定的事实与生活事实的一致性，也减轻了当事人的举证负担，缩小了法官审判的范围，提高了诉讼效率。但众所周知的事实具有相对性，对此一定要作正面深入的理解。首先，其具有地域性。它是特定地域范围内人们普遍知晓的事实。这一事实在不同的地域、不同的时间会发生变化，甚至不存在。以美国证据法为例，其确定“众所周知的事实”的地域范围时是以管辖法院所在地为界定标准。其次，在时间上要具有当时性。再次，须为特定范围内一般社会成员所共知，但不能强求所有社会成员皆知。以本案为例，没有在当地从事丧葬这一特殊行业的从业人员以及未处理过丧事的社会人员一般是无从知晓“寄土”这一风俗习惯的。最后，须为审理案件的法官所知晓。这与法官的教育背景、社会生活阅历等息息相关，相同的事实在不同法官之间会有较大的理解差异。

第三，对当地丧葬业特有风俗“寄土”的行为方式内容进行了阐释，并征得原、被告双方意见后方予以固定。本案运用了事实推定，推定是指通过某一存在的事实，据以推出另一相关事实的假设，是由基础事实的存在，推演出推定事实存在的诉讼活动。《最高人民法院关于民事诉讼证据的若干规定》第九条是我国法律文件中关于推定的最明确的规定，这个规定基本明确了推定的含义，并指出推定包括法律推定、事实推定。

事实推定是审判者基于职务上的需要，根据一定的经验法则，以已知的事实作为基础，进而推论出未知事实的证明手段，是推定制度的重要组成部分，也是法律推定的重要补充，对提高法院的审判效率具有重要的作用和意义。

编写人：福建省长汀县人民法院　梁长生

40

法院并非必须依据司法鉴定意见来认定地下商场遭受水淹起因

——龙山县三益电器有限公司诉湖南晟盛置业有限公司龙山分公司财产损害案

【案件基本信息】

1. 裁判书字号

湖南省湘西土家族苗族自治州中级人民法院（2018）湘31民终181号民事判决书

2. 案由：财产损害纠纷

3. 当事人

原告（上诉人）：龙山县三益电器有限公司（以下简称三益电器公司）

被告（上诉人）：湖南晟盛置业有限公司龙山分公司（以下简称晟盛置业公司）

【基本案情】

被告晟盛置业公司自2014年3月24日起，在湖南省龙山县城民安街道办事处长沙路开工建设地下商业步行街，于12月30日竣工。在建设施工时，被告晟盛置业公司对原城市排水系统进行了改建，把原两条城市主排水道切断，合并成一条，呈U形从地下商业步行街底部穿过长沙路。2016年6月19日，龙山县城下暴雨，城市排水不畅，导致原告的商场（位于负一楼）受淹，造成严重损失。后因同样原因，6月24日、27日，8月6日，该商场又三次受淹。后经司法鉴定，原告商场的受淹财产损失共计591484.84元，支付司法鉴定费20000元。被告改建后的城市排水系统，在原告起诉时尚未移交给龙山县相关职能部门管理。

原告诉讼请求：1. 判令被告立即采取整改措施，以消除对原告商场大量渗水的危险。2. 赔偿原告财产损失1104456.95元。3. 由被告承担诉讼费用。

被告辩称：1. 本公司开发的长沙路地下商业步行街有相关手续，并取得验收备案。2. 原告的商场本身存在设计和施工缺陷。3. 原告所受损失是因自然灾害造成，本公司不需承担责任。

原告在一审中提交证据“三益电器六·一九水灾视频”一份，以证明其商场当时是因地下管道的水大量冲破地板砖涌出来才被淹的；提交证据“被告对地下管道污水管道改造方案（2#污水管）的图纸复印件”，以证明被告没有按照设计图纸要求安装大功率泥浆泵，也没有按要求定期清理污水管道。被告对这两份证据，均只是以不具有关联性为由，主张不能达成原告证明目的。

【案件焦点】

在没有委托司法鉴定机构对原告地下商场遭受水淹的起因进行鉴定的情况下，法院能否直接依据原告所举证据进行认定。

【法院裁判要旨】

湖南省龙山县人民法院经审理认为：被告晟盛置业公司在建设施工时，对原城市排水系统进行了改建，导致排水不畅，且对管理的排水系统清淤不及时，导致排水系统内部压力过大，地下管道排泄水冲破管壁，致使原告三益电器公司的商场受淹，遭受严重损失。被告的该行为具有过错，应承担赔偿责任。

湖南省龙山县人民法院依照《中华人民共和国侵权责任法》第六条、第十五条第六项、第十九条及《中华人民共和国民事诉讼法》第六十四条规定，判决如下：

一、被告晟盛置业公司赔偿原告三益电器公司各项经济损失611484.84元；

二、驳回原告其他诉讼请求。

双方当事人均不服，提起上诉。湖南省湘西土家族苗族自治州中级人民法院审理认为：三益电器公司的商场当时被水淹，确实是因为水大量从下部冲破商场的地板砖涌现出来；晟盛置业公司确实没有按照设计图纸要求安装两台大功率泥浆泵，也没有按要求定期清理污水管道。这两点事实，人民法院均应明确认定。晟盛置业公司对其在施工中，将原横穿长沙路的两条城市主排水道切断，合并成一条的事实不予否认。因此，应该认为，晟盛置业公司的上述不作为，直接导致晟盛置业公司改建的U形管道过水量严重减弱，并形成过水端强大压力，在龙山县城下暴雨时，因排水不畅，直接导致地下管道排泄水冲破管壁，大量的水从下部冲破三益电器公司商场的地板砖，涌进商场，致使商场受淹。对此，仅凭日常经验和普通知识就可认定，无需进行专业鉴定。三益电器公司所举证据足以证明其主张的商场遭受水淹的起因。晟盛置业公司的相关上诉理由不能成立。三益电器公司对其商场因水淹所遭受的经济损失没有任何过错，不得减轻或者免除晟盛置业公司依法应该承担的侵权法律责任。

湖南省湘西土家族苗族自治州中级人民法院依照《中华人民共和国民事诉讼法》第一百七十条第一款第一项规定：

驳回上诉，维持原判。

【法官后语】

晟盛置业公司在一审中就提出了对三益电器公司的地下商场被淹的起因应委托有资质的鉴定机构进行鉴定，但一审法院未予采纳。二审中，该公司又提出应委托有资质的鉴定机构进行鉴定。一审法院没有正面回应晟盛置业公司的申请，二审法院则明确告知无需进行专业鉴定。对此，可从五个方面来理解。

首先，应该明确，我国没有任何法律或者行政法规明确规定在当事人对类似涉案地下商场被水淹的起因等问题发生争议时，必须委托专业机构进行司法鉴定。将对这类问题的事实认定，动辄推给司法鉴定机构的做法，是无益的，甚至是有害的。法官完全可以根据现有证据，按照诉讼证据规则来认定这类问题。法官应该有这样的自信和能力。

其次，根据日常经验和普通知识，完全可以认定晟盛置业公司没有按照设计图纸要求安装两台大功率泥浆泵且没有按要求定期清理污水管道的行为，与在下大雨时，大量水从下部冲破三益电器公司地下商场的地板砖涌现出来之间，在相当概率上具有因果关系。

再次，根据我国民事诉讼法及相关司法解释规定，我国民事诉讼证明标准在一般情形下是“高度可能性”证明标准；只有在对欺诈、胁迫、恶意串通以及口头遗嘱或赠与等特定事实予以证明时，才采用“确信该待证事实存在的可能性能够排除合理怀疑”的证明标准。本案依法应该且只能采用“高度可能性”证明标准。

复次，晟盛置业公司没有举出任何证据证明，或者举出任何科学原理来说明其没有按照设计图纸要求安装两台大功率泥浆泵且没有按要求定期清理污水管道的行为，在下大雨时，不可能导致大量水从下部冲破三益电器公司地下商场的地板砖涌现出来的现象。晟盛置业公司对三益电器公司所举的该两份证据以不具有关联性为由不予认可，只是不能直接产生自认的法律后果，并不能直接否定三益电器公司所举的该两份证据的证明力。

最后，也是极为关键的是，在晟盛置业公司按要求定期清理污水管道之后，即使再遇到下大雨天气，也没有再发生大量水从下部冲破三益电器公司地下商场的地板砖涌现出来的现象。那么，采用排除法，就足以认定晟盛置业公司的不作为，与下大雨时大量水从下部冲破三益电器公司地下商场的地板砖涌现出来之间具有因果关系。

编写人：湖南省湘西土家族苗族自治州中级人民法院　邱贤周　胡基厚

41

房屋共有设施损害的责任划分问题

——曹某诉北京龙城兴业物业管理有限公司、北京市鲁艺房地产开发有限责任公司侵权责任案

【案件基本信息】

1. 裁判书字号

北京市第一中级人民法院（2018）京01民终7071号民事判决书

2. 案由：侵权责任纠纷

3. 当事人

原告（被上诉人）：曹某

被告（被上诉人）：北京龙城兴业物业管理有限公司（以下简称龙城公司）

被告（上诉人）：北京市鲁艺房地产开发有限责任公司（以下简称鲁艺公司）

【基本案情】

曹某系北京市海淀区某小区×号楼1层至2层1单元101号房屋（以下简称涉案房屋）的所有权人。龙城公司于2016年5月17日至2017年11月29日为涉案房屋所在小区提供应急物业服务。鲁艺公司系涉案房屋的房地产开发企业。2016年6月，涉案房屋墙外的地下共用污水管道发生渗漏，导致涉案房屋的负一层因污水渗漏产生损失，曹某为此支出维修费用。曹某认为，发生渗漏的管道系共用的隐蔽排水管道，应由龙城公司与鲁艺公司承担维修责任，二公司未能对受损管道进行充分维修，给其房屋及屋内装修、物品造成渗漏损失，且曹某支付了共有设施的维修费用。曹某遂起诉要求龙城公司与鲁艺公司支付其维修费用并赔偿损失。

【案件焦点】

1. 房屋渗漏原因的确定；2. 房屋共有设施损害的责任划分。

【法院裁判要旨】

北京市海淀区人民法院经审理认为：在住宅保修期内，房屋的共用设施出现问题，应由房地产开发企业承担保修责任。在住宅保修期满后，如因房屋质量不合格导致房屋共用设施出现问题，房地产开发企业仍应承担维修义务；如因共用设施正常的损耗与老化产生问题，由物业公司负责一般日常的维护与保养，但对于修缮范围大、维修难度高、维修费用高等共用设施的修缮、改造等，则应使用住宅专项维修资金进行维修。本案中，因维修的紧急性，曹某已自行维修完毕，已不具备条件对管道破裂的原因是否系质量问题进行鉴定。隐蔽排水管道的维修难度较大、费用较高，已超出物业日常维修保养的范围，但因现行的住宅专项维修资金审核标准明确规定隐蔽给排水工程的保修期最低为 10 年，本案案涉管道维修亦难以使用住宅专项维修资金。虽然涉案房屋取得施工许可证当时的相关规定确认给排水工程的保修期限最低为 2 年，但并未明确规定隐蔽的给排水管道的保修期限。后施行的《商品住宅工程质量保修规程》明确规定采取隐蔽方式安装的给排水管道最低保修期为 10 年，可见隐蔽的给排水管道的常规使用寿命至少应为 10 年以上。综合以上因素，法院认为鲁艺公司应承担本案共用管道的维修责任，鉴于曹某与龙城公司亦有义务减少损失的扩大，曹某的财产损失由三方予以分担。

北京市海淀区人民法院依照《中华人民共和国侵权责任法》第六条规定，作出如下判决：

一、鲁艺公司于本判决生效后十日内赔偿曹某维修费 20000 元、财产损失 6500 元；

二、龙城公司于本判决生效后十日内赔偿曹某财产损失 6500 元；

三、驳回曹某的其他诉讼请求。

鲁艺公司不服一审判决，提起上诉。北京市第一中级人民法院经审理认为：涉案管道为共用的隐蔽给排水管道，涉案房屋取得施工许可证时法律尚未有明确规定此种管道的最低保修期；后施行的《商品住宅工程质量保修规程》规定隐蔽的给排水管道最低保修期为 10 年；目前施行的住宅专项维修资金标准规定隐蔽的给排水管道保修期不低于 10 年，本案涉案排水管道难以使用住宅专项维修资金维修。且鲁艺公司二审提交的商品房现房买卖合同和住宅质量保证书中，亦未明确约定隐蔽部分的给排水管道保修期限，故不足以证明本案涉案管道的保修期是 2 年。因此，一审法院确定隐蔽的给排水管道常规使用寿命应为 10 年以上并据此认定鲁艺公司应对涉案管道进行维修并无不当，二审法院应予维持。鲁艺公司未能及时尽到维修义务，对此造成的损失，应承担侵权责任。

北京市第一中级人民法院依照《中华人民共和国民事诉讼法》第一百七十条第一款第一项规定，作出如下判决：

驳回上诉，维持原判。

【法官后语】

在日常生活中，业主的房屋专有部分常因共有部分的设施设备损坏而产生损失，而因共有部分的管道、防水层老化破裂等问题造成业主的房屋专有部分发生渗漏的情形，尤为多见。由此，造成了大量业主与物业服务企业、房地产开发企业之间的纠纷。该类案件与业主的日常生活密切相关，且常因维修的紧迫性而无法保留渗漏事故现场，给事后的渗漏原因鉴定造成困难，甚至无法进行成因鉴定。即使确定渗漏为共有设施损害造成，业主、物业服务企业、房地产开发企业亦会在责任分担上产生分歧。该类案件裁判规则的探讨对于解决业主与物业服务企业、房地产开发企业之间的矛盾纠纷，具有重要意义。

首先，对于此类渗漏事故成因的确认，如具备鉴定条件，应进行成因鉴定。但鉴定常存在成本较高、过程复杂、耗时较长等弊端，业主可能不会选择进行成因鉴定。在无鉴定结论作为依据的情况下，应根据各方陈述、现场录音录像、维修方案等综合考量渗漏的原因。确定渗漏为共有设备设施损害造成的情况下，如果已过保修期限，业主或物业服务企业认为共有设施存在工程质量问题，则亦需通过鉴定予以确认。

其次，如业主房屋专有部分的渗漏系因房屋共有部分的管道、防水等问题造成的，则需根据共有设施设备损坏的时间、维修的范围及难度等划分责任。在住宅保修期内，房屋的共用设备设施出现问题，应由房地产开发企业承担保修责任。在住宅保修期满后，如因房屋质量不合格导致房屋共用设备设施出现问题，房地产开发企业仍应承担维修义务。但是，房屋共有设备设施是否存在质量问题一般也需通过鉴定予以确认。如因共用设施正常的损耗与老化产生问题，则由物业公司负责一般日常的维护与保养，但对于修缮范围大、维修难度高、维修费用高等共用设施的修缮、改造等，则应使用住宅专项维修资金进行维修。住宅专项维修资金的审批程序相对较为严格，对于共有设备设施造成个别或少数业主房屋专有部分损失的情况，启动住宅专项维修资金的难度通常较大。本案中，发生渗漏的设施系共有的埋藏地下的隐蔽的公用污水管道，虽然涉案房屋取得建设施工许可证时的相关规定确认给排水的保修期限为2年，但未明确规定此种隐蔽给排水管道的最低保修期。后施行的相关规定确认隐蔽给排水管道的保修期为10年。现行的住宅专项维修资金标准规定隐蔽给排水管道的保修期不低于10年。因此，法院认定隐蔽的给排水管道的常规使用寿命至少应为10年，具有公平合理性，有利于双方纠纷的解决。

最后，业主在通知物业服务企业或房地产开发企业进行维修，而物业服务企业或房地产开发企业拒绝维修或维修不充分的情况下，业主亦有义务通过自行维修来减少自身损失。维修费用，业主可另行主张，法院根据维修费用及合理性等综合予以判定。

编写人：北京市海淀区人民法院　常晓明

42

管理部门应否对第三人在公共道路上的不当堆放物品致害行为承担责任

——易某诉林某、泉州市公路局直属分局公共道路妨害通行损害责任案

【案件基本信息】

1. 裁判书字号

福建省泉州市中级人民法院（2018）闽05民终505号民事判决书

2. 案由：公共道路妨害通行损害责任纠纷

3. 当事人

原告（被上诉人）：易某

被告（上诉人）：林某

被告：泉州市公路局直属分局（以下简称泉州公路局）

【基本案情】

易某是易小甲父亲，系易小甲唯一继承人。2017年5月18日，泉州公路局将县道304线K23+870（金光隧道口）起至K28+000（过溪中桥桥头）两侧路肩绿化带内的巨尾桉树砍伐工程发包给林某实施，双方签订协议书约定：承包范围内的安全生产责任由林某全部承担，泉州公路局概不负责，即林某在施工过程中应及时将所砍伐的木材搬运并清理路面、路肩、水沟、涵洞口、绿化带内所有的树枝等，确保路面现场行车安全畅通、路基排水畅通。次日19时39分，易小甲驾驶无牌二轮摩托车沿县道304线由泉州市洛江区罗溪镇往马甲镇方向行驶至县道304线26千米路段时，因摩托车碾压同向道路内由林某组织砍伐后堆放在路面上的树木摔倒，被送往医院治疗，后于当月21日经抢救无效死亡。2017年6月7日，泉州市公安局交通警察支队洛江大队作出道路交通事故认定书，认定：易小甲无有效机动车驾驶证驾驶无牌二轮摩托车，未注意观察路面情况，其过错行为是导致本次事故发生的原因之一；林某在夜间占用道路堆放木头作业时，未按规定取得有关部门许可，亦未按国家规定的标准设置交通安全防护措施，其过错行为是导致本次事故发生的另一原因，二人应承担本事故的同等责任。

【案件焦点】

泉州公路局应否对林某在公共道路上的不当堆放物品致害行为承担责任。

【法院裁判要旨】

福建省泉州市洛江区人民法院经审理认为：易小甲与林某的过错对本案交通事故发生的原因力相当，公安交警部门的认定可作为定案依据，予以确认。泉州公路局作为事故路段的管理者，其将事故路段内的绿化树木砍伐工程发包给林某施工，虽然双方约定安全生产责任由林某负担，但是该协议为双方的内部约定，无法对抗第三人，且泉州公路局未提供证据证明其已履行了监督管理职责不存在过错，故其对事故发生也应承担一定的责任。综合本案实际，易某因本起事故造成的损失：医疗费10787.82元、营养费1078元、住院伙食补助费60元、家属处理丧葬事宜误工费2625元（125元/天×3人×7天）、护理费256元（2天×128元/天）、死亡赔偿金299984元（14999.2元/年×20年）、丧葬费30986.5元、精神损害抚慰金50000元、被扶养人生活费39808.3元（12910.8元/年×9.25年÷3人），合计

435585.62元，酌情认定由林某承担40%的责任即应负责赔偿174234.25元（435585.62元×40%），泉州公路局承担10%的责任即应负责赔偿43558.56元（435585.62元×10%）。易某主张林某、泉州公路局负连带责任，但无证据证明二者存在共同故意或共同过失，故对该主张，不予支持。泉州公路局辩解不须承担本案事故的赔偿责任，但是未提供证据证明其没有过错，故对该抗辩意见，不予采纳。

福建省泉州市洛江区人民法院依照《中华人民共和国侵权责任法》第二条、第六条、第十五条第一款第六项、第十六条、第二十六条、第八十九条，《中华人民共和国民事诉讼法》第十三条第二款，《最高人民法院关于审理道路交通事故损害赔偿案件适用法律若干问题的解释》第十条，《最高人民法院关于审理人身损害赔偿案件适用法律若干问题的解释》第十七条至第二十一条、第二十三条、第二十四条、第二十七条至第二十九条，《最高人民法院关于适用〈中华人民共和国民事诉讼法〉的解释》第九十条规定，作出如下判决：

一、林某应于本判决发生法律效力之日起十日内赔偿易某174234.25元；

二、泉州公路局应于本判决发生法律效力之日起十日内赔偿易某43558.56元；

三、驳回易某的其他诉讼请求。

一审判决后，林某提起上诉。福建省泉州市中级人民法院经审理认为：一审判决根据交警部门关于易小甲与林某的事故责任认定及综合考虑泉州公路局作为事故路段管理人，未尽监管和发现、排除安全隐患的义务且未对林某的砍伐作业进行有效监督，从而认定林某、泉州公路局分别承担40%和10%的赔偿责任。该责任比例分担恰当，应予维持。林某主张泉州公路局承担10%的赔偿份额过低，理由不能成立，不予采纳。据此，依照《中华人民共和国民事诉讼法》第一百七十条第一款第一项规定，作出如下判决：

驳回上诉，维持原判。

【法官后语】

本案争议焦点涉及公路管理部门应否对第三人在公共道路上的不当堆放物品致害行为承担责任的认定问题。审判实践中，法院对此的处理一般依据《中华人民共和国侵权责任法》（本案以下简称《侵权责任法》）第八十九条以及《最高人民法院关于审理道路交通事故损害赔偿案件适用法律若干问题的解释》（本案以下简称《解释》）第九条、第十条规定进行裁判。在具体的操作过程中，应注意以下两个问题：

1.《解释》第九条、第十条中的除外规定该如何把握

从规定内容上看，《侵权责任法》第八十九条“在公共道路上堆放、倾倒、遗撒妨碍通行的物品造成他人损害的，有关单位或者个人应当承担侵权责任”内容中并无除外规定，如果据此认为条文中所指的“有关单位”即公路管理部门、其应承担的是无过错责任，那么对条文的理解将过于机械，对公路管理部门而言亦过于苛责。为指导实践，《解释》第九条、第十条在《侵权责任法》规定基础上作了除外规定，进一步明确了公路管理部门应承担责任的范畴，即道路管理者不能证明已按照法律、法规、规章、国家标准、行业标准或者地方标准尽到清理、防护、警示等义务的，应当承担相应的赔偿责任，反之不应当承担赔偿责任。实务中，对该除外规定存在以下三种不同的评判标准：一是善良管理人的注意义务，认为应以具有相当知识和经验的人，对于一定事件的所用注意作为标准；二是同一的注意义务，主张应以行为人平日处理自己事务所用的注意事项为标准；三是普通人的注意义务，以一般人在通常情况下的注意义务为标准。笔者赞同第三种评判标准，主张以普通人的注意义务作为判断公路管理部门应否承担责任的判断标准。主要理由如下：公共道路状况复杂多变，管理维护成本较高，如果要求公共道路管理部门承担善良管理人的义务，会使其承担的责任过重，有违公平原则；原交通部在交公便字[2001]66号答复中亦明确指出，《公路养护技术规范》所规定“各种路面应定期清扫，及时清除杂物，以保持路面和环境的清洁”中的“及时”并不等于“随时”，如果公路养护单位按照规定的频率或有关工作要求做到了定期清扫，即不能认为其“疏于养护”。

2. 若应承责，公路管理部门承担的是何种法律责任

有观点认为，公路管理部门对公共道路负有的法定管理责任，与《侵权责任法》第三十七条所规定的公共场所管理人的安全保障义务吻合。是故，在公路管理人疏于管理情况下，其对第三人妨碍通行行为造成的损害应承担的是与其过错相适应的补充责任。本案中，一审、二审法院没有采用补充责任的观点，而是按照按份责任的观点对案件进行处理，笔者认为是正确的。究其原因在于，妨碍通行类损害

案件中，受害人的损害后果通常是由第三人的直接侵权行为与公路管理部门的间接失职管理行为相结合造成的，属于多数人的竞合侵权情形，此时，依照《侵权责任法》第十二条规定，根据各责任人对损害后果发生的原因力大小来确定他们向受害人所应承担的赔偿责任和份额，不仅有利于保护受害人的合法权益，督促公路管理部门尽到管理职责，亦符合立法目的和侵权法理论。

编写人：福建省泉州市洛江区人民法院　林前枢　杨鑫

43

物件脱落损害案中责任主体的认定

——龚某诉启东市经济开发区管理委员会物件脱落损害责任案

【案件基本信息】

1. 裁判书字号

江苏省南通市中级人民法院（2019）苏06民终1351号民事判决书

2. 案由：物件脱落损害责任纠纷

3. 当事人

原告（被上诉人）：龚某

被告（上诉人）：启东市经济开发区管理委员会（以下简称管委会）

【基本案情】

2018年2月12日，管委会委托启东市全艺广告有限公司在其管理范围内的庙效村过渡房前安装了一幅红色布质“欢度春节”横幅，横幅挂置在过渡房便民服务站的南侧，南北走向，横跨过渡房前埭路，每一端均用尼龙绳穿套分别固定在埭路两侧的电线杆上，下沿离地约4.5米，安装时由其所属拆迁办下设的庙效村过渡房管理组工作人员负责现场交接。当日启东市天气晴好，无大风（日极大风6级，风向西），10时40分许，横幅北侧一端曾脱落，一货车司机陈某将其重新挂在埭路北侧彩钢房的钢管上；13时20分许，龚某驾驶电动自行车从庙效村十四组家中出发去市区购物，沿着埭路由西向东行驶至过渡房前路段时，上述横幅的北侧一端绞到电动自行车的后轮，致龚某倒地受伤、车辆受损。后龚某报警，被送往医院救治。2018年3月1日，交警部门出具《道路交通事故证明》，记载了龚某对事故的陈述及管委会系事故路段“欢度春节”横幅的管理单位，并表述因路上方悬挂横幅脱落的成因无法查清，故交通事故责任无法认定。事发时龚某车速为40千米/小时。

龚某认为管委会作为横幅的安装单位，负有管理维护之责，而管委会未及时排除安全隐患，造成其发生事故而受伤，应对其损失承担赔偿责任。管委会则认为原告逆向行驶、严重超速、未尽到谨慎驾驶义务，对事故的发生存在严重过错，且货车司机陈某将横幅挂回后未通知管委会，也未把横幅再次系牢，对本案事故的发生有过错，故应由原告与第三人承担事故责任。

【案件焦点】

物件脱落致人损害案中可能存在多个责任主体对侵权责任承担的认定。

【法院裁判要旨】

江苏省启东市人民法院经审理认为：建筑物、构筑物或者其他设施及其搁置物、悬挂物发生脱落、坠落造成他人损害，所有人、管理人或者使用人不能证明自己没有过错的，应当承担侵权责任。管委会作为横幅这一致害物件的所有人和管理人，应当维护其安全，确保不会产生不合理的危险。现因横幅导致损害而涉讼，其作为横幅的维护义务主体依法应当对自己无过错承担证明责任。其提供情况说明以证明其委托专业的广告公司负责安装横幅，横幅高度能满足各种车辆的通行，横幅的强度能抵御本地各种风力，其对本案事故的发生不应承担责任。然，该证据对管委会无过错不能产生证明力——横幅的北侧一端在事发当日10时40分许被他人重新系在北侧彩钢房上，而龚某被横幅绊倒受伤是在13时20分许，其间存在两个多小时的间隔，且横幅悬挂位置位于管委会下属庙效村过渡房便民服务站前，当日又系正常工作日，无论是从维护时间的充足性还是维护人员的便利性来判断，负有维护义务的管委会都完全有可能及时发现一端重系的横幅松垮所带来的危险并及时消除危险，但是其没有尽到本该尽到的义务，又未能提供有效证据来证明其无过错，故依法应承担侵权责任。其以案外人陈某对事故发生负有责任为由主张追加陈某为第三人，然陈某重新系起横幅与龚某发生事故间隔两小时以上，据此当然排除陈某的行为与事故的直接因果关系；从“多因一果”的标准来判断两者因果关系，关联性程度也较弱。《中华人民共和国侵权责任法》第八十五条规定，“……所有人、管理人或者使用人赔偿后，有其他责任人的，有权向其他责任人追偿”，可见物件脱落损害的责任承担存在先后顺序，本案中应先由维护义务主体即管委会承担侵权责任，如还存在其他侵权人，管委会在承担侵权责任后可向其他责任人追偿。即便案外人陈某的行为是导致事故发生的原因之一，也不妨碍龚某只向管委会主张侵权责任。故陈某与本案无直接利害关系，陈某不参加诉讼不影响本案的审理，对管委会的追加申请不予采纳。

事发时龚某行车超速较严重，其对自身损害的发生存在一定的过错。管委会辩称龚某逆向行驶，但其只是由龚某的跌倒位置来推测，没有事实依据支撑，其推测不能排除龚某在事故中因惯性由中心线附近运动至路北侧最终跌倒的可能性，其亦未能证明逆行行驶与条幅绞至电动自行车后轮事故的因果关系，故无法得出正常行驶就能避免事故发生的结论。管委会辩称事发时横幅的一端已经脱落在地，龚某未谨慎注意，然假使事发前横幅一端已经脱落，则应是横在埭路上，此时要求一辆以较快速度骑行的电动自行车注意避让，是勉为其难，过于严苛。综上，管委会对横幅存在管理维护缺陷，且横幅脱落与龚某受伤存在直接的因果关系，管委会又未能举证证明自己不存在过错，其应依法承担民事赔偿责任。同时，因龚某对自身损害结果的发生也存在一定程度的过错，应承担相应的民事责任，并相应减轻管委会的赔偿责任。法院酌定由管委会对龚某的损失承担70%的赔偿责任，其余由龚某自负。

江苏省启东市人民法院依照《中华人民共和国侵权责任法》第十六条、第八十五条，《最高人民法院关于民事诉讼证据的若干规定》第四条，《最高人民法院关于适用〈中华人民共和国民事诉讼法〉的解释》第九十条规定，作出如下判决：

一、被告管委会于本判决生效之日起十日内赔偿原告龚某损失175176.79元；

二、驳回原告龚某的其他诉讼请求。

管委会持原审抗辩意见提起上诉。江苏省南通市中级人民法院经审理认为：龚某驾驶电动自行车以较快速度骑行，依法应当尽到谨慎注意义务，其未能及时注意观察路面状况，采取适当措施避免事故发生，存有一定责任，一审判决认定龚某已尽到谨慎注意义务不当，但实体处理正确，应予维持。其他同意一审法院裁判意见。依照《中华人民共和国民事诉讼法》第一百七十条第一款第一项规定，判决如下：

驳回上诉，维持原判。

【法官后语】

本案处理重点在于物件损害案件中在可能存在多个责任主体的情形下如何确定责任的承担。对此，理论与实践均未能达成共识，分歧在于：其一，《中华人民共和国侵权责任法》第八十五条规定的责任人包括所有人、管理人、使用人以及有可能被追偿的其他责任人。与本案相关的则是其他责任人如何承担责任：其他责任人只能是被追偿的责任主体还是可以作为直接责任人向受害人承担损害赔偿责任？前述责任主体并存时的责任承担关系又当如何？其二，物件脱落致人损害责任采用过错推定的归责原则，但是管委会应当如何证明其无过错？法官应当如何去确信责任人的设置、管理义务应达到的标准？因本案中致人损害的物件的所有人、管理人、使用人同一，均为管委会，故对所有人、管理人、使用人分离时的责任承担情形不再赘述。《中华人民共和国侵权责任法》第八十五条规定："……所有人、管理人或者使用人赔偿后，有其他责任人的，有权向其他责任人追偿。"根据文义，其他责任人并非物件损害责任的责任主体，在物件损害责任主体赔偿后向其追偿时，其他责任人因其一般侵权行为而对权利主体（即在物件损害责任中承担责任的所有人、管理人、使用人）承担责任。因为该其他责任人承担责任的基础在于其过错行为，而非对物件管控义务的违反，所以受害人不能依据《中华人民共和国侵权责任法》第八十五条规定要求其他责任人承担物件损害责任。

对受害人而言，物件设置人、管理义务人与其他责任人构成不真正连带责任。受害人可以向物件设置人或管理义务人主张物件损害责任，也可以向其他债权人主张一般侵权责任。此外，即便第三人过错责任成立，也并不意味着物件设置人、管理义务人不存在过错，原因在于第三人与物件损害责任人所违反义务的性质和内容并不相同，第三人是否存在过错与物件设置人、管理义务人是否存在过错并无直接关系。就本案审理过程而言，管委会仅举证证明了其设置致害物时已达到了相关行业标准，但是对其有无尽到管理义务未能举证证明，推定其在管理上存在瑕疵，故自然成为物件致害的责任承担主体。

本案一审、二审法院在对上述问题的审理思路基本一致：即便可能存在第三人原因，但是管委会在地理条件上有可能、在时间上有机会对致害物的瑕疵进行消除，而其未能及时消除，导致龚某受害，故管委会应当对处于其管控下的物件致害承担相应的法律后果。第三人与管理义务人承担不真正连带责任，在管理义务人向受害人承担物件致害责任后，管理义务人可向第三人主张要求赔偿其因承担侵权责任所遭受的财产减少的损失。

编写人：江苏省启东市人民法院　彭凡

九、承揽定作损害责任

44

承揽人因过错致人损害，定作人存在选任过错的，定作人与承揽人承担连带责任

——舒乙等诉刘某等生命权案

【案件基本信息】

1. 裁判书字号

福建省厦门市中级人民法院（2018）闽02民终4024号民事判决书

2. 案由：生命权纠纷

3. 当事人

原告（被上诉人）：舒乙、金某、程某、舒丙、舒丁

被告（上诉人）：黄某、陈某、章某

被告：刘某

【基本案情】

刘某曾于2016年向黄某、陈某表示帮其房屋阳台底座进行除锈上漆，黄某、陈某表示同意，并称“有多少钱我会算给你”。2017年4月2日，刘某叫章某对案涉房屋阳台底座进行除锈上漆作业，约定工作报酬500元，作业过程中涉及的有关砂布、油漆等材料由刘某自行提供。章某便叫上工友舒甲一同前往作业现场查看。途中，章某告知舒甲当日要去看高空工地，舒甲表示没有带绳子，要回去拿，章某说不用拿，先过去看；章某还向舒甲表示要在高空刮腻子粉，舒甲称其不会刮，章

某则表示有他在没事。在此过程中，刘某未向章某、舒甲披露是为谁作业，在其与章某商定作业报酬后也未告知黄某、陈某。刘某称，舒甲是章某叫来的，给予章某的500元报酬在章某与舒甲之间如何分配，由章某自己安排；其并未打算向黄某、陈某要报酬，权当帮忙，虽然其心里想房东要给钱就要，不给钱也就不要了，但据其了解，房东会给钱。

因案涉房屋窗户防盗网出不去，也无法从该栋楼房楼顶下来，案外人李某对舒甲说“明天带绳子过来再做”，但章某与舒甲均未理会，二人讨论后便从案涉房屋所在楼房一层往上爬进行作业。在这过程中，刘某与房屋业主在屋内喝水，没有对作业人员的安全措施进行检查，也未询问章某、舒甲是否有高空作业证。章某与舒甲在攀爬过程中仅绑了安全带。舒甲在案涉房屋阳台底座作业过程中坠亡，在其身上发现一张非由法定机关颁发的“特种作业操作证”。

刘某与章某均清楚为案涉房屋进行作业需要高空作业资质，该二人均无相应的资质。章某明白高处作业“应从楼顶往下放一条安全主绳和副绳，人坐在主绳上吊着的座板操作，安全带通过安全扣扣在副绳上”。

【案件焦点】

定作人存在选任过错选定的承揽人因过错致人损害的，定作人与承揽人是否构成共同侵权。

【法院裁判要旨】

福建省厦门市湖里区人民法院经审理认为：黄某、陈某作为案涉房屋的权利人，与刘某就刘某为案涉房屋阳台铁栅栏除锈上漆事宜达成一致，双方之间存在承揽合同关系。刘某承揽作业后，雇请章某供给劳务，在章某的建议下，最终雇请章某及舒甲共同供给劳务，刘某与章某、舒甲之间存在劳务关系。章某的行为虽未直接对舒甲造成侵害，但客观上强化了舒甲违反安全操作规范、在不具备资质的情况下进行高处作业的意识，对舒甲的坠亡具有一定的原因力。刘某明知高处作业需要专门的人员，仍然未予谨慎选任有资质的雇员，且在舒甲作业过程中，既未督促雇员依法行事，提供必要的安全作业条件，采取必要的安全防护措施，也未临场监督，对舒甲的死亡具有较大的原因力。黄某、陈某作为定作人，选任没有高处作业资质的刘某作为承揽人，且对刘某雇请依然没有资质的章某、舒甲不仅未予反对，相反还默许在其现时居住的案涉房屋进行高处作业，存在明显的过错。黄某、陈某和刘某的共同过错，构成意思关联的共同侵权，是舒甲高空坠亡的重要原因。舒甲作为一个完全民事行为能力人，在自身不具备高处作业资质的情况下，接受雇请参与案涉房屋的高处作业，对自身坠亡的后果显然存在过错，也是造成损害后果的重要原因。根据上述导致舒甲坠亡后果的原因力大小，酌定章某的责任比例为10%，舒甲自担40%，刘某、黄某和陈某连带赔偿50%。

福建省厦门市湖里区人民法院依照《中华人民共和国侵权责任法》第六条第一款、第八条规定，作出如下判决：

一、章某、刘某应连带赔偿舒乙、金某、程某、舒丙、舒丁149295.89元，刘某实际承担责任后，有权向章某追偿；

二、黄某、陈某、刘某应连带赔偿舒乙、金某、程某、舒丙、舒丁679419.46元；

三、章某应偿付舒乙、金某、程某、舒丙、舒丁财产保全申请费500元；

四、黄某、陈某、刘某应共同偿付舒乙、金某、程某、舒丙、舒丁财产保全申请费2500元；

五、驳回舒乙、金某、程某、舒丙、舒丁的其他诉讼请求；

章某、黄某、陈某不服一审判决，提起上诉。福建省厦门市中级人民法院经审理后同意一审法院裁判意见。

【法官后语】

《最高人民法院关于审理人身损害赔偿案件适用法律若干问题的解释》第十条规定的定作人"承担相应的赔偿责任"具有一定的模糊性，其本身并无法直接解读出具体的责任形态、责任范围，需要结合具体案件事实和其他法律规定，才能够确定定作人最终的责任形态是承担完全的替代责任还是与承揽人承担连带责任抑或不需承担责任而由承揽人自行担责。因此，审判实践中存在多种观点，其中不乏认定定作人与承揽人根据各自的过错程度对外承担按份责任的案例，不利于法律适用的统一。

笔者认为，定作人对承揽人因执行承揽事项而致人损害承担责任属过错责任，主要表现在定作人对定作、指示或者选任上存在过错。《最高人民法院关于审理人身损害赔偿案件适用法律若干问题的解释》第十条对定作人的过错责任作出规定，此后的《中华人民共和国侵权责任法》虽未将该司法解释条文予以吸收，但其中第六条第一款亦可得出同样的结论，而且适用范围更为广泛。结合《中华人民共和国侵权责任法》第六条和第八条规定，实践中定作人与承揽人承担责任的方式主要有三种：

1. 定作人承担完全的替代责任。此种责任承担方式主要发生在定作人就承揽事项的执行，存在全部过错。如承揽人完全按照定作人的指示执行承揽事项，承揽人的行为不存在任何过错。

2. 定作人与承揽人承担连带责任。承揽人在执行承揽事项过程中，导致他人人身损害，并对此存在过错，同时定作人对承揽人的指示、选任存在过错，或者要求完成的定作物具有不法性，定作人与承揽人就各自的过错具有共同的认识，就构成共同侵权。定作人和承揽人在主观上虽可能缺乏直接的意思联络，但在定作人要求承揽人完成定作物的过程中，双方在主观意思上往往具有传导关系，均有不法行为，该不法行为又为双方所共同认识并放任实施，二者构成意思关联的共同侵权，应当承担连带责任。本案中黄某、陈某作为定作人与刘某作为承揽人对舒甲死亡承担的连带责任即属此情形。

3. 承揽人单独承担赔偿责任。承揽人因执行承揽事项致人损害，如果定作人并无过错，则定作人不承担责任，由承揽人自行担责。如果定作人指示虽有过错，但承揽人并未按照定作人的指示执行承揽事项，此时造成他人损害的，定作人也不承担责任。

由于定作人与承揽人对外承担侵权责任方式的多样性，在法律缺乏明确、具体规定的情况下，容易导致裁判尺度不一。在审判实践中还应注意以下几个问题：（1）侵权行为是在执行承揽合同、完成承揽事项过程中发生的。如果超出这个范围，不存在定作人的责任问题。（2）造成他人损害是承揽人的直接行为造成的，而不是定作人的行为，否则，就不存在承揽关系中定作人责任的问题。（3）定作人的过错要与承揽人致人损害结果之间具有因果关系。否则，即便定作人存在过错，也不负侵权责任，而属于承揽人个人侵权责任。（4）损害结果发生在承揽关系以外的第三人身上，而不是定作人或者承揽人自身遭受损害。（5）定作人承担过错责任后，不享有雇主替代责任的追偿权，不能向承揽人追偿。如果是因共同侵权而承担连带责任，则按连带责任人内部责任承担规则进行处理。

编写人：福建省厦门市湖里区人民法院　刘惠斌

45

上门作业的承揽关系中定作人指示过失状态下侵权责任的承担

——董某诉苏某、曹某生命权、健康权、身体权案

【案件基本信息】

1. 裁判书字号

河南省焦作市中级人民法院（2018）豫08民终1543号民事判决书

2. 案由：生命权、健康权、身体权纠纷

3. 当事人

原告（被上诉人）：董某

被告（上诉人）：苏某、曹某

【基本案情】

原告董某与被告苏某系同村村民，因一处宅基地的权属问题而素有纠纷。经村委会调解，双方均同意暂时搁置争议，均不对争议土地行使权利。2017年2月10日，被告苏某在未征得董某同意的情况下，擅自通过电话联系被告曹某为其送土，约定由被告曹某自己备车备土，拉到指定位置，按照被告苏某的指示卸土，一车土100多元。后在卸土的过程中，原告董某及其家人因认为卸土的位置系其自家的宅基地，对卸土进行阻拦。在阻拦的过程中，董某的丈夫与被告苏某打架。后被告苏某指示被告曹某将车向前开动了几米，继续卸土。因原告董某当时人在车后的位置，被卸土车辆滚落的土块砸伤右脚，并于当晚由120急救车辆送往修武县人民医院接受治疗，住院12天，花费医疗费为2594.15元。经派出所处警处理，无法认定董某受伤情况的原因，且董某与苏某、曹某就该事项未达成调解意见。

另查明，原告董某受伤前长期参与建筑绑钢筋的工作。事发时为晚上八时至九时，视线不好，远处有路灯，但事发地照明情况较差。

【案件焦点】

1. 被告苏某、曹某是否对原告董某构成侵权；2. 若构成，侵权责任应由谁承担以及责任比例的划分；3. 原告的各项诉讼请求是否有事实和法律依据。

【法院裁判要旨】

河南省修武县人民法院经审理认为：作为邻居，本应和谐相处，互敬互让，即使存在纠纷，也应理性、妥善解决。对于宅基地使用权属争议问题，双方应通过有权机关进行处理，不应互相争执、阻挠或强行施工、占有。苏某强行卸载土方，董某私自阻挠，均应对侵权后果的发生承担相应责任。

被告苏某将拉土卸土的工作交由被告曹某完成，被告曹某使用自己的车辆完成工作成果后，取得被告苏某提供的报酬，被告曹某与被告苏某之间形成承揽合同关系。

侵权行为发生前，苏某与董某丈夫有争执互殴行为，董某及其家人有阻挠卸载土方之事实。后苏某指示曹某前驶数米后卸载土方，曹某也在未尽安全注意义务之情形下进行了卸载。此时苏某与曹某并非单纯的承揽合同关系，应属对损害结果发生持放任态度的共同侵权关系。因苏某作为起意人和指示人，原因力和实施力较大，应承担主要责任；曹某系专门从事土方运输人员，对施工安全应承担相应的注意义务，虽苏某指示其将车向前行驶并指示其卸载，但在其明知所载土方中可能存在较大土块的状况下，其应对侵权结果的发生有一定之预见性，苏某之指示行为不免除其安全注意义务及相应的侵权责任。董某在复杂环境下未采取法律渠道解决争议，而采取阻挠卸载之手段，其对侵权结果的发生也应当有一定的预见性，因而应承担次要责任。综上，法院酌情确定董某、苏某、曹某对侵权结果应分别承担25%、45%、30%的责任。因苏某、曹某属共同侵权，应承担连带责任，其承担数额不对抗被侵权人董某。

河南省修武县人民法院依照《中华人民共和国侵权责任法》第八条、第十四条、第十六条、第二十六条，《最高人民法院关于适用〈中华人民共和国民事诉讼法〉的解释》第九十条规定，判决如下：

一、被告苏某、曹某于判决生效之日起七日内连带赔偿原告董某人民币7496.44元；其中，被告苏某对原告的赔偿金额为4497.86元，被告曹某对原告董某的赔偿金额为2998.58元，实际赔偿人可就履行的超出自己赔偿数额的部分向连带责任人追偿；

二、驳回原告董某其他诉讼请求。

二审法院同意一审法院裁判意见。

【法官后语】

本案中，承揽定作合同的特殊性在于承揽人的工作场所不是自己熟悉的工作场所，其需要到定作人指定的场所提供上门服务。在承揽人上门履行合同的情况下，定作人的义务如何？定作人是否需要对承揽人在完成工作过程中对第三人造成的损害承担赔偿责任？定作人和承揽人应以什么形式对第三人承担责任？结合本案，笔者将就上述问题进行论述。

一、指示义务的来源和内容

指示义务属于合同附随义务的一种。合同附随义务是指合同当事人依据诚实信用原则，在法律无明文规定、当事人之间亦无明确约定的情况下，根据合同的目的、性质和交易习惯所应当承担的协助、保密、通知、照顾、保护、忠实等义务，以此来保护对方利益和维护交易秩序的稳定。

上门作业的承揽定作合同通常是在定作人指定的场所履行的，施工现场一般处于定作人的实际支配之下，定作人对工作环境更为熟悉，对工作环境中存在的可能危及人身安全的危险因素更加了解。要求定作人承担对危险因素告知的义务，可以促使其以更加谨慎的态度对待他人的人身安全。因而，审判实务中，法院通常将完成这一告知行为视为定作人指示义务的一种。如果定作人未尽到告知义务，引起损害后果，即应承担赔偿责任。结合本案，定作人苏某在晚上光线很差的情况下，指示承揽人曹某卸载土方，应明确告知车辆周围特别是车辆后方有人员走动。定作人苏某自认为其指示曹某卸载土方的位置不会造成对在场第三人的伤害，进而未告知曹某车辆后方的情况，定作人苏某未尽到严格的危险因素告知义务，应承担相应的责任。

由于上门作业的承揽任务通常在定作人实际控制的场所或物上进行，作为对自己控制下物的安全保障义务的延伸，定作人在明知承揽人违反操作规程，未采取有效防护措施，可能导致危险发生的情况下，有义务及时提出警告，采取措施有效制止承揽人的错误行为。如果定作人怠于履行此项义务，应承担过失侵权赔偿责任。

本案中，定作人苏某在指示承揽人曹某卸载土方的过程中，站在车辆后方，其明显较于承揽人曹某更便于查看车辆后方的情况，在其发现危险情况时，未及时、有效地制止承揽人曹某的卸载行为，导致第三人受到伤害，应承担相应的责任。

二、定作人侵权责任的法律性质

根据《最高人民法院关于审理人身损害赔偿案件适用法律若干问题的解释》第十条规定，可以解读出在一般情况下，定作人对承揽人完成定作合同工作造成他人或承揽人自己损害的，不承担责任；但是，定作人因对定作、对定作的指示或者对承揽人的选任有过错的，应当根据其过错程度承担相应的赔偿责任。笔者认为，定作人承担责任的前提系其本身在选任、指示等方面存在过错。结合本案，定作人苏某之所以承担责任，根源在于其在承揽合同的履行现场对承揽人曹某作出不恰当的指示行为，且未能有效地在发生危险情况前履行其警示、制止义务，其本身存在过错，是其承担赔偿责任的根源。

同时，定作人指示过失责任应该是直接责任。承揽人执行承揽事务的行为造成他人损害时定作人对此有过失的，此时定作人所承担的责任就是对自己的过失行为承担责任，属于自己的责任。比如，本案中，定作人苏某在指示承揽人曹某卸载土方时，存在过于自信不会造成第三人损害的情况，其指示行为是有过错的，其承担的是自己指示过错的责任，是自己的责任。

三、定作人侵权责任的承担

承揽人在执行承揽事务的过程中，明知定作人对他的“指示”有过失，如指令承揽人实施违法事项或明知承揽事项存有重大危险仍令其予以执行，但为了某种利益而未予拒绝，即承揽人在主观上存有过错。在此情形下，定作人与承揽人有侵权的共同故意或者共同过失，他们的行为构成共同侵权，对第三人造成的损害应当承担连带赔偿责任。至于双方承担责任的具体份额，可根据双方过错程度和各自的致害行为与危害结果之间的因果关系的大小来确定。本案中的侵权情形即属于此种情况，承揽人曹某在实施卸载土方的指令前，对损害结果的发生是有一定的预见的，其明知定作人苏某的指示存在危险，仍为了尽快完成承揽任务，放任了损害结果的发生，其存在主观过错。

在定作人与承揽人共同侵权的情形下，受害人可向承揽人和定作人主张连带赔偿。如果承揽人不具有赔偿能力，定作人应当对受害人的损害承担全部赔偿责任，定作人赔偿之后，则可以向承揽人进行追偿。本案中，受害人董某起诉即要求定作人苏某与承揽人曹某共同承担赔偿责任，在定作人苏某与承揽人曹某存在共同侵权的情形下，受害人董某的请求于法有据，应予支持。且如法院判决所述，定作人苏某与承揽人曹某按照各自的侵权过错程度承担相应的责任，但受害人董某可向其任一人请求赔偿，实际赔偿人可就履行的超出自己赔偿数额的部分向连带责任人追偿。

编写人：河南省修武县人民法院　王艳华

46

承揽活动中遭受物件损害的裁判规则

——唐甲等诉吕甲等侵权责任案

【案件基本信息】

1. 裁判书字号

江苏省无锡市中级人民法院（2018）苏02民终1835号民事判决书

2. 案由：侵权责任纠纷

3. 当事人

原告（上诉人）：唐甲、徐某、唐丙

被告（被上诉人）：吕甲、吕乙、司马某、张某、上海蚌澳精密机械制造有限公司（以下简称蚌澳公司）、无锡市亮彩色母有限公司（以下简称色母公司）

【基本案情】

2002年开始，司马某向吕甲租赁厂房开办色母公司，租赁期间封闭窗户，从窗台开始砌墙。2017年5月，双方解除了租赁关系，但未办理交接，司马某也未拆除堵窗的砖墙。

2017年5月4日，吕甲与蚌澳公司的代理人张某签订厂房租赁协议，租期自2017年6月1日起至2020年5月31日止。

2017 年 5 月 15 日，张某经吕乙介绍，将承租厂房的清洁、粉刷工作交由唐乙完成。2017 年 5 月 16 日，唐乙作业时，因砖墙倒塌致伤，经抢救无效死亡。

唐乙的父亲唐甲、妻子徐某、女儿唐丙作为被侵权人近亲属诉至法院，请求判令吕甲、吕乙、司马某、张某、蚌澳公司、色母公司共同赔偿 1223045.6 元。

【案件焦点】

承揽活动中遭受物件损害，能否基于承揽关系和物件致人损害之规定同时要求定作人及物件责任人承担赔偿责任。

【法院裁判要旨】

江苏省无锡市锡山区人民法院经审理认为：根据唐乙与蚌澳公司对工作范围、结算方式的约定，双方为加工承揽关系，蚌澳公司为发包人，唐乙为承揽人。从现场图片看，砖墙为整面倒塌，倒塌原因应为在墙上作业及与墙体与窗户结合不够紧密。砖墙为司马某承租时搭建，但司马某与吕甲已解除了租赁关系。该二人虽未办理书面交接手续，但司马某已实际归还了厂房，砖墙作为添附物也随之转移。吕甲与蚌澳公司签订的定金合同虽然约定了租赁期限自 2017 年 6 月 1 日起，但吕甲同意蚌澳公司于 2017 年 5 月 15 日找人对厂房进行清洁、粉刷，可视为厂房已实际交付给蚌澳公司。

唐乙在承揽作业时未采取安全保护措施因砖墙倒塌而受伤死亡，且作业不当，是发生事故的主要原因；吕甲作为厂房和砖墙的实际权利人，存在管理不当的过错；蚌澳公司作为厂房的实际使用人，提供的作业地点存在安全隐患，也未尽到相应的注意义务。综上，吕甲和蚌澳公司各承担 20% 的赔偿责任。介绍人吕乙、前承租人司马某、色母公司无过错，不应承担赔偿责任。

江苏省无锡市锡山区人民法院依照《中华人民共和国侵权责任法》第十二条、第十六条、第十八条、第二十二条、第二十六条，《中华人民共和国民事诉讼法》第六十四条、第一百四十二条规定，作出如下判决：

一、吕甲于判决生效之日起十日内向唐甲、徐某、唐丙赔偿 189313 元，扣除已经支付的 150000 元，还需支付 39313 元；

二、蚌澳公司于判决生效之日起十日内向唐甲、徐某、唐丙赔偿 189313 元；

三、驳回唐甲、徐某、唐丙的其他诉讼请求。

唐甲、徐某、唐丙不服一审判决，持原审意见提起上诉。江苏省无锡市中级人民法院经审理认为：因唐乙死亡造成的损失，权利人既可以基于物件损害向搭建人司马某、出租人吕甲行使赔偿请求权，也可以基于承揽关系向定作人蚌澳公司行使赔偿请求权，属于请求权竞合。

第一，基于物件致人损害，责任主体是搭建人司马某和出租人吕甲。《中华人民共和国侵权责任法》第八十六条规定，建筑物、构筑物或者其他设施倒塌造成他人损害的，由建设单位与施工单位承担连带责任。建设单位、施工单位赔偿后，有其他责任人的，有权向其他责任人追偿。本案墙体属于法条中的“其他设施”，墙体倒塌是与窗台结合部的底基不牢固造成的，属于墙体施工质量问题，故本案适用该法条。据此，司马某作为物件搭建人，搭建的墙体存在安全隐患，将厂房交付时也未特别提示吕甲，故对该墙体整面倒塌造成的人身损害应承担主要责任；吕甲作为房屋的管理人，与司马某交接时怠于检验，致使再次租赁给蚌澳公司时未履行危险提示义务，故应承担次要责任。

第二，基于承揽关系，责任主体是定作人蚌澳公司，蚌澳公司承担赔偿责任后，有权向搭建人司马某、出租人吕甲追偿。唐乙在承揽活动中，是因定作人蚌澳公司提供的定作物本身具有危险性而非因自身承揽行为不当遭受损害。从生活经验可知，蚌澳公司向吕甲新租赁厂房，要求唐乙粉刷一新，其中当然包括将墙面上无关紧要的物品去除，确保墙面的整洁美观。被拆除的木条既不是涉案墙体的装饰物，也不具有功能性，唐乙去除墙体上的木条符合粉刷的一般规程。经查，墙体倒塌是墙体与窗台结合部的底基不牢固造成的，从一般人的预见能力而言，仅以拆除膨胀螺丝（栓）固定的木条的强力尚不足以造成墙体的整体倒塌。另外，唐乙的死亡证明载明死亡原因是围墙压伤，而非仅是颅脑损伤，其死亡结果的发生不是佩戴安全帽可以阻却的。故唐乙虽没有佩戴安全帽，但该瑕疵与整体墙体倒塌相比，不足以认定唐乙对自身死亡存在过错。据此，唐乙在施工过程中没有过错，对自身损害不应承担责任，定作人蚌澳公司应承担全部责任。蚌澳公司承担赔偿后，可以向物件搭建人司马某和管理人吕甲进行追偿。搭建人司马某和管理人吕甲应是本案赔偿责任的终局责任人。

综上，因唐乙死亡造成的损失，权利人的请求权竞合，应择一而诉。经法院释明，权利人选择直接向侵权终局责任人司马某、吕甲主张赔偿，法院予以准许。故唐甲、徐某、唐丙因唐乙人身损害遭受的损失合计 946565.5 元，由司马某赔偿 662595.5 元，吕甲赔偿 283970 元。吕甲已支付 150000 元，还需支付 133970 元。

江苏省无锡市中级人民法院依照《中华人民共和国侵权责任法》第十一条、第十四条、第二十八条、第八十六条，《中华人民共和国民事诉讼法》第一百七十条第一款第二项规定，作出如下判决：

一、撤销无锡市锡山区人民法院（2017）苏 0205 民初 3471 号民事判决；

二、司马某于判决发生法律效力之日起十日内赔偿唐甲、徐某、唐丙 662595.5 元；

三、吕甲于判决发生法律效力之日起十日内赔偿唐甲、徐某、唐丙 133970 元；

四、驳回唐甲、徐某、唐丙其他诉讼请求。

【法官后语】

承揽人在从事承揽活动中遭受物件损害，向定作人及物件所有人、管理人主张权利的，人民法院应当就请求权竞合问题进行释明，权利人请求终局责任人直接承担赔偿责任的，人民法院应予准许。

本案承揽人唐乙在承揽活动中遭受损害，权利人为取得最大赔偿利益，尽可能多地罗列了被告交由法院筛选，致使法律关系错综复杂、请求权不明。本案权利人罗列了六名被告：出租人吕甲、物件搭建人司马某、使用人色母公司、承揽介绍人吕乙、定作代理人张某、定作人蚌澳公司。一审判决径自选择承揽关系判令定作人蚌澳公司、出租人吕甲承担赔偿责任；二审判决则厘清物件致人损害和承揽不同的法律关系存在请求权竞合的情况，通过释明，由受害人选择终局责任人直接承担赔偿责任。

通过对不同请求权的分析，虽然终局责任殊途同归，但对于权利人诉讼的难度和实际受偿度却有重大影响。当事人有权选择有利于自己的请求权：一是减轻己方的举证责任，提高胜诉概率；二是降低履行不能的风险，提高赔偿到位率。一审判决基于承揽关系确定责任主体，由作为承揽人的受害人对定作人的过错承担举证责任，赔偿主体是定作人蚌澳公司；二审中受害人选择物件损害责任主张赔偿，根据《中华人民共和国侵权责任法》第八十六条规定，建筑物倒塌致人损害适用无过错归责原则，受害人只需证明所受损害系倒塌物所致即可。本案倒塌的墙体搭建人系司马某，最终归属于吕甲，倒塌原因是搭建结合处不够紧密，故司马某和吕甲是终局责任人。二审中法院依职权就请求权竞合向权利人作释明，并根据权利人的选择确定了最优救济途径，不仅减轻了受害人的举证责任，还由更具有赔偿能力的终局责任人直接承担责任，最大限度地保护了受害人的权益，也减轻了不同责任主体之间追偿的诉累。

编写人：江苏省无锡市中级人民法院　薛葳　杨志

47

承揽人上门作业中，定作人对各类危险因素有作出及时、准确指示的义务

——冯某诉福建安溪铁观音集团股份有限公司等提供劳务者受害责任案

【案件基本信息】

1. 裁判书字号

福建省安溪县人民法院（2017）闽0524民初5640号民事判决书

2. 案由：提供劳务者受害责任纠纷

3. 当事人

原告：冯某

被告：福建安溪铁观音集团股份有限公司（以下简称铁观音集团）、福建省安溪茶厂有限公司（以下简称安溪茶厂）、郑某

【基本案情】

2017年4月1日9时许，冯某、郑某等人受安溪茶厂委托清理厂房二楼废旧编织袋。该厂房二楼未设置任何安全警示标志。冯某在清理时爬到铁栅栏外，因栏外的泡沫隔层坍塌，其从二楼坠落至一楼地板。事故发生后，冯某家属当即向安溪县官桥派出所报警，并将冯某送至安溪县当地医院救治。因伤情严重，当日又转送至

中国人民解放军第一七四医院（厦门市）住院治疗4天。2017年4月4日，冯某转院至江苏省徐州市第一人民医院治疗15天。事故发生后，铁观音集团出于人道主义精神支付冯某30000元。本案事故对冯某造成的经济损失为：1. 医疗费73884元；2. 后续治疗费38800元；3. 住院伙食补助费570元；4. 住院护理费2660元；5. 误工费41300元；6. 营养费7388.4元；7. 长期护理费255605元（5年×51121元/年），期限届至，冯某将结合自身状况，再行主张；8. 残疾赔偿金294026.4元；9. 交通费2000元；10. 精神抚慰金酌50000元；11. 鉴定费800元。以上共计767033.8元。据此，冯某于2017年11月22日向法院提起诉讼。

【案件焦点】

承揽合同中，定作人应承担的指示义务如何界定。

【法院裁判要旨】

福建省安溪县人民法院经审理认为：公民的生命健康权应受法律保护。行为人因过错侵害他人人身的，应当承担民事责任。第一，冯某坠落的地方已经被铁栅栏围住，冯某作为完全民事行为能力人，在清理时理应尽到高度谨慎注意义务，积极采取安全防护措施，却疏忽大意攀爬出铁栅栏外，造成事故发生。对此，冯某本人存在过错，应当对自身的损失承担主要责任（即65%的民事责任）。第二，安溪茶厂虽然已设置铁栅栏围住塑料薄膜所做的吊顶，但在二楼没有设安全警示标志，安溪茶厂要求冯某、郑某等人打扫厂房，又未能在现场对冯某、郑某等人进行安全提醒，在指示上存在一定的过失，应对冯某的损害承担相应的赔偿责任（即30%的民事责任）。第三，郑某与冯某系合伙关系，冯某的受伤系为了双方的共同利益，出于公平原则，郑某应对冯某的损失承担适当的补偿责任（即5%的民事责任）。第四，《中华人民共和国侵权责任法》第三十五条规定："个人之间形成劳务关系，提供劳务一方因劳务造成他人损害的，由接受劳务一方承担侵权责任。提供劳务一方因劳务自己受到损害的，根据双方各自的过错承担相应的责任。"故冯某要求郑某与安溪茶厂共同赔偿损失，不予支持。

福建省安溪县人民法院依照《中华人民共和国民法总则》第六条，《中华人民共和国侵权责任法》第三条、第六条、第十五条第一款第六项、第十六条、第二十二条、第二十六条、第三十五条，《最高人民法院关于审理人身损害赔偿案件适用法律若干问题的解释》第十条、第十七条第一款、第二款、第十八条、第十九条、第二十条、第二十一条、第二十二条、第二十三条、第二十四条、第二十五条、第三十五条，《最高人民法院关于确定民事侵权精神损害赔偿责任若干问题的解释》第一条、第九条、第十条，《中华人民共和国民事诉讼法》第一百四十四条，《最高人民法院关于适用〈中华人民共和国民事诉讼法〉的解释》第九十条规定，作如下判决：

一、福建省安溪茶厂有限公司应赔偿冯某医疗费等各项损失计230110.14元，款项限于本判决生效之日起十日内支付；

二、郑某应补偿冯某医疗费等各项损失计38351.69元，款项限于本判决生效之日起十日内支付；

三、驳回冯某的其他诉讼请求。

【法官后语】

本案是因承揽合同引起的提供劳务者受害责任纠纷。较一般的承揽合同关系，本案的特殊性在于作为承揽人的冯某须到定作人安溪茶厂指定的场所进行作业。在承揽人上门作业的情况下，定作人应当承担什么义务？是否需要对承揽人在作业中对自己造成的损害承担责任？

一般来说，承揽合同中的施工行为主要由承揽人完成。因此，承揽人在作业过程中对第三人或自己造成损害时，定作人只有在履行自身义务存在过失时才会承担相应的责任。《最高人民法院关于审理人身损害赔偿案件适用法律若干问题的解释》第十条明确规定定作人只在对定作、指示、选任存在过失时承担责任。在承揽人上门作业的情形下，定作人的主要义务是对各类危险因素做出及时、准确的指示。具体来说，包括以下几个方面。

一、工作环境中危险因素的指示

对工作环境中危险因素的认知主要存在三种情况：（1）定作人比承揽人更熟知工作环境中的危险因素。这种情况中的工作场所一般由定作人提供，甚至由定作人实际掌控。因此，定作人比承揽人更了解该场所中所存在的各种可能危害人身安全的危险因素。为了防止危险的发生，要求定作人应当承担相应的危险指示义务，有助于促使定作人以谨慎的态度对待他人的人身安全，特别是承揽人的人身安全。

(2) 承揽人比定作人更为熟知工作环境中的危险因素。这种情况中的工作场所一般为承揽人自行提供。在承揽合同中，作为承揽人应当以自身的技术、劳力完成作业，甚至在一些特殊作业中要求承揽人具有特殊资质。这就决定了承揽人在作业过程中应当具有避开各种危险因素的能力。因此，在承揽人更熟知工作环境中危险因素的情况下仍要求定作人承担危险指示义务，显失公平。(3) 工作场所为第三人实际管理掌控。在这种情况下，若第三人存在过失，则由其承担相应的侵权责任；若定作人也存在过失，则由定作人与第三人承担共同侵权责任。承揽人上门作业中的工作场所由定作人提供的，定作人也因此对于工作环境中的危险因素更为熟知，定作人应当承担相应的危险指示义务。

二、警告并制止危险的义务

当定作工作要求承揽人采取相应的安全防护措施而承揽人违反操作规则不采用，定作人有义务及时提出警告并进行制止。若定作人未能履行警告并制止危险的义务，应当承担相应的过失侵权责任。应当注意的是，在这种情况下，定作人与承揽人承担混合过失责任。若定作人履行了警告并制止危险的义务，而承揽人拒不接受指示而造成损害，应当由承揽人承担全部损害责任。

三、定作人排除自身原因产生危险的义务

如上所述，承揽人本身就具有一定的躲避作业中危险因素的能力。但是，该能力仅及于作业中的符合正常认知的危险因素。这种正常认知应当以行业标准来判断，而不是以工作本身的危险性来判断。一些作业如高空作业本身就具有高度危险性，但只要危险属于行业所能接受的范围内，就应当认定为符合正常认知。反之，若因定作人自身原因致使作业存在该行业所能接受范围之外的危险，该危险就不属于符合正常认知。例如，承揽人在拆卸挂件时，因定作人家具摆放的影响而悬空作业。悬空作业所带来的危险并非拆卸挂件所能接受的范围内，不属于符合正常认知的危险。因此，在这种情况下，我们就不能期待承揽人具有躲避额外危险因素的能力。相反，我们应当遵循“谁造成的危险，谁采取措施”的原则。因此，作为“危险源”的开启者，定作人有义务就危险的控制、避免、排除采取相应的措施。在承揽人上门作业的情况下，由于工作场所系由定作人提供，承揽人更有可能因定作人原因而产生危险。因此，该义务理所当然的及于承揽人上门作业。

本案中，作为工作场所的厂房存在明显的危险，即塑料薄膜吊顶存在塌陷的隐患。虽然安溪茶厂已设置铁栅栏围住塑料吊顶，但仍然存在一定的安全隐患。作为工作环境的提供者，安溪茶厂应当告知冯某等承揽人危险因素的存在。本案事故发生的原因之一正是安溪茶厂未履行工作环境中危险因素的指示义务所造成的。因此，安溪茶厂应当承担相应的过失责任。而冯某在塑料吊顶被铁栅栏围住的情况下，疏忽大意攀爬出铁栅栏进行清扫工作，其行为存在重大过错，应当承担主要责任。

编写人：福建省安溪县人民法院　苏亚东

48

共同侵权责任纠纷解决过程中的附加过错与侵权责任过错应区别评价

——许某诉王某、孙某财产损害赔偿案

【案件基本信息】

1. 裁判书字号

福建省厦门市思明区人民法院（2018）闽0203民初10098号民事判决书

2. 案由：财产损害赔偿纠纷

3. 当事人

原告：许某

被告：王某、孙某

【基本案情】

2018年5月12日，王某为其所有的房屋安装空调，由其丈夫韦某在街边寻找墙面钻孔人员。韦某寻得孙某后，与其商定由孙某携带设备上门钻孔，韦某支付100元费用。孙某上门观察后提出高空钻孔作业有坠物风险。韦某提出用纸箱遮盖楼下停放车辆的方案，并联系物业管理单位指示将拟钻孔墙面垂直下方的车辆清走。随后，孙某从房屋面向小区公共停车位的墙面由内向外钻孔，施工工程中一柱状混凝土块脱落，导致停放在钻孔墙面垂直下方车道对面的许某所有的车辆前挡风玻璃受损。

事发后，王某向韦某支付1000元，并让韦某出面处理事故。在韦某与许某的磋商过程中，许某首先提出赔偿3600元，韦某提出由其联系维修商家上门为许某安装前挡风玻璃，许某则主张要到4S店维修，遭拒后又提出由王某方总计赔偿2600元后其自行维修，韦某未同意。2018年5月15日，许某将4S店维修报价单通过微信发送给韦某，报价单显示拟维修费用4147元，韦某未作回应。2018年5月17日，许某将车辆送4S店维修完毕，结算费用4039元。经查，孙某无相关施工作业资质。

许某主张，王某、孙某共同实施侵权行为导致其车辆受损，二人应当连带赔偿其车辆维修损失；此外王某拒绝接受合理协商方案，导致许某额外发生的误工、交通、影印等维权费用，也应予以赔偿。王某辩称，孙某作为承揽人应承担全部赔偿责任；许某不同意王某找维修商上门维修而是执意要去费用高昂的4S店维修，存在过错，对超出一般维修支出的费用不应赔偿。孙某辩称，王某作为雇主应承担全部赔偿责任；此外其与王某已就赔偿事项达成协议，其对协商过程中的损失认定一无所知，不应再承担赔偿责任。

【案件焦点】

无意思联络数人侵权造成同一损害，各侵权人中负责解决纠纷的赔偿责任人怠于或疏于促进纠纷解决，导致纠纷态势扩大的，是否应对在协商中本可减少的赔偿数额承担赔偿责任。

【法院裁判要旨】

福建省厦门市思明区人民法院经审理认为：王某请孙某使用孙某自备的设备实施墙面钻孔作业，按工作成果一次性付费，二者之间应为承揽关系，应在各自过错范围内承担责任。定作人王某存在定作、指示、选任过失，承揽人孙某存在误判施工风险的过失，二人过错比例、行为的原因力大小大体相当，应当各自承担50%的赔偿责任。然而，事故发生后，孙某委托王某处理事故赔偿事项，王某本应从利于纠纷解决、减少必要损失的角度积极与许某协商，但王某在协商过程中存在过错，导致最终实际损失的认定远高于许某早期与其协商的金额，且由此令许某产生了额外费用，对超出协商金额2600元部分的赔偿金额，孙某不存在过错，应由王某承担。

福建省厦门市思明区人民法院依照《中华人民共和国物权法》第三十七条，《中华人民共和国侵权责任法》第六条，《中华人民共和国民事诉讼法》第六十四条第一款规定，作出如下判决：

一、王某应于本判决生效之日起七日内向许某支付3941.35元；

二、孙某应于本判决生效之日起七日内向许某支付300元；

三、驳回许某的其他诉讼请求。

宣判后，各方当事人均未提起上诉，上述判决已发生法律效力。

【法官后语】

该案例系承揽人与定作人无意思联络共同侵权致他人财物损害的纠纷，关于承揽关系的认定以及承揽人与定作人各自应负的侵权过错分担，并无太大争议。该案例的特殊之处在于，一名侵权人委托另一名侵权人，代为与被侵权人联系以解决纠纷，接受委托的侵权人因轻信错判和意气用事，未接受对全体赔偿责任人均为有益的协商方案，导致最终需赔偿的数额超过本可达成和解的协商数额。对于超过协商数额的部分，应由全体赔偿责任人一起负担还是由怠于或疏于促进纠纷的赔偿责任人负担？

一、按照过错归责原则，实际赔偿数额超出协商赔偿数额的部分应由怠于解决纠纷的赔偿责任人承担

王某既是赔偿责任人又是其他赔偿责任人的代理人，本应从利于纠纷解决、减少赔偿权利人总体损失、减少赔偿责任人可能共同负担的赔偿总数额的角度，积极与赔偿权利人协商。在依一般人的认识足以判断赔偿权利人已提出低于实际损失的赔偿要求时，王某在未与向其授权委托的其他赔偿责任人商议的情况下，擅自回绝对全体赔偿责任人都有益的方案，导致全体赔偿责任人需要赔偿的总体数额高于本可达成协商的赔偿数额，且由此令赔偿权利人产生了额外费用。王某在接受孙某委托与许某协商解决纠纷的过程中存在过错，对超出协商赔偿数额的部分，孙某不存在过错。因此，让王某承担超出协商赔偿数额部分的赔偿责任，符合过错归责原则中依据过错确定责任和责任范围的要求。

二、怠于或疏于解决纠纷的过错是侵权责任过错之外的附加过错，可以在同一侵权纠纷中一并进行区别性评价

无意思联络的数人侵权行为发生后，各侵权人相互委托，选定部分侵权人负责与被侵权人协商赔偿事宜，说明各侵权人对应共负赔偿责任达成某种基本共识。被选定处理赔偿事项的赔偿责任人与赔偿权利人的协商处理行为，应视为全体赔偿责任人履行赔偿责任的行为，已被包含在基础侵权法律关系中，由此产生的争议可以在侵权责任纠纷中一并解决。如果被选定处理赔偿事项的赔偿责任人超出一般人认知作出错误判断，又未征得其他赔偿责任人的同意，导致其他赔偿责任人利益趋害，或导致全体赔偿责任人利益共同趋害，则负责解决纠纷的赔偿责任人在纠纷解决过程中是负有过错的。但这种导致纠纷态势扩大的过错，不同于侵权行为中发生的侵权责任过错，属于在委托行为中发生的附加过错，应当进行区别评价。侵权责任过错指向的标的是侵权损害后果，即赔偿权利人应获赔偿的损失数额，损失数额在一定条件下是客观的、既定的；而在纠纷解决过程中的附加过错指向的标的是赔偿责任人的赔偿数额，赔偿数额在协商过程中可能会依据当事人自主意志而不断变化调整。对侵权责任过错和怠于或疏于解决纠纷的附加过错一并在侵权责任纠纷中进行评价，使可以确定责任大小的赔偿责任人之间、赔偿责任人与赔偿权利人之间的纠纷得以一次性解决，更能体现司法的效率和便民原则。同时，区别评价怠于或疏于解决纠纷的附加过错与侵权责任过错，也有利于警醒受托解决纠纷的赔偿责任人谨慎履责，控制纠纷态势，积极推动矛盾纠纷的尽快化解。

编写人：福建省厦门市思明区人民法院　张希华　林蕾

十、其　他

49

雇员在雇佣活动中给雇主造成的财产损失应由雇主承担

——柏某诉金某、陈某提供劳务者致害责任案

【案件基本信息】

1. 裁判书字号

江苏省盐城市中级人民法院（2018）苏09民终4340号民事判决书

2. 案由：提供劳务者致害责任纠纷

3. 当事人

原告（被上诉人）：柏某

被告（上诉人）：金某

原审被告：陈某

【基本案情】

原告柏某在常州市做水产品生意，雇佣被告金某、陈某驾驶货车运送水产品。水产品货款现金交付，由被告金某、陈某带回，多年以来，已成习惯。2017年4月18日，原告柏某安排两被告驾车从常州市运送黄颡鱼到天津市给刘某。2017年4月20日，两被告向刘某交货，刘某将货款91300元现金交给两被告，陈某将货款放在货车驾驶室保管，返程途中丢失。另查明，两被告所驾货车未安装保险箱等现金保管设备。原告柏某认为陈某、金某应承担赔偿责任，请求判令两被告共同赔偿91300元，并承付该款自2018年1月5日起至实际赔偿之日止按年利率6%计算的

利息；本案诉讼费由两被告共同承担。

【案件焦点】

雇员在雇佣活动中致雇主财产损失，相应赔偿责任应如何承担。

【法院裁判要旨】

江苏省盐城市大丰区人民法院经审理认为：本案应参照适用雇主替代责任下的追偿规则，由雇员对雇主承担损害赔偿责任。两被告因保管不当致货款丢失，存在重大过失，应对原告的损失承担赔偿责任。同时，原告未在货车上安装保管现金的专业设备即指示两被告携带大额现金驾车返程存有过错，应自行承担一定比例的损失。对原告主张逾期赔款利息不予支持。原告损失 91300 元，酌情自行承担 36300 元，剩余 55000 元由两被告共同赔偿。

江苏省盐城市大丰区人民法院依照《中华人民共和国侵权责任法》第六条第一款，《最高人民法院关于审理人身损害赔偿案件适用法律若干问题的解释》第九条，《中华人民共和国民事诉讼法》第一百四十二条规定，判决如下：

金某、陈某于判决生效后十日内共同赔偿柏某 55000 元。

金某不服一审判决，提起上诉。江苏省盐城市中级人民法院经审理认为：金某、陈某携带货款给柏某系从事劳务活动。《中华人民共和国侵权责任法》第三十五条规定，个人之间形成劳务关系，提供劳务一方因劳务造成他人损害的，由接受劳务一方承担侵权责任。该规定并未将接受劳务一方排除在“他人”范围以外，故本案财产损失应由柏某承担。再者，从收益与风险相一致的角度，柏某享有金某、陈某所从事活动的利益，理应承担相应的风险与责任。

金某、陈某携带现金，本应尽到高度注意义务。本案中，二人不仅丢失货款，而且对于货款具体在何处、因何原因丢失等情况不能提供准确信息，也未能在第一时间报案。因此，金某、陈某对货款丢失存在重大过失，亦应承担侵权责任。鉴于本案中，柏某相对金某、陈某，在雇佣活动中风险承受、规避、分散等方面具有明显的优势，综合考虑双方地位、过错大小、赔偿能力、工资水平以及风险控制等因素，酌定金某、陈某承担柏某货款损失的 20% 的责任即 18260 元。

江苏省盐城市中级人民法院依照《中华人民共和国侵权责任法》第六条、第七条、第二十九条、第三十五条，《中华人民共和国民事诉讼法》第一百七十条第一款第二项规定，判决如下：

一、撤销江苏省盐城市大丰区人民法院（2018）苏0982民初111号民事判决；

二、金某、陈某于判决生效后十日内共同赔偿柏某18260元；

三、驳回柏某的其他诉讼请求。

【法官后语】

在提供劳务者致害纠纷中，雇员因从事雇佣活动造成第三人损害的，《中华人民共和国侵权责任法》第三十五条第一款规定由接受劳务一方即雇主承担无过错责任、替代责任。而雇员因提供劳务导致雇主财产损失的，相应的损害赔偿责任应由谁承担，法律规定不明确，导致实践中法律适用的冲突以及裁判结果的不一致。本案的裁判为处理类似案件提供了思路：

1. 雇员因雇佣活动导致雇主财产利益受损的，一定程度上可借鉴雇主替代责任的原理，相应的损失由雇主承担。雇主的替代责任是指无论雇主自己是否有过错，只要其雇员在执行受雇事务的过程中造成第三人受损的事实，雇主就应该代替雇员承担相应的损害赔偿责任。雇主替代责任一是基于损益同归的报偿原理，雇主从雇员执行职务的活动中获得利益，也应当承担由此产生的风险及责任；二是基于风险控制理论，雇主作为最有能力控制风险的人，因未履行合理的预测和控制义务，应对引发的损害承担赔偿责任；三是基于给付能力的考量。雇主给付能力多强于雇员，要求其承担替代性的赔偿责任，更有利于保护受损者的利益。

回归到本案，雇主的财产利益虽然因雇员的行为遭受损失，但其本身是雇员劳务活动的直接开启人，也是劳务活动的直接获益者；在雇员从事劳务活动的过程中，其可以充分发挥支配、控制和监督作用，通过完善安全防护措施等，最大限度地防止损害结果的发生；在自身权益受损后，其通过责任保险等方式分摊损失也更为便利。基于以上原因，雇员对雇主造成的财产损失由雇主自行承担，更能反映权利与义务相一致的原则，也更符合立法的价值取向。

雇主自担财产损失有相应的依据可循。《中华人民共和国侵权责任法》第三十五条第一款将损害对象表述用语为“他人”，可理解为除雇员外的“他人”，而非雇主与雇员以外的“第三人”，即可以理解为该条款并未将接受劳务一方明确排除在“他人”范围以外。在法律没有另行规定的情况下，该条款也适用于本案的情形。

2. 雇员对该财产的损失存在故意或者重大过失的，应承担相应的赔偿责任。雇主遭受财产损失，在大多数情况下确实是因雇员存在疏忽，雇员对损害结果存在过错，对其行为所造成的后果或导致的损失扩大的理应承担相应的赔偿责任。然而，雇员在执行雇主安排的事务时完全避免所有过失，既不现实，又未免过于苛刻，所以，责任划分时应当对雇员过错程度进行区别处理，只有雇主不可预见的雇员的重大过失和故意方可作为要求赔偿的条件，而不能以雇员的行为存在轻微过失为由要求其承担赔偿责任。

3. 雇员承担赔偿责任的范围应综合考量各种因素，且不应超出合理限度。雇员对其在雇佣活动中造成的财产损失承担赔偿责任，是为了促使雇员勤勉谨慎地履行职责，防止出现行为的随意性，从而损害雇主利益和社会公共利益，但对其所承担的责任范围应在综合考量雇员与雇主的过错程度、经济实力及劳动收入情况、经济地位、风险控制能力等因素的基础上有所限制，避免雇主过度行使追偿权。

编写人：江苏省盐城市中级人民法院　张振福　车亚帆

50

个人理财业务中商业银行风险告知义务的司法认定

——王某诉中国建设银行股份有限公司北京恩济支行财产损害赔偿案

【案件基本信息】

1. 裁判书字号

北京市第一中级人民法院（2018）京01民终8761号民事判决书

2. 案由：财产损害赔偿纠纷

3. 当事人

原告（被上诉人）：王某

被告（上诉人）：中国建设银行股份有限公司北京恩济支行（以下简称建行恩济支行）

【基本案情】

2015年6月2日，王某经建行恩济支行工作人员推荐，在建行恩济支行购买“××指数型证券投资基金”，认购金额为966000元。2018年3月28日，王某进行了基金赎回，赎回金额为389518.05元，本金亏损576481.95元。

在王某购买上述基金过程中，建行恩济支行对王某做了风险评估，王某填写了《个人客户风险评估问卷》。该问卷中，“以下哪项最能说明您的投资经验”项下王某的选项为“大部分投资于存款、国债等，较少投资于股票基金等风险产品”；“以下哪项最符合您的投资态度”项下王某的选项为“保守投资，不希望本金损失，愿意承担一定幅度的收益波动”；“您的投资目的”项下王某的选项为“资产稳健增长”；“您的投资出现何种程度的波动时，您会呈现明显的焦虑”项下王某的选项为“本金10%以内的损失”。根据王某填写的上述问卷，建行恩济支行确定王某的风险评估结果为稳健型。

另查，王某购买的“××指数型证券投资基金”的招募说明书中载明：“（六）风险收益特征：本基金属于采用指数化操作的股票型基金，其预期风险和收益高于货币市场基金、债券基金、混合型基金，为证券投资基金中较高风险、较高收益的品种。”

王某向法院起诉，请求判令建行恩济支行向王某支付：1. 亏损的576481.95元；2. 王某所投本金（966000元）自购买涉案理财产品之日起至给付之日止的利息，按同期银行存款利率结算；3. 本案诉讼费用。

【案件焦点】

银行是否妥善履行了风险告知义务。

【法院裁判要旨】

北京市海淀区人民法院经审理认为：双方之间构成个人理财服务法律关系。因此，建行恩济支行在涉诉基金销售过程中既应当履行证券投资基金销售机构的合规性义务，也应当履行商业银行开展个人理财业务的合规性义务。建行恩济支行在本案中存在如下过错：

首先，建行恩济支行向王某主动推介了“风险较大”的“经评估不适宜购买”的理财产品。涉诉基金的特点与王某在风险评估问卷中表明的投资目的、投资态度等风险偏好明显不符，应属于不适宜王某购买的理财产品。其次，建行恩济支行未向王某说明涉案基金的运作方式和风险情况，其推介行为存在明显不当。本案中，在王某购买涉诉基金过程中，建行恩济支行未向王某出示和提供基金合同及招募说明书，没有尽到提示说明义务，应认定建行恩济支行具有侵权过错。建行恩济支行虽主张其向王某说明了涉诉基金的相关情况，但未向该院提交相应证据，故该院对其该主张不予采信。

北京市海淀区人民法院依照《中华人民共和国侵权责任法》第六条、第十五条、第十九条，《中华人民共和国民事诉讼法》第六十四条规定，判决如下：

一、建行恩济支行于判决生效之日起七日内赔偿王某损失576481.95元，并赔偿相应利息损失（利息损失分段计算：以966000元为基数，按照中国人民银行同期存款利率，自2015年6月2日起计算至2018年3月28日止；以576481.95元为基数，按照中国人民银行同期存款利率，自2018年3月29日起计算至实际付清之日止）；

二、驳回王某的其他诉讼请求。

建行恩济支行不服原审判决，提起上诉。北京市第一中级人民法院经审理认为：本案中，建行恩济支行对王某进行风险评估，是其了解王某实际情况、投资态度以及对承受风险能力的有效途径，而风险评估结论的得出显然依赖于王某对评估问卷的回答。王某在评估问卷中明确表明了其投资态度是保守投资，不希望本金损失，其投资目的为资产稳健增长，并且在本金出现10%以内的损失时会出现明显焦虑，故建行恩济支行对王某的上述投资风格及风险承受能力应为明知。根据基金招募说明书，建行恩济支行向王某推介的涉诉基金为股票型基金，属证券投资基金中较高风险、较高收益品种，该基金类型明显与王某风险评估问卷的回答及评估结果不符。建行恩济支行虽主张涉诉基金的风险等级评估确定为中风险，但基金管理人、托管人及代销机构等对基金的风险评级因存在一定程度的利害关系而缺乏客观性，并且评估结果与招募说明书中载明的内容不符，故建行恩济支行该项主张法院不予采信。建行恩济支行在明知王某的投资目的、投资态度等风险偏好的情况下，推介其购买不适宜投资的较高风险的股票型基金，存在重大过错。

综上所述，北京市第一中级人民法院依照《中华人民共和国民事诉讼法》第一百七十条第一款第一项规定，判决如下：

驳回上诉，维持原判。

【法官后语】

本案是发生在商业银行推销理财产品过程中的纠纷，主要争议焦点为银行是否妥善履行了风险告知义务。

一、风险告知义务的内容

商业银行应按照符合客户利益和风险承受能力的原则，审慎尽责地开展个人理财业务。《商业银行个人理财业务管理暂行办法》第三十七条第一款规定："商业银行利用理财顾问服务向客户推介投资产品时，应了解客户的风险偏好、风险认知能力和承受能力，评估客户的财务状况，提供合适的投资产品由客户自主选择，并应向客户解释相关投资工具的运作市场及方式，揭示相关风险。"《商业银行个人理财业务风险管理指引》规定，对于市场风险较大的投资产品，特别是与衍生交易相关的投资产品，商业银行不应主动向无相关交易经验或经评估不适宜购买该产品的客户推介或销售该产品。客户主动要求了解或购买有关产品时，商业银行应向客户当面说明有关产品的投资风险和风险管理的基本知识，并以书面形式确认是客户主动要求了解和购买产品。由此可见，商业银行在开展个人理财业务时，应进行严格的风险评估审查，即确定客户的情况是否与理财产品相匹配。

二、风险告知义务是否履行的举证证明责任

金融市场上的信息不对称，加之投资者自身的知识和能力局限，使得投资者在购买投资性金融产品或接受相关服务时往往无法真正理解其中的收益和风险，其主要依赖产品销售者和服务提供者的推介和说明，因此必须依法确定卖方机构的适当性义务，确保投资者在充分了解投资标的及其风险的基础上作出自主决定。而适当性义务的核心即告知说明义务，此为投资者能够真正了解产品和服务的投资风险和收益的关键，应当根据产品的风险和投资者的实际情况，综合一般人能够理解的客观标准和投资者能够理解的主观标准来确定告知说明义务。对于卖方机构是否履行了了解客户、适合性原则、告知说明和文件交付等适当性义务等事实，应当由卖方机构承担举证证明责任。《商业银行个人理财业务管理暂行办法》也明确规定，商业银行应妥善保存有关客户评估和顾问服务的记录，并妥善保存客户资料和其他文件资料。

三、本案解析

具体到本案中，建行恩济支行向王某主动推介了理财产品"××指数型证券投资基金"，为"较高风险"品种，与王某在风险评估问卷中表明的投资目的、投资态度等风险偏好明显不符。建行恩济支行未能提供对王某进行顾问服务的相关记录，不能体现其对王某提供服务的过程，也没有按照金融监管的要求由王某书面确认是客户主动要求了解和购买产品并妥善保管相关记录。所以，建行恩济支行存在重大过失，属于违约责任和侵权责任的竞合。但两者殊途同归，建行恩济支行均应对资金损失程度承担赔偿责任。

编写人：北京市第一中级人民法院 郭帅

51

共同危险行为的限制行为能力未成年人负有适当救助义务

——王父、李母诉陈某等生命权案

【案件基本信息】

1. 裁判书字号

江苏省泗阳县人民法院（2018）苏1323民初7899号民事判决书

2. 案由：生命权纠纷

3. 当事人

原告：王父、李母

被告：陈某、陈父、周某、周父

【基本案情】

王父、李母是死者王某的法定监护人，陈父是陈某的法定监护人，周父是周某的法定监护人。王某与陈某、周某是朋友。2018年8月30日中午，王某与陈某、周某相约一起游玩，先至泗阳县李口镇八堡村麋鹿生态保护园游玩，后又一起至泗阳县“庄卢线”西侧、黄河故道北侧游泳，在游泳过程中王某溺水。2018年8月30日14时40分20秒，机主为陈父的电话曾拨打“110”报警，但未接通。2018年8月31日14时左右，泗阳县公安局李口派出所接“110”指令，在泗阳县李口镇八堡村西废黄河里发现打捞出一具尸体，死者系王某。经现场勘验，王某发生溺水事故的地点较为偏僻，距离村庄较远。

陈某于2018年9月5日向公安机关陈述，事发前系王某说到河里洗澡。王某下河后，因踩到青苔滑倒，发生溺水。自己与周某下水拽王某，但没有成功。上岸后，拨打“110”电话，但没有接通。因为害怕，其没有喊人去救王某，也因为害怕，在王某外公第二天早上询问时，其说不知道王某去哪里了。

周某于2018年9月7日向公安机关陈述，王某提议去洗澡，王某下水时滑倒，自己和陈某下水捞王某，因王某挣扎没有将其救上来。自己和陈某回到岸上，陈某拨打“110”报警，可能因为着急，还没等接通就挂了电话。游泳的地方没有人，十几分钟后看到人也因害怕没说。王某家人第二天找来，自己也没敢说。

【案件焦点】

1. 限制行为能力未成年人共同危险行为中，未涉险人员对涉险人员是否负有法律意义上的救助义务；2. 如未履行或未充分履行救助义务，则是否应承担赔偿责任。

【法院裁判要旨】

江苏省泗阳县人民法院经审理认为：王某和陈某、周某均为限制民事行为能力人，在没有监护人在场的情况下私自从事具有危险性的游泳活动。王某溺水后，陈某、周某应采取与其年龄、智力、行为能力等相适的救助行为，或力所能及的呼救、寻求附近成年人救助等求助行为。根据陈某、周某在公安机关询问过程中的陈述，两人在王某溺水后虽自行采取了救助行为，但未果，又因害怕没有进行呼救，也未至附近村庄寻求成年人的帮助，事后更未及时将情况如实告知受害人的家人，两人对此存在一定过错。但该过错程度较低，理由如下：第一，陈某、周某尚未成年，面对突发事件心理承受能力有限，因自身害怕等原因未呼救、未及时告知属人之常情；第二，陈某、周某在公安机关询问时均陈述采取了自行救助行为，且陈述内容基本一致，其可信度较高。王父、李母对该陈述的真实性虽有异议，但并无证据反驳。同时，陈某、周某在事发后也曾拨打报警电话，虽未接通，但也能证明两人试图寻求救助，侧面印证了其采取自行救助行为的可信度；第三，事发地点较为偏僻、距离村庄较远，实施呼救行为难度较大，即使陈某、周某实施了呼救行为，能否及时、成功地阻却损害后果的发生，亦不能确认。综合案情，法院确定陈某、周某对王某溺水死亡所造成的损失承担5%的赔偿责任。又因陈某、周某系限制民事行为能力人，故由其监护人即陈父、周父承担赔偿责任。王父、李母因王某死亡产生的损失为：死亡赔偿金872440元、丧葬费36342元，考虑王父、李母作为王某监护人，未充分履行监护责任，存在较大过错，故酌定精神抚慰金4000元。上述损失合计912782元，由陈父、周父各自承担24720元。

江苏省泗阳县人民法院依照《中华人民共和国侵权责任法》第六条、第十六条、第二十六条、第三十二条，《最高人民法院关于审理人身损害赔偿案件适用法律若干问题的解释》第十八条、第二十七条、第二十九条和《中华人民共和国民事诉讼法》第一百四十二条规定，作出如下判决：

一、被告陈父于本判决生效后十日内赔偿原告王父、李母各项损失共计24720元；

二、被告周父于本判决生效后十日内赔偿原告王父、李母各项损失共计24720元；

三、驳回原告王父、李母的其他诉讼请求。

【法官后语】

司法实践中，我们讨论更多的是对限制民事行为能力人积极行为的效力认定，如《中华人民共和国民法总则》第一百四十五条第一款。对于限制民事行为能力未成年人的消极行为是否产生法律责任、是否构成不作为侵权（如上述案例），在仅有限制民事行为能力未成年人共同参与某种本身具有一定危险性活动的情况下，限制民事行为能力未成年人对同行涉险人是否负有法定救助义务（即积极作为义务）、该救助义务是法定义务还是道德义务，却所涉不多。

构成不作为侵权，不仅须侵权人负有作为义务，而且还须有履行该义务的可能性，即具有履行该义务之作为的主观意志能力。从行为法学上看，“行为的意志因素，是法律所确认的重要因素”。任何法律行为都是主体的意志行为，是主体的自我意识、自我控制的行为，“无意志无意识的行为（纯粹的无意行为），不能成为法律行为”。笔者认为，从限制民事行为能力未成年人的主客观方面来看，其对于同行未成年人是否处于险境、是否需要救助已经具备判断能力，也具备与其认知能力、行为能力相当的救助能力，积极作为也是公序良俗的基本要求，故此具有与其认知能力、行为能力、精神健康状况等相当的法定救助义务。具体而言：

1. 限制民事行为能力人已具备与其年龄、智力水平、精神健康状况相当的认知能力、行为能力，赋予救助义务符合现代未成年人心理、生理发展的特点。社会的不断发展以及包括安全教育在内的教育水平不断提高，使得未成年人认知能力、适应能力及自我承担能力等均有很大提升。限制民事行为能力未成年人已能够直观感受和理解同行的其他未成年人处于危险之中且需要救助，能够第一时间知晓涉险信息，能够遇见得不到及时救助的情况下可能产生的危害后果。在确保本人安全不涉险的情况下，限制民事行为能力未成年人亦有能力实施呼救、报警、寻求成年人帮助等救助行为。

2. 对生命的尊重和救护是我们应当追求的正向价值观，赋予救助义务是社会公序良俗的应有之义。曾世熊先生曾指出："作为或不作为脱序，而强行法又苦无强制或禁止规定可用时，公序良俗的规定，方始发生补充之功能。"家庭、学校、社会从小教育我们应当助人为乐，同行人员虽均为未成年人，出于限制行为能力未成年人自身安全考虑，我们不能要求其直接采取超出能力范围的施救行为，但其履行能力范围内的间接救助，能够为涉险人提供获救机会，避免他人生命财产安全遭受损害，这也是私法领域所谓公序良俗所应包含之范畴。

当然，受限于未成年人在认知能力、行为能力、心理承受能力上与完全民事行为能力人的差距，同时考虑其救助义务与避免损害后果发生的关联性等，此义务不宜过重、过高、过宽泛、过严苛。通常而言，判断限制民事行为能力未成人是否已尽到相应的救助行为，应综合考虑年龄、智力、精神健康状况等因素对限制民事行为能力未成年人的认知能力和判断能力的影响，同时考量限制民事行为能力未成年人所能实施的民事法律行为即救助行为，是否与其认知能力和判断能力相匹配。另外，限制民事行为能力未成年人的认知能力和判断能力千差万别，具有个体特征，无论是认知能力和判断能力的评价，还是认知能力和判断能力是否与救助行为相匹配的判断，都缺少客观精确的标准，具有一定的主观性、差异性，故对于限制民事行为能力未成人的救助义务范畴认定，还需在个案中作出谨慎识别。

编写人：江苏省泗阳县人民法院　刘玲

52

"过劳死"的侵权责任认定

——刘甲等诉华润置地（北京）物业管理有限责任公司生命权、健康权、身体权案

【案件基本信息】

1. 裁判书字号

北京市朝阳区人民法院（2017）京0105民初9495号民事判决书

2. 案由：生命权、健康权、身体权纠纷

3. 当事人

原告：刘甲、赵甲、赵乙、刘乙、刘丙

被告：华润置地（北京）物业管理有限责任公司（以下简称华润物业公司）

【基本案情】

2015年11月6日，华润物业公司作为甲方与乙方刘某签订劳动合同书，约定用工期限为2015年11月6日至2017年3月31日，试用期2个月，刘某工作岗位为保安，工作地点为华润物业公司在京各单位。刘某薪酬实行岗位（职务）工资，即基本工资/月+岗位（职务）津贴/月。刘某岗位（职务）工资为税前每月2200元，试用期间岗位（职务）工资为税前每月1760元。刘某实行综合计算工时工作制：在连续工作期间，根据综合计算工时相关要求，刘某实行轮班制工作。同日，刘某入职华润物业公司，担任朝阳区华亭嘉园地下停车库保安。平时上下班时间需打卡。2016年6月21日凌晨2时左右，刘某打卡下班，4时45分左右宿舍人员扶刘某出宿舍，4时53分救护车及刘某家属到达，刘某被送往中国人民解放军第306医院抢救，6时50分开始抢救，刘某被诊断为脑出血、呼吸衰竭、高血压，6月23日14时30分抢救无效，刘某去世。刘某去世后，刘某家属及华润物业公司共同至劳动保障行政部门申报认定工伤，被告知刘某抢救超过48小时，无法认定工伤。

刘甲、赵甲、赵乙、刘乙、刘丙为刘某的法定继承人，该五人诉至法院，要求华润物业公司承担侵权责任。

【案件焦点】

刘某在下班后猝死，其死亡在不能认定工伤的情况下，用人单位华润物业公司是否应该承担民事侵权责任。

【法院裁判要旨】

北京市朝阳区人民法院经审理认为：行为人因过错侵害他人民事权益，应当承担侵权责任。本案的争议焦点在于华润物业公司对于刘某的死亡是否具有过错。根据法律法规规定，国家实行劳动者每日工作时间不超过8小时、平均每周工作时间不超过44小时的工时制度。用人单位由于生产经营需要，经与工会和劳动者协商后可以延长工作时间，一般每日不得超过1小时；因特殊原因需要延长工作时间的，在保障劳动者身体健康的条件下延长工作时间每日不得超过3小时，但是每月不得超过36小时。根据《劳动和社会保障部关于职工全年月平均工作时间和工资折算问题的通知》中关于制度工作时间的计算，月工作日为20.83天/月。按此计算，刘某每月工作时长最多不能超过202.64小时。而刘某在2015年11月6日到岗工作，在2016年6月21日凌晨发病，依照华润物业公司提交的刘某上下班打卡记录，即便按照华润物业公司自行统计的刘某上班时长，刘某在11月（6日至30日工作）、12月、1月、2月（15日至29日工作）、3月、4月、5月、6月（1日至20日晚工作）上班时长均远超于规定的最长工作时长。即便按照华润物业公司主张的年综合工时制，工作时间也不应该超过法律的强制性规定。不论刘某是否自愿加班、工作强度如何，华润物业公司对刘某加班是知情且同意的，其存在过错。

至于刘某的加班行为与其死亡结果之间是否存在因果关系，根据双方提供的证据并结合相关事实，虽然无法得出二者存在必然直接因果关系的结论，但根据刘某工作时长及在加班时即发病，身体不适送医救治无效死亡这一过程的紧密度，并结合日常经验法则，该因果关系亦同样无法排除。考虑到导致刘某死亡的原因亦与刘某个人身体素质、身心调整、日常生活安排等多重因素有关，刘某死亡具有多因一果性和一定偶然性。在本案因果关系参与度无法明确的情况下，结合华润物业公司的过错，法院酌定由华润物业公司对刘某死亡造成的损失承担20%赔偿责任。

根据法律规定，受害人死亡的，赔偿义务人除应当根据抢救治疗情况赔偿本条第一款规定的相关费用外，还应当赔偿丧葬费、被扶养人生活费、死亡补偿费以及受害人亲属办理丧葬事宜支出的交通费、住宿费和误工损失等其他合理费用。刘某死亡造成的损失，具体分析如下：1. 刘某死亡时为50周岁，死亡赔偿金按照五原告主张的2015年北京农村居民人均纯收入标准计算，为411380元；2. 被扶养人生活费，赵乙的被扶养人生活费为47433元。根据刘乙的病历，其受精神疾病影响没有工作的能力，需他人照顾，刘乙的被扶养人生活费为105406元；3. 误工费，赵甲没有固定收入，亦没有提交其最近三年的平均收入状况的相关证据，法院按照相近行业上一年度职工的平均工资计算，其主张每天86.88元法院予以认可，误工天数法院酌情确定为10天，计868.8元。刘甲提交其工资明细，法院按照刘甲提交的三个月的工资收入的月平均数3226.35计算10天，为1075.45元；4. 刘某未报销的医疗费，根据华润物业公司提交的《新华人寿保险股份有限公司补充医疗保险医药费分割单》，金额为4077.13元；5. 刘乙的医疗费，其没有提交相关医疗费证据，法院不予认可；6. 刘丙的学费和生活费，其没有提交相关证据，且刘丙已经成年，学费和生活费不必须为刘某支付，法院不予支持；7. 住宿费，考虑到办理丧葬事宜所需，法院酌情确定为1000元；8. 交通费，考虑到刘某亲属均在甘肃且为办理丧葬事宜所需，法院酌情确定为5000元；9. 精神损害抚慰金为50000元。以上刘某死亡造成的损失合计为626240.38元，由华润物业公司赔偿20%为125248.08元。

北京市朝阳区人民法院依照《中华人民共和国侵权责任法》第六条，《最高人民法院关于审理人身损害赔偿案件适用法律若干问题的解释》第十七条、第十八条、第十九条、第二十条、第二十二条、第二十八条、第二十九条规定，判决如下：

一、华润物业公司于本判决生效之日起十日内赔偿刘甲、赵甲、赵乙、刘乙、刘丙死亡赔偿金、被扶养人生活费、误工费、交通费、住宿费、精神损害抚慰金等费用共计125248.08元；

二、驳回刘甲、赵甲、赵乙、刘乙、刘丙的其他诉讼请求。

【法官后语】

“过劳死”并非临床医学病名，也不是真正意义上的法律术语。简言之，“过劳死”即劳动者长期的加班工作，导致身体的各项机能不能得到恢复，身心负荷、疲劳的不断累积，出现过度疲劳的状态，造成既有的高血压、心脏病或动脉硬化等疾病恶化，进而引发突然死亡（也称为猝死）的现象。尽管在我国，“过劳死”尚不属于法律概念，法律法规也暂时无法对于“过劳死”进行明确的定性，然而社会公众通常会将“过劳死”与工伤联系在一起。目前我国工伤保险认定时需要具备三个基本要件，即工作时间、工作场所（地点）以及工作因素（或工作原因），我们通常称之为“工伤三要素”或“三工原则”。此外，考虑到一些特殊利益和特殊情形，我国劳动法律法规中还规定了“视同工伤”的制度，扩大了劳动者权益保护范畴。《工伤保险条例》即对视同工伤的情况作出了较为明确的规定。《工伤保险条例》第十五条第一款规定：“职工有下列情形之一的，视同工伤：（一）在工作时间和工作岗位，突发疾病死亡或者在48小时之内经抢救无效死亡的；（二）在抢险救灾等维护国家利益、公共利益活动中受到伤害的；（三）职工原在军队服役，因战、因公负伤致残，已取得革命伤残军人证，到用人单位后旧伤复发的。”其中第一项与我们讨论的“过劳死”有密切的关系。然而，仅仅适用这一条款，还远远不能解决全部“过劳死”的情况。

对于符合“三工原则”或“视同工伤”情形的“过劳死”，死者家属无疑可以享受相应的工伤待遇，但是对于大多数“过劳死”的死者家属来说，在确认符合上述法律规定的时候都会遇到相当大的困难，因为人的死亡并不一定就是一瞬间的事情，而是有“发生症状——送医抢救——抢救无效死亡”这样一个过程。就比如本案中的死者刘某，其下班后并没有立即出现症状，而是在休息的半夜中出现了症状。此外，“过劳死”通常是因为劳累过度导致的心肌梗死或其他类型的猝死，死者家属很难证明死者是因为工作过度劳累而造成的死亡结果。现实中，“过劳死”的发生过程通常是劳动者因较长时间或较大强度的工作，而导致正常的生活作息规律受到影响，进而使得自己的疲劳感不断积累从而达到过度劳累的状态，最终因过劳状态的持续导致死亡，因此“过劳死”的发生地点有可能不在工作场所或工作岗位上，如果仅从字面理解《工伤保险条例》的规定，大多数“过劳死”将无法被认定为工伤。

至此，劳动者家属通常会依据侵权责任法向用人单位索偿。此类案件纳入侵权法律关系的范畴后，认定用人单位是否应该赔偿、赔偿多少则应考虑侵权责任的四要素：侵权行为、过错、损害事实及侵权行为与损害事实之间的因果关系。

现实中，企业为了规避法律的强制性规定，通过设置绩效考评等制度，在不规定加班的情况下，迫使劳动者自愿加班，变相侵害劳动者的休息权。“自愿加班”导致的“过劳死”，从主观上分析，因为加班并非企业要求及安排，而是员工的自愿行为，从现行法律强制性规定上看企业确实不存在过错；从客观上看，“过劳死”是疲劳转化为某种病发，“疲劳”和“病发”哪一个是主要因素往往在认定上存在难度，难以区分。但根据法律，劳动者的工作时长是受到严格控制的，保障劳动者的休息权也是国家法律的强制性要求。因“过劳死”的发生在很大程度上是用人单位隐性地侵犯了劳动者的休息权导致的，家属需要就用人单位安排的工作任务过重、工作量超过了相应的定额，且劳动者的加班时间过长，已大大超过社会平均工作时间等事由承担举证责任。就如本案中的死者，其上班时长均远超于规定的最长工作时长。即便按照用人单位主张的年综合工时制计算工时，工作时间也不应该超过法律的强制性规定。因此，即使加班系劳动者的自愿行为，但劳动者加班的原因与企业的生产经营需要密不可分，且用人单位对员工的加班行为是知情且同意的，法院仍可据此认定用人单位在劳动者的加班行为中存在侵权行为且存在过错。

至于劳动者的加班行为与其死亡结果之间是否存在因果关系，虽然很难有证据证明其二者存在必然直接的因果关系，但该因果关系亦同样难以排除。在因果关系参与度无法查明确定的情况下，法院可以根据证明责任分配规则和公平合理原则，酌定由用人单位对劳动者死亡造成的损失承担部分赔偿责任。

编写人：北京市朝阳区人民法院　毛文蝶

53

亲子身份权的精神利益保护

——张某诉张某1侵权责任案

【案件基本信息】

1. 裁判书字号

北京市第三中级人民法院（2018）京03民终9880号民事判决书

2. 案由：侵权责任纠纷

3. 当事人

原告：张某

被告：张某1（英国国籍）

【基本案情】

张某系侯某某与张某1的非婚生女。张某于1999年4月30日出生时，医学证明记载着父亲姓名为张某1。张某出生后至一岁四个月，居住在张某1家中，后由其母侯某某独自抚养。2014年4月，张某需要进入高中学习生活，因侯某某无力独自负担出国留学费用以及办理出国留学需要父母亲签字同意等与张某1联系，张某1拒绝承认与张某存在亲子关系。张某1曾要求张某提供毛发检材去做亲子鉴定，后在谎称鉴定材料不符时为张某出具一份公证书，将张某的监护权全权交给侯某某。此后，张某精神受创并患有抑郁症。

2015年6月，张某将张某1诉至法院，要求张某1支付抚养费，该案判决张某1支付张某抚养费。张某认为，张某1不承认血缘关系，对亲生女儿不关心、冷漠无情，有能力抚养也应当履行抚养义务却故意不履行，造成其精神损害，故主张张某1赔偿精神损害抚慰金360万元。张某1不同意张某的全部诉讼请求。

【案件焦点】

1. 张某1是否存在侵犯张某人身权益的行为；2. 张某主张精神损害赔偿的权利基础及赔偿范围的认定。

【法院裁判要旨】

北京市朝阳区人民法院经审理认为：父母对子女有抚养教育的义务。父母或其他监护人应当创造良好、和睦的家庭环境，依法履行对未能年人的监护职责和抚养义务。张某虽与其母亲共同生活，但并不免除张某1作为张某之父应尽的监护职责，张某1应从有利于张某健康成长的角度依法履行监护职责。本案争议的焦点为张某1是否存在侵犯张某人身权益的行为。基于以下理由，法院认定张某1存在侵犯张某人身权益的行为。

第一，张某1未主动履行监护职责。张某虽系张某1与侯某某的非婚生女，且在张某一岁四个月之后也未随张某1共同生活，但并不免除张某1应积极为张某创造温馨、友好的成长环境的义务。从本案查明的事实看，在张某的成长过程中，并无充分证明表明张某1存在主动关心张某的积极行为，更无证据表明张某1存在为张某健康成长营造良好环境的行为。

第二，张某1在就张某受教育一事上存在推诿、不配合的行为，且在一定程度上影响了张某接受良好教育的机会。在张某之母提出为张某办理护照以便出国留学之际，张某1作为张某的监护人，本应主动出谋划策，为张某接受教育提供便利，但张某1采取了消极对待、质疑的不当做法。

第三，张某1存在否认亲子关系的不当行为。在张某1明知张某系其亲生女儿的情况下，在侯某某与张某1沟通办理相关手续时，张某1提出"'出生证上父亲'和亲生父亲是一个人吗?"的疑问，且在张某向其表达想去香港迪士尼时，张某1表示"我可以让你去香港迪士尼，但这跟我是谁没有关系……"，再加之两次亲子鉴定的事宜，可以认定张某1存在否认亲子关系的不当行为。

综上，在张某成长之际，张某1不仅未积极主动为张某营造成长环境，也未履行配合协助义务，且存在侵害张某身心健康的不当言行，故法院认定张某1的行为侵犯了张某的合法权益。根据张某提供的病历材料以及相关检查单，可以认定张某确实存在精神方面的疾病，从就医时间、张某提供的短信记录以及相关亲子鉴定材料可以看出张某1的不当行为确实给张某的身心健康造成了一定影响，故张某主张精神损害抚慰金有事实和法律依据，法院予以支持，但张某主张数额明显过高，法院予以调整后支持。

北京市朝阳区人民法院依据《中华人民共和国侵权责任法》第六条、第二十二条规定，判决如下：

一、张某1于本判决生效后七日内赔偿张某精神损害抚慰金100000元；

二、驳回张某的其他诉讼请求。

二审法院经审理同意一审法院裁判意见。

【法官后语】

父母是未成年子女的第一责任人，应对未成年子女进行抚养，妥善照顾未成年子女的生活，保护其身心健康和人身安全。除了保障子女的生存发展权和人身财产安全之外，父母对子女健康的心理和人格的塑造有不可替代的重要作用。我国现行法对未成年子女权益主要是通过监护制度予以调整和保护的。《中华人民共和国民法总则》在"监护"一节中的第二十六条规定了父母对未成年子女负有抚养、教育和保护的义务。另外，《中华人民共和国婚姻法》《中华人民共和国未成年人保护法》等单行法也以不同法益为侧重，规定了父母对子女的权利义务。《中华人民共和国侵权责任法》第二条规定中明确将"监护权"纳入侵权法保护的民事权益的范畴。但监护权的主体系监护权人，也即父母，并非子女。那么，未享有被监护利益的未成年子女，能否在侵权责任的框架下实现权益保障？基于父母子女关系的身份权益的内涵和边界、基于该种身份权益的精神损害的保护路径和条件，都是值得探讨的问题。

1. 未成年子女权益保护的现行法框架

父母与子女的关系源自天然的血亲关系，在传统民法上通过亲权制度予以调整。所谓亲权，是指父母对未成年子女的人身和财产管教和保护的权利义务，主要体现为父母对子女身份的支配属性。但随着平等、自由等现代法治观念的建立发展，大陆法系亲权制度的发展也从亲权人本位，发展为以保护教养未成年子女为目的的制度。现代国家立法往往选择创设其他概念或制度表达现代亲权的含义，如德国法的父母照顾权、英美法采用的广义的监护制度。我国现行法上没有规定专门的亲权制度，主流观点认为监护制度已吸收了亲权的概念。所谓监护制度，是为了监督和保护无民事行为能力人和限制行为能力人的人身、财产及其他合法权益而设置的一项民事法律制度。但从《中华人民共和国民法总则》"监护"一节的体例安排和立法技术上也能一窥我国监护制度将传统立法中的监护、亲权集于一体的特点。鉴于亲权和监护权在内涵和外延、制度功能方面具有差异，就监护制度能否完全替代或吸纳亲权制度，学界也出现了越来越多不同的声音。《中华人民共和国婚姻法》第二十三条规定"父母有保护和教育未成年子女的权利和义务"，《中华人民共和国未成年人保护法》中"家庭保护"一章均属于亲权制度的规范内容。

综上，基于监护制度和侵权制度在权利基础、制度功能上的区别，对于未成年子女权益的保护原则上也可以分为上述两种路径：前者是监护责任，请求权基础为《中华人民共和国民法总则》第三十四条"监护人不履行监护职责或者侵害被监护人合法权益的，应当承担法律责任"之规定；后者是侵权责任，请求权基础为《中华人民共和国侵权责任法》第二条"侵害民事权益，应当按照本法承担侵权责任"之规定。

2. 现有保护路径的局限性分析

就监护责任的保护路径。《中华人民共和国民法总则》第三十四条规定了监护权以及监护责任的内容。就现有规定来看，监护制度在保护子女权益上存在以下局限性：一是未规定父母监护的性质。二是未规定受监护是否属于未成年人的权利。三是未明确规定监护的具体内容。监护人应当履行的职责包括：(1) 保护被监护人的人身权利；(2) 保护被监护人的财产权利以及其他合法权益；(3) 代理被监护人实施民事法律行为；(4) 当被监护人的合法权益受到侵害或与他人发生争议时，监护人应当代理被监护人进行诉讼以维护其合法权益。由此可见，监护职责并不包含抚养、教育等义务，且无法体现对亲属关系之情感依赖、道德伦理的保护。

就侵权责任的路径，其保护局限性体现在：一是立法上尚未规定亲权制度，只能从受法律保护的利益的维度予以保护。二是《中华人民共和国婚姻法》《中华人民共和国未成年人保护法》中对父母未履行对子女义务的法律后果规定不完善，制裁构成要素的缺失导致上述法律规定与道德习惯等规范作用无异，在侵权责任框架下调整亦存在障碍。

3. 亲子身份权之精神利益的保护边界

父母子女之身份权益作为一种基于特定社会关系所产生的权利义务关系的集

合，即包含抚养权、探望权等具体权利，也包含受法益保护的利益。“父母子女之亲”源于人类固有的基本伦理情感，亲子情感的幸福美满是自然人固有的、具有普遍价值共识的身份利益的内涵，对亲子关系的恶意否认、客观阻碍或脱离监护等导致亲子关系遭受损害的行为，无疑会引起自然人的精神痛苦，造成精神损害。接下来的问题是，身份权益受司法保护的边界为何？在何种情况或条件下，法律应当对身份利益予以保护？笔者认为，可以借鉴德国法经验，将侵权行为归类为两种：一种是“权利侵害”类型，即侵害了我国法律规定的具体身份权的类型；另一种是“公序良俗违反型”，对由于历史或其他原因，尚未被法律确认为民事权利的正当利益，如果故意以违反公序良俗、社会公德的方式加以侵害，则此种侵害行为也会被确认为具有违法性，构成民事侵权行为。在确定是否达到严重精神损害程度时，应综合考虑侵害人的主观状态、侵害手段、场合、行为方式和被侵害人的精神状态等具体情节加以判断。

编写人：北京市朝阳区人民法院　李甲军　李珑

54

网络零售商售假致第三方交易平台损失的责任认定

——浙江淘宝网络有限公司诉钱某、王某侵权责任案

【案件基本信息】

1. 裁判书字号

浙江省永康市人民法院（2019）浙0784民初字第4867号民事判决书

2. 案由：侵权责任纠纷

3. 当事人

原告：浙江淘宝网络有限公司（以下简称淘宝公司）

被告：钱某、王某

【基本案情】

淘宝公司系淘宝网的经营者，淘宝网是网络购物平台，钱某于2012年9月24日注册成为淘宝网会员，王某于2014年1月1日注册成为淘宝网会员。《淘宝服务协议》约定淘宝会员不得发布涉嫌侵犯他人知识产权或其他合法权益的商品或服务信息，不得发布违背社会公共利益或公共道德或淘宝认为不适合在淘宝平台上销售的商品或服务信息，如会员涉嫌违反有关法律或者本协议之规定，使淘宝遭受任何损失，或受到任何第三方的索赔，或受到任何行政管理部门的处罚，应当赔偿淘宝公司因此造成的损失和/或发生的费用，包括合理的律师费用。

（2017）浙0784刑初752号刑事判决书中认定，2015年7月以来，钱某、王某经事先商量，在明知“starbucks”和无字星巴克“女巫头像”是他人注册商标的情况下，以五五分账的形式，在淘宝网上销售假冒的“starbucks”和无字星巴克“女巫头像”的弹跳杯、易拉罐杯等杯具，共计销售金额为4万余元，因此判决钱某、王某均犯销售假冒注册商标的商品罪，判处有期徒刑、罚金。两被告在刑事案件中已退还违法所得4万元。原告为本案支出律师代理费2万元。

原告诉称：淘宝网为严打假货，设定了严格且完善的假货治理体系。原告与两被告签署的《淘宝服务协议》中有相关禁止售假及损失赔偿的约定。两被告在明知的情况下，仍然持续在淘宝上出售大量假货，其行为严重损害消费者的利益，也给淘宝网造成了经济和商誉上的严重负面影响。因此，两被告应当赔偿原告财产损失、商誉损失及维权支出的成本，并在淘宝网上赔礼道歉。

被告钱某辩称：一、原告以销售金额来认定经济损失没有法律依据。经过刑事判决，其不仅退回违法所得4万元，还分别被处罚金12万元、8万元。虽然刑事与民事不存在冲突，但在惩罚上应予以考量。针对赔偿数额，结合其他判决，本案损失应该在5000元以下。二、原告主张的律师费过高，按照销售金额来计算不合理。如果最终判决需要被告进行赔礼道歉，其同意在淘宝网上赔礼道歉。

【案件焦点】

1. 钱某、王某的行为是否侵犯了淘宝公司的合法权益；2. 钱某、王某在淘宝网上销售侵犯商标权的商品给淘宝网造成商誉损失，赔偿经济损失数额如何认定；3. 律师代理费是否属于合理开支范围。

【法院裁判要旨】

浙江省永康市人民法院经审理认为：钱某、王某在淘宝公司经营的淘宝网上注册成为会员，双方之间形成了服务合同关系。合同中涉知识产权的约定，未违反法律法规的强制性规定，亦未加重其中一方的负担，属合法有效，受法律保护。本案中两被告经刑事判决确定在淘宝网上销售假冒注册商标的商品，已经违反了服务协议的上述约定，构成违约，损害了淘宝网商誉，而商誉能够在公司的生产经营过程中变现为实际的商业利润，具有显著的财产利益属性。因此，两被告的违约行为已对淘宝公司的民事权益造成了损害，构成侵权。

对于淘宝公司主张的赔偿经济损失的请求，赔偿损失主要包括直接财产损失和可得利益损失。原告未在本案中提交充分证据证明其现有损失。其所提交的证据仅是一篇理论性的研究文章，并非为社会大众所接受认可的具有高度权威性的论证结果，因此对文章提及的售假行为与消费活跃度下降而造成的销售损失关系等论证结果，无法予以确认。可得利益损失需要考虑可预见性规则。原告提供的一系列数据是用大量非常人所能考虑到的计算方法堆砌计算而得，不应作为衡量损失的可行性方案。本案中，两被告已退还违法所得4万元。且两被告一般的侵权行为（销售数额不大、经营时间短、造成的社会影响小），对原告所造成的商誉损害不大，不足以撼动大众对其的良好评价。被告公开赔礼道歉，可以对淘宝网上的会员起到警示作用，起到防患于未然的效果，具有较好的社会作用。本案中，律师费用收取符合标准且符合双方之间有效的协议约定。两被告属于共同侵权，应承担连带责任。

综上，浙江省永康市人民法院判决如下：

一、由被告钱某、王某赔偿原告损失10000元，款限本判决生效后十日内履行完毕；

二、由两被告在本判决生效后连续十日在原告公司所属的淘宝网（www.taobao.com）网站显著位置刊登赔礼道歉声明；

三、由两被告支付原告为本案支出的律师代理费20000元，款限本判决生效后十日内履行完毕；

四、驳回原告的其余诉讼请求。

一审宣判后，各方当事人均未上诉，判决已发生法律效力。

【法官后语】

在当前网络营销模式下，网络交易平台服务提供商并未直接参与侵权活动，多因为没有尽到合理注意义务，构成间接侵权而被判承担连带责任。若平台因此主张权利保护，法院该如何认定第三方交易平台的损失？本案就是淘宝网作为第三方交易平台的维权案，对这类案件的判决无疑会提供重要的司法导向，也能对交易平台与售假商家的行为发挥一定的指引作用。

一、网络服务协议的效力

类似于本案中《淘宝服务协议》的网络服务协议，是网络零售商与网络交易平台基于自愿原则签订的明确双方权利义务的协议。网络零售商依据该协议，获得在第三方交易平台上经营的权利，并接受一定的制约。网络交易平台据此取得相应的管控权，对经营者的行为进行相应的监督。依据合同法第八条和第四十四条规定，该协议对双方具有约束力。这也是现行法充分考虑技术和成本后赋予网络交易平台的自由。

至于实践中部分人主张的涉格式条款无效说，应具体条款区别对待。双方签订的网络服务协议中涉及格式条款的，根据合同法原理以及《中华人民共和国合同法》的相关规定，在不极端偏离公平原则的前提下，对其中已尽到合理的提醒用户注意义务的，合同即应当被认定为有效。即使部分无效的，其他部分仍为有效。

二、网络零售商售假致第三方交易平台损失的数额认定

互联网交易平台的商誉决定着消费者对于平台的信任度以及利用率。商誉受损会引发消费者的信任危机，使消费者减少在淘宝上的购物频率与购物金额，尤其对于大型的商业主体来说，影响更甚。

虽然《淘宝服务协议》约定网络零售商售假应赔偿淘宝公司遭受的所有直接损失和间接损失，淘宝公司也提出了多种损失计算方法，诸如会员人数计算方式、品牌计算方式等，但是本案裁判中并未采用。一方面，直接财产损失是指直接造成现有财产的减少。实践中，企业很难将在打假上的投入分配到每个售假者身上，淘宝公司自身也无法找到确凿的证据证明商誉损失受影响的程度；另一方面，可得利益损失是指将来可以获得的财产的减少，需要考虑可预见性规则。鉴于本案两被告主要是因侵犯了淘宝公司的商誉，进而造成原告一定的经济损失，该损失数额确实难以量化确定，故参考侵权责任法第二十条规定。另外，淘宝网是国内数一数二的

网络购物平台，本身已经具有坚实的大众基础，考虑到被告一般的侵权行为（销售数额、经营时间、利润因素、社会影响）对其所造成的影响程度，应相应减少经济损失赔偿额。

三、赔礼道歉

我国自古为礼仪之邦，在我国传统文化中，赔礼道歉不仅是一种道德约束，更是日常礼仪的要求。因此，我国民事法律体系构建时，将赔礼道歉写入法律，与“停止侵权”“赔偿经济损失”等共同构成民事责任承担方式，如《中华人民共和国民法总则》第一百七十九条和《中华人民共和国侵权责任法》第十五条均有相应规定，这亦是我国独有的一项创举。

判决被告在淘宝网上公开赔礼道歉，是司法机关灵活创新运用法律，加强知识产权保护的体现，有助于向社会传递正向信息，即电商平台在承担责任的同时，其权益也应受到保护。

编写人：浙江省永康市人民法院　胡琦明　施佳

55

因申请诉中财产保全损害责任需要考虑主观过错

——潍坊市贝特工程机械有限公司诉北汽福田汽车股份有限公司因申请诉中财产保全损害责任案

【案件基本信息】

1. 裁判书字号

北京市第一中级人民法院（2018）京01民终9684号民事判决书

2. 案由：因申请诉中财产保全损害责任纠纷

3. 当事人

原告（被上诉人）：潍坊市贝特工程机械有限公司（以下简称贝特公司）

被告（上诉人）：北汽福田汽车股份有限公司（以下简称福田公司）

【基本案情】

2015 年 12 月，福田公司曾将贝特公司等五被告诉至山东省潍坊市潍城区人民法院，其中要求贝特公司对另外一被告的主债务承担连带保证责任。后该案被移送至北京市昌平区人民法院。在该案审理过程中，福田公司申请保全五被告价值 180 万元的财产。2016 年 2 月 3 日，法院冻结了贝特公司在北京市怀柔区人民法院的案款 180 万元，冻结到期日为 2017 年 2 月 2 日。后经福田公司申请，法院对上述案款进行续行保全，期限至 2018 年 1 月 18 日。北京市昌平区人民法院判决另外一被告支付福田公司垫付款及违约金 100 余万元，贝特公司等四被告对上述债务承担连带保证责任。后贝特公司不服，就该一审判决书提起上诉。北京市第一中级人民法院进行了改判，判决贝特公司不对上述债务承担连带保证责任。后上述冻结措施被解除，180 万元案款于 2018 年 1 月 22 日发还给贝特公司。现在贝特公司要求福田公司赔偿因保全错误遭受的损失。

【案件焦点】

如何确认因申请诉中财产保全损害责任的构成要件。

【法院裁判要旨】

北京市昌平区人民法院经审理认为：保全申请人的诉讼请求最终没有得到法院的支持，意味着其保全行为客观上是错误的，而这种错误最终导致了被申请人财产损失的结果，无论申请人主观上是否存在过错，均应当赔偿由此给被申请人造成的损失。福田公司对贝特公司的相关诉讼请求最终没有得到法院的支持，意味着其对贝特公司的保全行为客观上是错误的，故福田公司应当赔偿贝特公司因此所遭受的损失。经计算，福田公司应当赔偿贝特公司损失 218411.95 元。综上，判决如下：

一、福田公司赔偿贝特公司因保全所遭受的损失 218411.95 元，于本判决生效后七日内履行；

二、驳回贝特公司的其他诉讼请求。

福田公司不服一审判决，提起上诉。北京市第一中级人民法院经审理认为：由于当事人的法律知识、对案件事实的举证证明能力、对法律关系的分析判断能力各不相同，通常达不到司法裁判所要求的专业水平，因此当事人对诉争事实和权利义务的判断未必与人民法院的裁判结果一致。如果仅以保全申请人的诉讼请求是否得到支持作为申请保全是否错误的依据，必然会对善意当事人依法通过诉讼保全程序维护自己权利造成妨碍，影响诉讼保全制度功能的发挥。申请诉中财产保全损害责任的构成要件包括：第一，人民法院依据申请人申请进行了财产保全，且保全内容超出裁判内容，即存在客观错误；第二，被申请人遭受损失；第三，前两者之间存在因果关系；第四，主观过错。主观过错应包括申请人未尽到谨慎合理的注意义务。根据本案查明的事实，法院无法认定福田公司存在主观过错。综上，判决如下：

一、撤销北京市昌平区人民法院（2018）京0114民初15188号民事判决；

二、驳回贝特公司的全部诉讼请求。

【法官后语】

本案的重点在于如何根据现有法律制度，通过法解释学的方法得出一个不与现行法律体系相冲突并且能够符合制度设立目的的结论。

首先，要考虑的是制度的目标系统。就财产保全制度而言，其目的在于保障将来生效判决的有效执行，而诉讼请求的合理性与合法性是正当财产保全的基础。我们的分析，应时刻考虑这一目标。

其次，要结合案由确定研究的基本方向和框架。本案案由是因申请诉中财产保全损害责任纠纷，根据案由规定可知，当事人的请求权基础是《中华人民共和国民事诉讼法》第一百零五条，该条规定，申请有错误的，申请人应当赔偿被申请人因保全所遭受的损失。考虑该条内容并辅助《民事案件案由规定》的体例，可以得知，因申请诉中财产保全损害责任纠纷属于侵权责任纠纷。故因申请诉中财产保全损害责任纠纷案件应当适用侵权责任法相关规定。这样我们就有了基本的分析方向。

再次，要分析具体制度。《中华人民共和国侵权责任法》等现行法律所规定的无过错责任中并不包含因申请诉中财产保全损害责任。因此，因申请诉中财产保全损害责任，须以申请人存在过错为要件，不能仅以申请人的诉讼请求未得到支持为充分条件。由于当事人的法律知识、对案件事实的举证证明能力、对法律关系的分析判断能力各不相同，通常达不到司法裁判所要求的专业水平，因此当事人对诉争事实和权利义务的判断未必与人民法院的裁判结果一致。如果仅以保全申请人的诉讼请求是否得到支持作为申请保全是否错误的依据，必然会对善意当事人依法通过诉讼保全程序维护自己权利造成妨碍，影响诉讼保全制度功能的发挥。

综上，我们就能得出结论了。考虑一般侵权的构成要件，并结合《中华人民共和国民事诉讼法》第一百零五条规定分析，因申请诉中财产保全损害责任的构成要件包括：第一，人民法院依据申请人申请进行了财产保全，且保全内容超出裁判内容，即存在客观错误；第二，被申请人遭受损失；第三，前两者之间存在因果关系；第四，主观过错。主观过错应包括申请人未尽到谨慎合理的注意义务。

最后，将结论运用到个案。就本案而言，原案的一审、二审法院判决对贝特公司是否应承担连带保证责任的意见并不一致，这种情况下要求当事人准确的预判裁判结果，并决定是否作出保全措施，实在是过于苛刻。因此，本案难以认定福田公司具有主观过错。因过错要件难以证成，故不能认定福田公司侵害了贝特公司的财产权益。

编写人：北京市第一中级人民法院　汤平　朱龙臻

56

均无过错的体育运动致害
可适用公平责任分担精神损害外的物质损失

——饶某诉魏某侵权责任案

【案件基本信息】

1. 裁判书字号

福建省厦门市思明区人民法院（2017）闽 0203 民初 15257 号民事判决书

2. 案由：侵权责任纠纷

3. 当事人

原告：饶某

被告：魏某

【基本案情】

原告饶某称其与被告魏某于2016年10月30日上午在打羽毛球的过程中，魏某持羽毛球拍击打饶某的左眼，导致左眼球受伤。遂要求魏某支付其医疗费、误工费、护理费、住院伙食补助费、营养费、残疾赔偿金、交通费、被扶养人生活费、精神损害抚慰金及鉴定费等费用总计206906元。然而魏某却认为本案是意外事件，其无法律意义上的过错，不应承担侵权责任，只是承担道德上的补偿责任，并且在场打球的其他人也应当共同承担运动意外风险。

法院经审理查明，事发时，饶某、魏某与案外人董某、陈某在户外进行羽毛球双打。饶某、魏某为一组配合双打，饶某位于魏某前方，接球时魏某球拍击中饶某左眼，导致饶某左眼受伤。饶某受伤后，被魏某送至医院就医，为此先后于2016年10月30日至2016年11月9日、2016年12月22日至2017年1月4日、2017年8月9日至2017年8月12日在厦门大学附属厦门眼科中心医院住院治疗，治疗结果分别为好转、好转出院、治愈出院，出院诊断为左眼外伤性白内障并晶状体半脱位，左眼视网膜挫伤，左眼外伤性瞳孔散大，双眼角膜屈光术后。饶某为此支出医疗费48671元。2017年9月6日，经饶某申请，福建正泰司法鉴定中心鉴定，饶某因被羽毛球拍打伤致左眼钝挫伤及后遗症，构成人体损伤致残程度十级伤残，综合评定其误工期150日、护理期60日、营养期60日。饶某为此支出鉴定费1800元。

诉讼过程中，经魏某申请和法院委托，福建鼎力司法鉴定中心厦门分所于2018年1月6日作出饶某十级伤残、其左眼损伤与2016年10月30日发生的外伤之间存在直接因果关系、目前暂无必然发生的后续治疗费用的意见。另查，饶某、魏某经常一起打球，事故发生时饶某就职于厦门市易友针织有限公司，社会保险在该公司缴交，证人肖某是该公司的法定代表人。魏某在厦门无社保、退休金记录。诉讼过程中饶某向我院申请财产保全并支出保全费1554.53元。庭审中，双方确认在打羽毛球过程中均无违规行为、未计分。

【案件焦点】

1. 魏某的运动行为是否构成对饶某的侵权；2. 魏某在本案中依法承担何种责任。

【法院裁判要旨】

福建省厦门市思明区人民法院经审理认为：羽毛球运动作为一项器械性、竞技性的体育运动，具有一定的风险，参与者在运动过程中的快速、剧烈运动可能会对人体健康造成危害。双方作为完全民事行为能力人且具有一定的羽毛球运动经验，应当对运动过程中存在的风险有明确的认识和合理的预见，其自愿参与羽毛球运动应视为接受该风险可能发生的危险所带来的后果，只要不是故意或重大过失的情况下致人损害，不应当构成侵权。本案中，魏某在主观上没有伤害饶某的故意或过失，在行为上并未违反体育运动的规则，故魏某对损害的后果无过错，不构成侵权。同时，精神损害赔偿的惩罚功能与抚慰功能都依靠于行为人行为的可归责性，魏某不存在可非难的过错，让其承担精神损害抚慰金有失公允，但鉴于饶某确因本次事件遭受了一定的损失，且魏某表示承担补偿责任，综合本案案情和诉讼请求、原告的损失程度、双方的负担能力等因素，酌定由魏某分担饶某上述已认定损失中的50000元为宜。

福建省厦门市思明区人民法院依照《中华人民共和国民法总则》第一百一十条第一款，《中华人民共和国侵权责任法》第二十四条，《最高人民法院关于审理人身损害赔偿案件适用法律若干问题的解释》第十七条、第十九条、第二十条、第二十一条、第二十二条、第二十三条、第二十四条、第二十五条、第二十八条，《最高人民法院关于确定民事侵权精神损害赔偿责任若干问题的解释》第八条、第九条、第十条，《中华人民共和国民事诉讼法》第六十四条第一款规定，判决如下：

一、魏某于本判决生效之日起十日内补偿饶某50000元；

二、驳回饶某的其他诉讼请求。

【法官后语】

该案例涉及公平责任能否适用于精神损害赔偿的问题。法院未适用自甘风险原则完全豁免加害人责任，而是通过严格限制公平责任的适用范围，将精神损害赔偿排除在公平责任适用条件外，责令加害人对受害人的物质损失予以适当经济补偿，由当事人合理分担民事责任的做法实现了实质正义，对处理类似案件具有一定的参考意义。

1. 公平责任及其适用条件

公平责任原则是指当事人对造成的损害都没有过错，又不能适用无过错责任原则要求行为人承担赔偿责任，而使受害人遭受的重大损害得不到补偿，在显失公平的情况下，由法院根据实际情况，判由双方公平合理地分担损失的法律原则。公平责任原则的适用条件，其一，是有较严重损害事实的发生，在穷尽其他归责原则后，受害人仍无法得到任何赔偿；其二，是行为人、受害人对损害结果均无过错；其三，是行为人的行为与损害结果有因果关系。本案中，饶某与魏某在球场上因为一次运动伤害而对簿公堂，魏某在主观上没有伤害饶某的故意或过失，在行为上并未违反体育运动的规则，对损害的后果无过错，不构成侵权，但十级伤残的损害毕竟由其引起，故判决酌定其承担受害人部分物质损失，起到了缓解矛盾、社会和谐之功效，行为人对该项判决服判息诉。

2. 精神损害赔偿不适用公平责任

精神损害赔偿作为精神损害的救济手段，是指权利主体因一般人格权及其他合法权益受到侵害，使其人格利益、身份利益及各种精神利益受到损害或遭受精神痛苦，要求侵权人通过财产赔偿等方式进行救济和保护的民事法律制度。精神损害赔偿的惩罚功能与抚慰功能依靠于行为人行为的可归责性，公平责任原则中行为人无过错、无责任，不宜主张精神损害赔偿。本案中，在魏某不存在可非难的过错的情况下，让其承担精神损害抚慰金有失公允。法院对饶某的精神损害抚慰金未予支持，受害人饶某对此未提起上诉。

由此，在体育伤害案件当事人均无过错的情况下，适用《中华人民共和国侵权责任法》第二十四条规定确立的损失分担机制，严格公平责任的适用范围，坚持精神损害赔偿不能适用公平责任，可有效地实现形式正义与实质正义的平衡，符合法律精神和社会期待。

编写人：福建省厦门市思明区人民法院　曾祥顺

图书在版编目（CIP）数据

中国法院2020年度案例．侵权赔偿纠纷／国家法官学院，最高人民法院司法案例研究院编．—北京：中国法制出版社，2020.3

ISBN 978－7－5216－0912－7

Ⅰ.①中…　Ⅱ.①国…②最…　Ⅲ.①侵权行为－赔偿－民事纠纷－案例－汇编－中国　Ⅳ.①D920.5

中国版本图书馆CIP数据核字（2020）第034119号

策划编辑：李小草（lixiaocao2008@sina.cn）
责任编辑：李小草　赵律玮　　　　封面设计：温培英　李宁

中国法院2020年度案例·侵权赔偿纠纷

ZHONGGUO FAYUAN 2020 NIANDU ANLI · QINQUAN PEICHANG JIUFEN

编者/国家法官学院，最高人民法院司法案例研究院
经销/新华书店
印刷/三河市紫恒印装有限公司
开本/730毫米×1030毫米　16开　　　　印张/14.25　字数/191千
版次/2020年3月第1版　　　　2020年3月第1次印刷

中国法制出版社出版
书号ISBN 978－7－5216－0912－7　　　　定价：52.00元

北京西单横二条2号
邮政编码100031　　　　传真：010－66031119
网址：http://www.zgfzs.com　　　　编辑部电话：010－66071862
市场营销部电话：010－66033393　　　　邮购部电话：010－66033288

（如有印装质量问题，请与本社印务部联系调换。电话：010－66032926）